S. KHAVRONINA

RUSSIAN AS WE SPEAK IT

С. А. ХАВРОНИНА

ГОВОРИТЕ
ПО-РУССКИ

Издание 9-е

Москва
«Русский язык»
1987

S. KHAVRONINA

RUSSIAN AS WE SPEAK IT

Ninth edition

Russky Yazyk Publishers
Moscow
1987

ББК 81.2Р-9
Х 12

Designed by V. Moskvitin

Х $\dfrac{4306020100-193}{015(01)-87}$ 82-87

FOREWORD

In preparing the present volume it was the author's primary intention to provide a course in Russian for English speakers who are studying the language without a teacher.

It is, however, so devised that it may equally well be used under the guidance of a tutor. It is intended for students who have reached an intermediate level by studying *Russian for Everybody*, or some similar text-book.

The book is entirely practical and the material it provides is contemporary and frankly utilitarian. It consists of nineteen lessons, each one of which deals with a particular aspect of everyday life in the Soviet Union today.

Each lesson consists of a passage for reading and a set of dialogues on a specific theme followed by notes and exercises.

The passages are given in order of increasing difficulty as regards both subject matter and language. However, as the grammar and syntax do not vary greatly in difficulty from one lesson to another, this order need not be strictly adhered to.

The notes deal mainly with points of grammar, syntax and vocabulary which present difficulty to foreign students of Russian, but some of them deal with points of social and historical interest.

Each lesson contains a section entitled "Memorize", in which certain common expressions are given. It is recommended that they should be learnt by heart.

The exercises are intended to stimulate active use of the words, expressions and constructions which occur in the reading passages and dialogues. They include exercises in translation from English into Russian, paraphrasing the reading passages and composition on the theme of the lesson. The Key provided at the end of the book enables the student to check his work. There are also tables of common idiomatic expressions as well as examples of certain syntactical constructions. A comprehensive Russian-English vocabulary is given at the end of the book.

The author suggests the following method of study.

Read the passage several times, translate it with the aid of the notes and the vocabulary; reproduce it, following the original passage as closely as possible and not attempting to change the constructions or substitute other words for those given in the passage.

Next the dialogues should be studied; it would be advisable to memorize some of them.

The student should then do the exercises, preferably all of them, in order to assimilate thoroughly certain difficult items of grammar, syntax and vocabulary.

The last phase consists of the more independent types of work: translation, narration and composition. The student's success here depends on how thoroughly he has assimilated all the preceding matter provided in the lesson.

The author wishes to express her gratitude to Mr. Peter Henry, M. A., Head of the Department of Russian Studies, University of Hull, for his help in preparing this book.

The author would be grateful for any comments and suggestions for improving the book in future editions. They should be addressed to Москва, 103012, Старопанский переулок, дом 1/5, издательство «Русский язык».

S. Khavronina.

CONTENTS

1

Немного о себе

Меня́ зову́т Па́вел Андре́евич, моя́ фами́лия Бело́в (1).
Мне три́дцать лет. Я роди́лся в Москве́ и всю жизнь
живу́ здесь (2). Когда́ мне бы́ло семь лет, я пошёл
в шко́лу. С де́тства я интересова́лся хи́мией, поэ́тому
по́сле оконча́ния шко́лы я поступи́л в университе́т на хи-
ми́ческий факульте́т. Во́семь лет наза́д я око́нчил уни-
версите́т и поступи́л рабо́тать на заво́д. Я хи́мик, рабо́таю
в лаборато́рии.

В про́шлом году́ я жени́лся. Мою́ жену́ зову́т Мари́на.
Она́ моло́же меня́ на четы́ре го́да (3). Мари́на врач.
В про́шлом году́ она́ око́нчила медици́нский институ́т.
Тепе́рь она́ рабо́тает в де́тской поликли́нике. Мари́на
лю́бит своё де́ло и рабо́тает с интере́сом. Мари́на хо-
рошо́ поёт, у неё краси́вый го́лос. Раз в неде́лю Мари́на
хо́дит в Дом культу́ры, где она́ поёт в хо́ре.

Я о́чень люблю́ спорт. Мой люби́мый вид спо́рта—
пла́вание. Два ра́за в неде́лю по́сле рабо́ты я хожу́
в бассе́йн, кото́рый нахо́дится недалеко́ от на́шего
до́ма.

По суббо́там мы обы́чно навеща́ем мои́х роди́телей
(роди́тели Мари́ны живу́т в Оде́ссе). Иногда́ мы хо́дим
в го́сти к друзья́м и́ли приглаша́ем их к себе́. Мы лю́-
бим му́зыку и теа́тр и ча́сто хо́дим в теа́тр и на кон-
це́рты.

NOTES

(1) Меня́ зову́т Па́вел Анд- ре́евич, моя́ фами́лия Бело́в.	My name is Pavel Andreye- vich, my surname is Be- lov.

Звать (**меня́, вас, его́ ... зову́т**) is used only when
speaking of animate beings and **называ́ться,** of inanimate
objects.

— Как его́ зову́т?

— Его́ зову́т Серге́й.

— Как называ́ется э́та ста́нция метро́?

— Э́та ста́нция называ́ется «Арба́тская».

Every Russian has a first name (**Па́вел**), a patronymic (**Андре́евич**) and a surname (**Бело́в**):

> Алексе́й Ива́нович Га́рин.
> Анна Петро́вна Шестако́ва.

The patronymic is derived from the father's first name. We call children and close friends by their first names. The personal pronoun and the verb are in the singular.

> Ни́на, *иди́* обе́дать.
> Ви́ктор, где *ты был*?
> *Здра́вствуй*, Бори́с.

The usual form of address among adults is the first name and patronymic; the personal pronoun and the verb are in the plural.

> *Здра́вствуйте*, Алексе́й Васи́льевич.
> Мари́я Па́вловна, *вы придёте* к нам сего́дня ве́чером?

The official way of addressing people is **това́рищ** ('comrade') **+ surname.**

> *Това́рищ Ро́зов*, сде́лайте, пожа́луйста, э́ту рабо́ту сего́дня.

Това́рищ is also used when addressing strangers.

> *Това́рищ*, скажи́те, пожа́луйста, где метро́?
> *Това́рищ продаве́ц*, покажи́те, пожа́луйста, э́ту кни́гу.

(2) Я ... всю жизнь живу́   I've lived here all my life.
   здесь.

To express an action (or conditions) which began in the past and continues in the present, the present tense is used.

Я *учу́* ру́сский язы́к два го́да.	I have been studying Russian for two years.
Мы *ждём* вас це́лый час.	We have been waiting for you (for) a whole hour.
(3) Она́ моло́же меня́ на четы́ре го́да.	She is four years younger than me.

Comparison can be expressed by:
a) the genitive of comparison:

Он ста́рше *вас*.

b) the conjunction **чем** + *nominative*:

Он ста́рше, *чем вы*.

Used in a comparison **на** + *accusative* express the difference between the objects being compared.

Он ста́рше вас *на пять лет*.
Он моло́же меня́ *на три го́да*.

DIALOGUES

I

— Серге́й, э́то ты! Здра́вствуй!
— Кака́я встре́ча! Здра́вствуй, Па́вел! Ско́лько лет не ви́делись! Как живёшь?
— Хорошо́, спаси́бо. А ты?
— Я то́же хорошо́ (1). Где ты рабо́таешь?
— На заво́де, в лаборато́рии. А ты?
— Я рабо́таю на фа́брике. Я тепе́рь гла́вный инжене́р фа́брики.
— Ну, а как семья́?
— Отли́чно. Де́ти расту́т. Ста́рший сын, И́горь, хо́дит в шко́лу. Мла́дший, Ви́ктор,— в де́тский сад. Зо́я, моя́ жена́,— ты по́мнишь её? — рабо́тает в шко́ле. Она́ учи́тельница. А ты жени́лся и́ли всё ещё холосто́й?
— Жени́лся. Ещё в про́шлом году́ (2).
— А кто твоя́ жена́?
— Моя́ жена́ — врач. Она́ рабо́тает в де́тской поликли́нике. Приезжа́йте к нам в го́сти. Я познако́млю вас со свое́й жено́й.

— Спаси́бо. Мы с Зо́ей обяза́тельно прие́дем.
— До свида́ния. Переда́й приве́т Зо́е и де́тям.
— Всего́ хоро́шего (3).

II

— Скажи́те, кто э́тот челове́к?
— Это мой знако́мый. Неда́вно он поступи́л рабо́-
тать к нам на заво́д (4).
— Как его́ зову́т?
— Его́ зову́т Никола́й Андре́евич.
— А как его́ фами́лия?
— Его́ фами́лия Соколо́в.
— Он ещё совсе́м молодо́й.
— Да, ему́ то́лько два́дцать четы́ре го́да. Ещё год
наза́д он был студе́нтом, а тепе́рь он рабо́тает инже-
не́ром у нас на заво́де (5).

NOTES

(1) Я то́же хорошо́.   I'am all right too.

In conversational speech some words are omitted in both questions and replies:

— Где ты рабо́таешь?
— На заво́де, в лаборато́рии (instead of *Я рабо́таю* на заво́де, в лаборато́рии).
— Ну, а как семья́? (instead of Ну, а как *живёт* семья́?)

(2) Ещё в про́шлом году́   I married (already, as long
я жени́лся.   ago as) last year.

The main meanings of **ещё** are:

a) 'another', 'more', 'else'

Да́йте, пожа́луйста, *ещё* ча́шку ко́фе.	Give me another cup of coffee, please.
Есть *ещё* вопро́сы?	Are there any more questions?
Повтори́те, пожа́луйста, *ещё* раз.	Repeat it once more, please.
Кто *ещё* придёт?	Who else will come?

b) 'as early as'

Ещё вчера́ я слы́шал об э́том.	I (already) heard about it yesterday.
Ещё в де́тстве я люби́л хи́мию.	I liked chemistry even (already) as a child.

11

c) **всё ещё** 'still'

Он *всё ещё* рабо́тает здесь.	He is still working here.

d) **ещё не, ещё нет** 'not yet'

Он *ещё не* пришёл.	He hasn't come yet.
Вы *ещё не* зна́ете об э́том?	Don't you know about this yet?
Я *ещё не* ко́нчил рабо́ту.	I've not finished my work yet.

(3) Всего́ хоро́шего. — All the best.

(4, 5) к нам на заво́д = на наш заво́д
у нас на заво́де = на на́шем заво́де

MEMORIZE:

— **Как вас зову́т?**	— What is your (first) name?
— **Меня́ зову́т Никола́й.**	— My name is Nikolai.
Его́, её, тебя́, вас зову́т...	His, her, your name is...
— **Ско́лько вам лет?**	— How old are you?
— **Мне два́дцать четы́ре го́да.**	— I am twenty-four years old.
ходи́ть в го́сти к друзья́м	to go and visit friends
быть в гостя́х у друзе́й	to be visiting friends (to be on a visit with friends)
приглаша́ть друзе́й к себе́ в го́сти (приглаша́ть госте́й)	to invite friends home (to invite guests)
Приходи́те к нам в го́сти.	Do come and visit us.
Переда́йте приве́т жене́ (семье́, роди́телям, бра́ту, сестре́...)	Remember me to your wife (your family, parents, brother, sister...)
по суббо́там = ка́ждую суббо́ту	on Saturdays
по воскресе́ньям = ка́ждое воскресе́нье	on Sundays
по утра́м, по вечера́м, по ноча́м	in the mornings, in the evenings, at nights
(*but use* **ка́ждый день** *or* **днём**	*for* in the afternoons)
Как (ва́ши) дела́?	How are things?
Как здоро́вье?	How are you?
Как семья́?	How is your family?

EXERCISES

I. Answer the following questions.

A.
1. Как зову́т Бело́ва?
2. Ско́лько ему́ лет?
3. Где он роди́лся?
4. Где он учи́лся?
5. Кто он по специа́льности?
6. Где он рабо́тает?
7. Жена́т ли Бело́в?
8. Кто его́ жена́?
9. Как её зову́т?
10. Ско́лько ей лет?
11. Где она́ учи́лась?
12. Како́й институ́т она́ око́нчила?
13. Где она́ рабо́тает?
14. У Бело́ва есть де́ти?
15. Что де́лают Бело́вы по суббо́там?

B.
1. Как вас зову́т?
2. Где вы живёте?
3. Где вы родили́сь?
4. Ско́лько вам лет?
5. Вы жена́ты? (Вы за́мужем?)
6. У вас есть де́ти?
7. Как зову́т ва́шего сы́на (ва́шу дочь)?
8. Кто вы по специа́льности?
9. Где вы учи́лись?
10. Вы лю́бите свою́ рабо́ту?
11. Что вы де́лаете по́сле рабо́ты?
12. Что вы де́лаете по воскресе́ньям?
13. Вы лю́бите му́зыку?
14. Вы ча́сто хо́дите в теа́тр?

II. Answer the following questions.

1. Ско́лько лет ва́шему бра́ту?
2. Ско́лько лет ва́шей сестре́?
3. Ско́лько лет ва́шему отцу́?
4. Ско́лько вам лет?
5. Ско́лько лет ва́шей до́чери?
6. Как вы ду́маете, ско́лько лет э́тому челове́ку?
7. Вы не зна́ете, ско́лько лет э́той де́вушке?

III. Use the correct form of the words in brackets.

Model: (Я) два́дцать лет.— *Мне* два́дцать лет.

1.— Ско́лько (вы) лет?— (Я) три́дцать лет. 2.— Ско́лько (он) лет?— (Он) два́дцать семь лет. 3.— Ско́лько (она́) лет?— (Она́) семна́дцать лет. 4.— Ско́лько лет (ва́ша сестра́)?— (Моя́ сестра́) два́дцать оди́н год. 5.— Ско́лько лет (ваш брат)?— (Мой брат) со́рок лет. 6.— Ско́лько лет (ва́ша дочь)?— (Моя́ дочь) ско́ро бу́дет пять лет.

IV. Fill in the blanks with the appropriate forms of the word год: год, го́да, лет.

1. Я учи́лся в институ́те пять .... 2. Он око́нчил институ́т два ... наза́д. 3. Э́та семья́ живёт в Москве́ де́сять .... 4. Мой

13

друг рабо́тает в Ли́дсе три ... . 5. Его́ оте́ц рабо́тал в шко́ле два́дцать оди́н ... . 6. На́шему сы́ну ско́ро бу́дет четы́ре ... . 7. Ско́лько вам ... ? 8. Мне три́дцать три ... .

V. Answer the following questions using the words given in brackets.

Model: *Где* он у́чится? (шко́ла) — Он у́чится *в шко́ле*.
Куда́ он идёт? (шко́ла) — Он идёт *в шко́лу*.

1. Где рабо́тает Па́вел? (заво́д). 2. Куда́ он поступи́л рабо́тать по́сле институ́та? (заво́д). 3. Где живу́т Бело́вы? (Москва́). 4. Куда́ вы хоти́те пое́хать ле́том? (Москва́). 5. Где учи́лась Мари́на? (институ́т). 6. Где рабо́тает Мари́на? (де́тская поликли́ника). 7. Куда́ хо́дит Па́вел по́сле рабо́ты? (бассе́йн). 8. Куда́ ча́сто хо́дят Бело́вы? (теа́тр, кино́, конце́рты). 9. Где живу́т роди́тели Мари́ны? (Оде́сса). 10. Куда́ пое́дут ле́том Бело́вы? (Оде́сса). 11. Где вы живёте? (Ло́ндон). 12. Где у́чится ваш сын? (шко́ла). 13. Куда́ он хо́дит ка́ждый день? (шко́ла).

VI. Rearrange the following sentences according to the model.

Model: Он ста́рше, *чем я*. — Он ста́рше *меня́*.

1. Мой брат вы́ше, чем я. 2. Ва́ша сестра́ моло́же, чем вы? 3. Сестра́ краси́вее, чем брат. 4. Ваш дом бо́льше, чем наш дом. 5. Мой сын моло́же, чем ваш. 6. Я всегда́ ду́мал, что я ста́рше, чем вы. 7. Говоря́т, что Ленингра́д краси́вее, чем Москва́. 8. Москва́ древне́е, чем Ленингра́д.

VII. Rephrase the following sentences by using кото́рый in the required form instead of the conjunction где.

Model: Это дом, *где* мы жи́ли ра́ньше. — Это дом, *в кото́ром* мы жи́ли ра́ньше.

1. Это заво́д, где рабо́тает Па́вел. 2. Бассе́йн, где пла́вает Па́вел, нахо́дится ря́дом. 3. Я зна́ю институ́т, где учи́лась Мари́на. 4. Го́род, где мы жи́ли ра́ньше, называ́ется Влади́мир. 5. Вы бы́ли в шко́ле, где у́чится ваш сын? 6. Ле́том мы пое́дем в дере́вню, где живу́т мои́ роди́тели. 7. Вчера́ был конце́рт хо́ра, где поёт Мари́на.

VIII. Join the following pairs of simple sentences to make complex sentences. Use the conjunctions и, потому́ что, поэ́тому, где, кото́рый.

1. Па́вел око́нчил институ́т. Тепе́рь он рабо́тает на заво́де. 2. Мари́на — де́тский врач. Она́ рабо́тает в де́тской поликли́нике. 3. Они́ ча́сто хо́дят на конце́рты. Они́ лю́бят му́зыку. 4. Я был на заво́де. Там рабо́тает Па́вел. 5. Мы хо́дим в бассе́йн. Он нахо́дится недалеко́ от на́шего до́ма.

IX. Replace the words in italics with synonyms according to the example given.

Model: *Ка́ждый вто́рник* я хожу́ в институ́т. — *По вто́рникам* я хожу́ в институ́т.

1. *Ка́ждую суббо́ту* мы хо́дим к роди́телям. 2. *Ка́ждую сре́ду* Мари́на поёт в хо́ре. 3. *Ка́ждый ве́чер* мы смо́трим телеви́зор. 4. *Ка́ждое воскресе́нье* они́ хо́дят в клу́б. 5. *Ка́ждое у́тро* де́ти гуля́ют в па́рке. 6. *Ка́ждый четве́рг* я занима́юсь ру́сским языко́м по ра́дио.

X. a) Conjugate the verbs:

поступи́ть, ходи́ть, люби́ть, жить, петь.

b) Make up sentences with them.

XI. Make up questions to which the following sentences would be the answers.

Model: — ......?   — Как зову́т ва́шего бра́та?
— Моего́ бра́та зову́т   — Моего́ бра́та зову́т Влади́-
Влади́мир.   мир.

1. — ......?
— Мою́ жену́ зову́т Анна.
2. — ......?
— Она́ рабо́тает в шко́ле.
3. — ......?
— Она́ око́нчила институ́т два го́да наза́д.
4. — ......?
— Этого челове́ка зову́т Серге́й Ива́нович.
5. — ......?
— Он рабо́тает на на́шем заво́де.
6. — ......?
— Он инжене́р.
7. — ......?
— Он рабо́тает на на́шем заво́де три го́да.
8. — ......?
— По суббо́там мы хо́дим в го́сти.

XII. Translate into Russian.

1. My name is Irina. What's yours? 2. Jim has graduated from the Institute and is now working in a factory. Where do you work? 3. My sister is three years older than me. My mother is five years younger than my father. 4. "How old is this man?" "I think he is forty". 5. They often go and visit their friends. Yesterday they visited their parents. 6. On Saturdays we go to the theatre, the cinema or a concert. 7. Do come and see us. 8. Give my regards to your parents.

XIII. Talk about yourself and your family using the following words and expressions:

роди́ться, жить, рабо́тать, поступи́ть, око́нчить, учи́ться, люби́ть, интересова́ться, жени́ться (вы́йти за́муж), мне (ему́, ей...) ... лет, меня́ (его́, её) зову́т ...

XIV. Make up a dialogue entitled «Встре́ча с дру́гом че́рез пять лет», drawing on material from the whole lesson.

XV. Read out the following and retell in your own words:

— Ско́лько тебе́ лет, де́вочка?
— Когда́ я гуля́ю с па́пой, мне оди́ннадцать лет, а когда́ с ма́мой — то́лько де́вять.

*   *   *

— Ма́ма, где вы с па́пой роди́лись?
— Я роди́лась в Москве́, а па́па — в Ки́еве.
— А где я роди́лась?
— А ты в Ленингра́де.
— А как же мы все тро́е познако́мились?

2

Наша семья

Я хочу́ познако́мить вас с на́шей семьёй. Э́то мой оте́ц. Его́ зову́т Андре́й Петро́вич. Ему́ шестьдеся́т два го́да. Мою́ мать зову́т А́нна Никола́евна. Ей пятьдеся́т семь лет. В мо́лодости мои́ роди́тели жи́ли в небольшо́м городке́ недалеко́ от Москвы́. Там они́ познако́мились и пожени́лись. Пото́м они́ перее́хали в Москву́. Мой оте́ц рабо́тал учи́телем в шко́ле. Он преподава́л исто́рию, ма́ма рабо́тала в шко́льной библиоте́ке. Сейча́с они́ не рабо́тают. И оте́ц и мать получа́ют пе́нсию.

У мои́х роди́телей тро́е дете́й (1) — моя́ сестра́, я и мой брат. Мою́ сестру́ зову́т Татья́на. Она́ ста́рше меня́ на три го́да. Та́ня ко́нчила институ́т иностра́нных языко́в и тепе́рь преподаёт англи́йский язы́к в шко́ле. Де́сять лет наза́д Та́ня вы́шла за́муж (2). У неё дво́е дете́й — сын и дочь. На́ша Та́ня о́чень краси́вая, весёлая и стро́йная же́нщина. У неё се́рые глаза́ и све́тлые во́лосы. Та́ня похо́жа на ма́му (3).

Моего́ бра́та зову́т Никола́й. Он моло́же меня́ на пять лет. Он у́чится в университе́те на физи́ческом факульте́те. Он мечта́ет стать радиофи́зиком. Наш Ко́ля о́чень живо́й, весёлый, энерги́чный. Он прекра́сно у́чится, хорошо́ зна́ет литерату́ру, лю́бит му́зыку, занима́ется спо́ртом. С ним всегда́ интере́сно поговори́ть. У Ко́ли мно́го друзе́й.

На́ша семья́ о́чень дру́жная. Мы ча́сто звони́м друг дру́гу, а по суббо́там собира́емся у роди́телей.

NOTES

(1) У мои́х роди́телей тро́е   My parents have three child-
    дете́й.   ren.

'I have, he has', etc. is expressed in Russian by **у меня́ есть, у него́, у неё, у нас, у вас, у них есть** + *nominative.*

У меня́ есть э́та кни́га.　　I've got this book.
У него́ есть сестра́.　　　 He has a sister.

The verb **есть** is used to emphasize the existence or possession of someone or something. The opposite statement contains **нет**.

— У меня́ есть уче́бник.

— У меня́ нет уче́бника.

У меня́ нет э́той кни́ги.　　I haven't got this book.
У него́ нет сестры́.　　　　He hasn't got a sister.

The verb **есть** is omitted when the statement does not assert existence or possession, but expresses quantity or describes the object.

У неё се́рые глаза́ и све́т-　She has grey eyes and light
лые во́лосы.　　　　　　　hair.
У Мари́ны краси́вый го́лос.　Marina has a beautiful voice.
У Ко́ли мно́го друзе́й.　　　Kolya has many friends.

The opposite statement will not contain **нет,** as it is not a simple negation but it will give, or imply, a different or opposite description.

　　　　　У неё не се́рые глаза́ (,а голубы́е).
　　　　　У Мари́ны некраси́вый го́лос.
　　　　　У Ко́ли ма́ло друзе́й.

Compare:

У него́ *есть* брат.　　　　У него́ *нет* бра́та.
У него́ *краси́вый* брат.　　У него́ *некраси́вый* брат.
У него́ *есть* но́вый уче́бник.　У него́ *нет* но́вого уче́б-
　　　　　　　　　　　　ника.
У меня́ *но́вый* уче́бник.　　У меня́ *ста́рый* уче́бник.

In the past and in the future the forms of the verb **быть** (**был, была́, бы́ло, бы́ли; бу́дет, бу́дут**) are never omitted.

> Сего́дня у нас *была́* ле́кция.
> За́втра у нас *бу́дет* ле́кция.
>
> У ма́льчика краси́вый го́лос.
> У ма́льчика *был* краси́вый го́лос.
> У ма́льчика *бу́дет* краси́вый го́лос.

The negation **нет, не́ было, не бу́дет** is always followed by the genitive.

> У него́ нет *телефо́на*.
> У нас нет *э́той кни́ги*.
> У них нет *дете́й*.

(2) Та́ня вы́шла за́муж.

Russian has two verbs corresponding to 'to marry':

1. a) **жени́ться на** + *prepos.* (*на ком*?) when the subject is a man:

Па́вел *жени́лся* на Мари́не.	Pavel married Marina.
Мой брат *же́нится*.	My brother is going to marry.

In this case **жени́ться** may be of the perfective or the imperfective aspect.

b) **жени́ться** (imperfective) / **пожени́ться** (perfective) without any object when speaking of both partners:

Па́вел и Мари́на *пожени́-лись*, когда́ Мари́на ко́нчила институ́т.	Pavel and Marina got married when Marina left college.

2. **выходи́ть / вы́йти за́муж за** + *acc.* (*за кого*?) when the subject is a woman:

Мари́на вы́шла за́муж за Па́вла.	Marina married Pavel.

Similarly, the Russian for 'to be married' is **быть жена́тым, быть за́мужем.**

Па́вел *жена́т*.	Pavel is married.
Его́ брат Никола́й ещё не *жена́т*.	His brother Nikolai is not yet married.
Мари́на *за́мужем* неда́вно.	Marina is recently married.
Та́ня давно́ *за́мужем*.	Tanya has been married for a long time.

(3) (Она́) похо́жа на ма́му.	She looks like (takes after) our mother.

похо́ж, похо́жа, похо́жи на + *асс.* (*на кого́?*)

Ма́льчик похо́ж *на отца́*.	The boy looks like (takes after) his father.
Ваш брат совсе́м не похо́ж *на вас*.	There is not the slightest resemblance between you and your brother.
На *кого́* похо́жа ва́ша дочь — на *вас* и́ли на *ва́шу жену́*?	Who does your daughter take after — yourself or your wife?

DIALOGUES

I

— Хоти́те, я покажу́ вам наш семе́йный альбо́м? Это на́ша семья́. Это оте́ц. Это на́ша ма́ма. Это брат. Это сестра́. А э́то я.

— Ва́ши роди́тели совсе́м молоды́е. Давно́ вы фотографи́ровались?

— В про́шлом году́.

— Вы здесь о́чень похо́жи на отца́.

— Да, все так говоря́т.

— А ваш мла́дший брат и ва́ша сестра́ похо́жи на мать. Ско́лько лет ва́шей сестре́?

— Три́дцать три.

— Здесь ей мо́жно дать два́дцать три (1).

— Я переда́м ей ваш комплиме́нт.

— А э́то кто?

— А э́то моя́ сестра́ с му́жем и детьми́.

— У неё уже́ дво́е дете́й?

— Да, как ви́дите, сын и дочь. Моему́ племя́ннику во́семь лет, а племя́ннице — три го́да. Воло́дя уже́ хо́дит в шко́лу, а Ле́ночка — в де́тский сад.

II

— А у вас больша́я семья́?

— Нет, нас тро́е — жена́, я и дочь.

— Ско́лько лет ва́шей до́чери?

— Семна́дцать.

— О! Я не ду́мал, что у вас така́я больша́я дочь. Ско́ро у вас бу́дут вну́ки.

— Ну, что вы, не дай бог (2)! Пока́ Ни́на не ду́-
мает выходи́ть за́муж, не зна́ю, что бу́дет да́льше.
— Она́ у́чится?
— Да, в э́том году́ Ни́на конча́ет шко́лу и хо́чет
поступи́ть в институ́т иностра́нных языко́в. Она́ мечта́ет
стать перево́дчицей.
— Непло́хо. А како́й язы́к она́ изуча́ет?
— Англи́йский.

NOTES

(1) Ей мо́жно дать два́д-цать три.	I'd say she was twenty three.
(2) Ну, что вы, не дай бог!	Oh no, heaven forbid!

MEMORIZE:

— **Где вы рабо́таете?**	— Where do you work?
— **Я рабо́таю в шко́ле.**	— I work in a school.
— **Я не рабо́таю, я на пе́н-сии.**	— I don't work, I am re-tired.
— **Кем вы рабо́таете?**	— What are you?
— **Я рабо́таю учи́телем фи́-зики (хи́мии, литерату́-ры).**	— I am a physics (chemistry) teacher (a teacher of lit-erature).
— **Что вы преподаёте?**	— What do you teach?
— **Я преподаю́ фи́зику (хи́-мию, литерату́ру, ру́с-ский язы́к).**	— I teach physics (chemistry, literature, Russian).

EXERCISES

I. Answer the following questions.

A. 1. О чём рассказа́л нам Па́вел?
2. Как зову́т отца́ Па́вла?
3. Ско́лько ему́ лет?
4. Ско́лько лет ма́тери Па́вла?
5. Как её зову́т?
6. Кем рабо́тали роди́тели Па́вла?
7. Где они́ живу́т сейча́с?
8. У Па́вла есть бра́тья и сёстры?
9. Ско́лько у него́ бра́тьев и сестёр?
10. Как зову́т его́ сестру́?
11. На кого́ она́ похо́жа?

12. Как зову́т его́ бра́та?
13. Никола́й рабо́тает и́ли у́чится?
14. Что де́лает сестра́ Па́вла Та́ня?
15. У неё есть де́ти?
16. Ско́лько у неё дете́й?

B. 1. Где живёт ва́ша семья́?
2. Ско́лько челове́к в ва́шей семье́?
3. У вас есть роди́тели?
4. Где они́ живу́т?
5. Вы жена́ты? (Вы за́мужем?)
6. Когда́ вы жени́лись? (Когда́ вы вы́шли за́муж?)
7. У вас есть де́ти?
8. Ско́лько у вас дете́й?
9. Как их зову́т?
10. Ско́лько им лет?
11. На кого́ похо́ж ваш сын?
12. На кого́ похо́жа ва́ша дочь?
13. Ва́ши де́ти уже́ у́чатся?

II. Answer these questions in the affirmative. Special attention should be paid to the use of есть.

1. У вас *есть* роди́тели? У вас *ста́рые* роди́тели? 2. У вас *есть* де́ти? У вас *ма́ленькие* де́ти? 3. У вас *есть* друзья́? У вас *мно́го* друзе́й? 4. У ва́ших роди́телей *есть* дом? *Како́й* у них дом? 5. У ва́шего дру́га *есть* маши́на? У него́ *но́вая* маши́на? 6. У вас *есть* кни́ги на ру́сском языке́? У вас *мно́го* книг на ру́сском языке́?

III. Fill in the blanks with the word есть where required.

1.—У ва́шей сестры́ ... де́ти?—Да, у неё ... де́ти. У неё уже́ ... взро́слые де́ти. 2.—У вас ... маши́на?—Да, у меня́ ... маши́на. —Кака́я у вас ... краси́вая маши́на! 3.—У ва́шего дру́га ... роди́тели? —У него́ ... совсе́м молоды́е роди́тели. 4. У моего́ сы́на ... библиоте́ка. У него́ ... мно́го книг. 5. У ва́шей до́чери ... тёмные глаза́ и све́тлые во́лосы. 6. У Па́вла ... о́чень краси́вая жена́.

IV. Answer the following questions using the words given on the right.

1. У кого́ есть э́тот уче́бник?	я, он, она́, мы, мой друг, моя́ сестра́, наш преподава́тель
2. У кого́ есть а́нгло-ру́сский слова́рь?	э́тот студе́нт, мой сосе́д, э́та де́вушка
3. У кого́ мно́го друзе́й в Москве́?	мой мла́дший брат, одна́ на́ша студе́нтка, наш профе́ссор

V. Answer the following questions.

a) 1. Ваш брат жена́т? Он давно́ жена́т? Когда́ он жени́лся? На ком он жени́лся? 2. Ва́ша сестра́ за́мужем? Она́ давно́ за́мужем? Когда́ она́ вы́шла за́муж? За кого́ она́ вы́шла за́муж? Ско́лько ей бы́ло лет, когда́ она́ вы́шла за́муж? 3. Вы жена́ты (за́мужем)? Ско́лько лет вы жена́ты (за́мужем)? Когда́ вы жени́лись (вы́шли за́муж)?
b) А э́то Джон Пи́терс и его́ жена́ Мэ́ри. Кто из них жени́лся? Кто из них вы́шел за́муж? На ком жени́лся Джон? За кого́ вы́шла за́муж Мэ́ри? Джон жена́т и́ли хо́лост? Мэ́ри за́мужем и́ли нет?

VI. Put the words in brackets in the appropriate form.

1. Говоря́т, что я похо́ж на (ста́рший брат). 2. Моя́ мла́дшая сестра́ похо́жа на (я). 3. Вы о́чень похо́жи на (мой друг). 4. Ва́ша сестра́ совсе́м не похо́жа на (вы). 5. Мой ста́рший брат похо́ж на (отéц).

VII. Answer these questions in the negative.

a) 1. У вас есть семья́? 2. У него́ есть роди́тели? 3. У них есть де́ти? 4. У них есть маши́на? 5. У неё есть учéбник? 6. У ва́шего сосéда есть сын? 7. В э́том го́роде есть теа́тр? 8. На э́той у́лице есть магази́ны? 9. В э́той библиотéке есть кни́ги на ру́сском языкé? 10. В кио́ске есть газéты?

b) 1. Вчера́ был уро́к? 2. За́втра бу́дет лéкция? 3. В суббо́ту был экза́мен? 4. В воскресéнье бу́дет экску́рсия? 5. Сего́дня у́тром был до́ждь?

VIII. Answer the following questions using the words given on the right:

Model: — Почему́ вы не пи́шете? | ру́чка
         — Я не пишу́, потому́ что *у меня́ нет ру́чки*.

1. Почему́ вы не чита́ли э́ту статью́?   журна́л
2. Почему́ вы не посмотрéли слова́ в словарé?   слова́рь
3. Почему́ ва́ши друзья́ нé были вчера́ в теа́тре?   билéты
4. Почему́ студéнты в коридо́ре, а не в аудито́рии?   лéкция
5. Почему́ э́тот молодо́й человéк всегда́ оди́н?   друзья́
6. Почему́ вы не купи́ли э́ту вещь?   дéньги
7. Почему́ вы не хоти́те идти́ в кино́?   врéмя

IX. Make up questions to which the following sentences would be the answers.

1. — ...... ?
   — У меня́ есть сестра́ и два бра́та.
2. — ...... ?
   — Они́ живу́т в Москвé.
3. — ...... ?
   — Бра́тья у́чатся, а сестра́ рабо́тает.
4. — ...... ?
   — Её зову́т Лéна.
5. — ...... ?
   — Она́ рабо́тает дирéктором шко́лы.
6. — ...... ?
   — Да, она́ за́мужем.
7. — ...... ?
   — У неё дво́е детéй.
8. — ...... ?
   — Лéна вы́шла за́муж семь лет наза́д.

X. Make up dialogues about your parents, your brothers and sisters.

XI. Translate into Russian.

1. My parents live in a small town not far from London. My father used to be a head master. He does not work now. He is retired. (*lit*. He gets a pension). 2. I have a sister. Her name is Ann. Ann is four years younger than me. She works in a library. Ann is learning Russian. She wants to be a Russian teacher. (She wants to teach

22

Russian in a school). 3. This is my friend Jim. He got married not long ago. Jim has a very pretty wife. Her name is Mary. She has dark hair and grey eyes.
4. — Have you any children?
   — Yes (I have).
   — Are they very young (*lit.* small)?
   — No, not very. My son is ten and my daughter seven.
   — Who does your son take after?
   — They say he takes after my wife.
   — And who does your daughter take after?
   — My daughter takes after me.

XII. Describe your family and your children drawing on material from the lessons.

XIII. Read the following and paraphrase.

   — Ива́н Ива́ныч! Кака́я встре́ча! Я не ви́дел тебя́ сто лет. Ты си́льно измени́лся: и во́лосы у тебя́ седы́е, и глаза́ совсе́м други́е...
   — Прости́те, но меня́ зову́т Никола́й Никола́евич.
   — Как? Ты и и́мя измени́л?

3

Дом и квартира

Как я уже сказал, мои родители живут в Москве, и каждую субботу мы ездим к ним в гости. Раньше они жили в небольшом двухэтажном доме (1) в центре Москвы. Несколько лет назад улицу, где стоял их дом, расширили и все старые дома сломали (2). Родители получили квартиру в новом доме на юго-западе Москвы. Дом, в котором они теперь живут, находится недалеко от станции метро. В их доме шестнадцать этажей. Квартира родителей на третьем этаже. Она состоит из трёх комнат: столовой, спальни родителей и комнаты моего брата Николая.

Двери всех трёх комнат выходят в прихожую (3); небольшой коридор ведёт из прихожей в кухню (4),

ванную и туалет. Квартира очень уютная, тёплая, светлая, со всеми удобствами. Окна двух комнат выходят на юг, третьей комнаты — на запад.

Самая большая комната в квартире — столовая. Здесь посредине комнаты стоит стол (5) и несколько стульев. Слева от двери у стены стоит сервант, справа — диван, телевизор и два кресла. На полу лежит большой толстый ковёр (6). Напротив двери — большое окно и дверь на балкон. Всё лето на балконе цветут цветы.

NOTES

(1) Они жили в двухэтажном доме.

They lived in a two-storeyed house.

Квартира находится на третьем этаже.

The flat is on the second floor.

Мы живём на третьем этаже.

There is a difference between the English and Russian ways of numbering storeys. The Russian **первый этаж** means 'ground floor'.

(2) Улицу расши́рили и дома́ слома́ли.	The street was widened and the houses were pulled down. (They widened... and pulled down...)

There is no subject in this sentence. It is understood (**рабо́чие, стро́ители**), but there is no need for it to be expressed since it is unimportant who performed the action. This sort of sentence is very common in Russian.

Этот дом *постро́или* год наза́д.	This house was built a year ago.
На на́шей у́лице *откры́ли* но́вый магази́н.	A new shop was opened in our street. (They opened...)
Мне *сказа́ли* об э́том вчера́.	They told me (I was told) about it yesterday.
(3) Две́ри выхо́дят в прихо́жую.	The doors (of the rooms) open into the hall.
Окна выхо́дят на юг.	The windows face south.
(4) Коридо́р ведёт в ку́хню.	The corridor leads to the kitchen.
(5, 6) Посреди́не ко́мнаты стои́т стол.	There is a table in the middle of the room.
На полу́ лежи́т большо́й ковёр.	There is a large carpet on the floor.

In Russian the position of objects is described by verbs like **стоя́ть, лежа́ть, висе́ть,** which are more common than their English counterparts. These Russian verbs are used in particular to render the English 'to be' and 'there is (are)'.

В ко́мнате *стои́т* стол.	There is a table in the room.

На столе́ стои́т ла́мпа.

В ко́мнате виси́т ла́мпа.

26

На столе́ *стои́т* ла́мпа и *лежа́т* кни́ги.	There is a lamp and some books on the table.
На столе́ *стоя́т* таре́лки, бока́лы, *лежа́т* ло́жки, ви́лки и ножи́.	There are some plates, glasses, spoons, forks and knives on the table.
На стене́ *виси́т* портре́т ма́тери.	There is a portrait of my mother on the wall.
На стена́х *вися́т* карти́ны.	There are pictures on the walls.

The verbs **стоя́ть, лежа́ть, висе́ть** are intransitive. The nouns indicating position answer the question *где*? and are put in the prepositional case preceded by **в** or **на.**

На столе́ лежа́т кни́ги.

На по́лке стоя́т кни́ги. Три кни́ги лежа́т на по́лке.

DIALOGUES

I

— Здра́вствуй, Андре́й! Говоря́т, ты получи́л но́вую кварти́ру?

— Да, мы уже́ перее́хали в но́вый дом. Приезжа́йте к нам в суббо́ту на новосе́лье.

— Спаси́бо. С удово́льствием. Кварти́ра больша́я?

— Нет, не о́чень: три ко́мнаты, ну, и, коне́чно, ку́хня, ва́нная, туале́т и прихо́жая.

— А како́й эта́ж?

— Четвёртый.

— Лифт есть?

— Есть. Обяза́тельно приезжа́йте с Мари́ной в суббо́ту.

— Спаси́бо, прие́дем.

II

— Па́вел, сего́дня звони́ла Ле́на, жена́ Андре́я, пригла-
ша́ла нас на новосе́лье. Они́ получи́ли но́вую кварти́ру.

— Я зна́ю. Сего́дня Андре́й говори́л мне об э́том.

— Зна́ешь, каку́ю ме́бель они́ купи́ли для но́вой квар-
ти́ры? В ко́мнате Андре́я они́ поста́вили большо́й кни́ж-
ный шкаф (1), пи́сьменный стол, дива́н и кре́сло. Пиани́-
но и телеви́зор стоя́т в большо́й ко́мнате. А в ку́хню
они́ купи́ли буфе́т, стол и не́сколько по́лок.

— Андре́й сказа́л, что ку́хня у них больша́я.

— Да, на ку́хне они́ обы́чно за́втракают, а иногда́
и обе́дают.

NOTES

(1) Они́ поста́вили кни́ж- ный шкаф.	They have mounted the bookcase.
На́ пол они́ положи́ли ко- вёр.	They have laid a carpet on the floor.

As distinct from the intransitive verbs **стоя́ть, лежа́ть,
висе́ть,** verbs like **ста́вить / поста́вить, класть / положи́ть,
ве́шать / пове́сить** are transitive indicating actions.

Compare:

Я *ста́влю* ла́мпу на стол.	Ла́мпа *стои́т* на столе́.
I'm putting the lamp on the table.	The lamp is on the table.
Я *положи́л* кни́гу на по́лку.	Кни́га *лежи́т* на по́лке.
I put the book on the shelf.	The book is on the shelf.
Я *пове́сил* карти́ну на сте́ну.	Карти́на *виси́т* на стене́.
I hung the picture on the wall.	The picture is on the wall.

Verbs like **ста́вить, класть, ве́шать** normally require
the question *куда́?* Words answering this question are in the
accusative after the preposition **в** or **на.**

Compare:

Где?	Куда́?
стоя́ть на полу́, на столе́, в шкафу́	ста́вить ⎫ на́ пол, на поста́вить ⎭ стол, в шкаф
лежа́ть на полу́, на столе́, в портфе́ле, в карма́не	класть ⎫ на́ пол, на положи́ть ⎭ стол, в порт- фе́ль, в кар- ма́н

висе́ть на стене́, в шкафу́ | ве́шать ⎫ на сте́ну, в
повесить ⎭ шкаф

MEMORIZE:

Каки́е удо́бства есть в ва́-
шем до́ме?
кварти́ра со все́ми удо́бства-
ми
устра́ивать ⎫ **новосе́лье**
устро́ить ⎭
приглаша́ть ⎫ **на новосе́лье**
пригласи́ть ⎭

What facilities are there in
your house?
a flat with all modern facilities
to have a housewarming
party
to invite someone to a house-
warming party

EXERCISES

I. Answer the following questions.

A. 1. Где живу́т роди́тели Па́вла?
2. В како́м до́ме они́ жи́ли ра́ньше?
3. В како́м до́ме они́ живу́т тепе́рь?
4. На како́м этаже́ их кварти́ра?
5. Ско́лько этаже́й в их до́ме?
6. Ско́лько ко́мнат в их кварти́ре?
7. Куда́ выхо́дят о́кна их ко́мнат?
8. Кака́я ко́мната в их кварти́ре са́мая больша́я?
9. Кака́я ме́бель стои́т у них в столо́вой?

B. 1. Где вы живёте?
2. Ско́лько этаже́й в ва́шем до́ме?
3. Ско́лько ко́мнат в ва́шем до́ме?
4. Кака́я ме́бель стои́т у вас в столо́вой?
5. Кака́я ме́бель стои́т в ва́шей ко́мнате?
6. Куда́ выхо́дят о́кна ва́шей ко́мнаты?
7. Каки́е удо́бства есть в ва́шем до́ме?
8. Где стои́т ваш пи́сьменный стол?
9. Где стои́т кни́жный шкаф?
10. Куда́ вы кладёте кни́ги и журна́лы?
11. Куда́ вы ста́вите кни́ги?

II. Complete the following sentences using the words given on the right.

1. В суббо́ту мы бы́ли (где)? ...	теа́тр, парк, клуб, музе́й, универ-
2. В суббо́ту мы ходи́ли (куда́?) ...	ситет, шко́ла, библиоте́ка, рес-
	тора́н; конце́рт, ле́кция, уро́к
3. Ра́ньше я жил (где?) ...	дере́вня, друго́й го́род, Лидс,
4. Неда́вно я е́здил (куда́?) ...	Эдинбург, Ли́верпуль, Ки́ев, Ле-
	нингра́д, Сове́тский Сою́з, Анг-
	лия, По́льша, Фра́нция; ро́дина,
	юг

5. Мои́ друзья́ рабо́тают (где?) ...
6. Мои́ друзья́ поступи́ли рабо́тать (куда́?) ...

заво́д, фа́брика, вокза́л, ста́нция; банк, институ́т, университе́т, библиоте́ка, лаборато́рия, шко́ла

III. Answer the following questions using the words given on the right.

1. Где вы живёте?

большо́й ста́рый дом, тре́тий эта́ж, са́мый центр го́рода, у́лица Дру́жбы

2. Где живёт ваш друг?

друго́й райо́н, пло́щадь Пу́шкина, ма́ленький дом, второ́й эта́ж

3. Где вы рабо́таете?

большо́й автомоби́льный заво́д, лаборато́рия

4. Где у́чится ваш мла́дший брат?

университе́т, истори́ческий факульте́т, второ́й курс

5. Где вы обы́чно отдыха́ете?

большо́й ста́рый парк, одна́ ма́ленькая дере́вня, бе́рег реки́

6. Где вы бы́ли вчера́?

о́перный теа́тр, симфони́ческий конце́рт

IV. Fill in the blanks with the verbs стоя́ть, лежа́ть, висе́ть in the required form.

a) 1. В мое́й ко́мнате ... шкаф, стол и два сту́ла. 2. На столе́ ... насто́льная ла́мпа. 3. У окна́ ... сто́лик для газе́т. 4. Телеви́зор ... в большо́й ко́мнате. 5. В кла́ссе ... столы́ и сту́лья. 6. Кре́сло ... в углу́.

b) 1. На пи́сьменном столе́ ... кни́ги, журна́лы, тетра́ди. 2. На полу́ ... ковёр. 3. Мои́ тетра́ди ... в портфе́ле. 4. Письмо́ ... в кни́ге. 5. Де́ньги ... в карма́не.

c) 1. На стене́ ... карти́на. 2. Где ... ва́ши костю́мы? Костю́мы ... в шкафу́. 3. В мое́й ко́мнате ... фотогра́фии отца́ и ма́тери. 4. Над столо́м ... календа́рь. 5. Ва́ше пальто́ ... в прихо́жей.

V. Fill in the blanks with the verbs стоя́ть, лежа́ть, висе́ть.

Это моя́ ко́мната. У окна́ ... пи́сьменный стол. На нём ... мои́ кни́ги, журна́лы, бума́ги. На столе́ ... насто́льная ла́мпа. Спра́ва от стола́ ... дива́н. Над дива́ном ... карти́на. Ря́дом с дива́ном ... два кре́сла и ма́ленький сто́лик для газе́т. На нём ... газе́ты и журна́лы. Сле́ва от стола́ ... кни́жный шкаф.

VI. Fill in the blanks with the verbs жить, выходи́ть, получи́ть, купи́ть, перее́хать, состоя́ть, пригласи́ть.

Ра́ньше на́ши друзья́ ... в са́мом це́нтре Москвы́, а тепе́рь они́ ... в друго́м райо́не. Неда́вно они́ ... кварти́ру в но́вом до́ме. Ме́сяц наза́д они́ ... туда́. Их кварти́ра ... из четырёх ко́мнат. Окна де́тской ... в парк. Для столо́вой они́ ... но́вую ме́бель. Друзья́ ... нас на новосе́лье.

VII. Fill in the blanks with the adjectives given on the right and the appropriate prepositions.

1. Они́ живу́т ... до́ме.
2. Кни́ги стоя́т ... шкафу́.
3. Обы́чно мы за́втракаем ... ку́хне.

большо́й шестнадцатиэта́жный
большо́й ста́рый кни́жный
на́ша ма́ленькая, тёплая и ую́тная

4. Вéчером отéц лю́бит сидéть ... крéсле.
5. Телевúзор стойт ... кóмнате.

его́ (своё) стáрое люби́мое удóбное
нáша сáмая большáя

VIII. Conjugate the verbs in the present if they are imperfective and in the future if they are perfective.

1. класть / положи́ть; 2. стáвить / постáвить; 3. вéшать / повéсить

IX. Compare the use of the verbs:

стоя́ть — стáвить / постáвить
лежáть — класть / положи́ть
висéть — вéшать / повéсить

1. — **Где** *стоúт* лáмпа?
— Лáмпа *стоúт* **на окнé.**

1. — **Кудá** вы обы́чно *стáвите* лáмпу?
— Обы́чно я *стáвлю* лáмпу **на окнó.**
— **Кудá** вы *постáвили* лáмпу?
— Я *постáвил* лáмпу **на окнó.**

2. — **Где** *лежáт* кни́ги?
— Кни́ги *лежáт* **на столé.**

2. — **Кудá** вы обы́чно *кладёте* кни́ги?
— Обы́чно я *кладу́* кни́ги **на стол.**
— **Кудá** вы *положи́ли* кни́ги?
— Я *положи́л* кни́ги **на стол.**

3. — **Где** *висúт* пальтó?
— Пальтó *висúт* **в шкафу́.**

3. — **Кудá** вы *вéшаете* пальтó?
— Обы́чно я *вéшаю* пальтó **в шкаф.**
— **Кудá** вы *повéсили* пальтó?
— Я *повéсил* пальтó **в шкаф.**

X. Fill in the blanks with the verbs стоя́ть, лежáть, висéть; класть / положи́ть, стáвить / постáвить, вéшать / повéсить.

a) 1. Вáза ... на окнé. Кто ... вáзу на окнó? 2. Это крéсло всегдá ... óколо дивáна. Почему́ вы ... его́ у двéри? 3. Рáньше телеви́зор ... у окнá, а тепéрь мы ... его́ здесь. 4. Пожáлуйста, ... сту́лья на мéсто. 5. Нáдо ... цветы́ в вóду.

b) 1. Я вошёл в кóмнату и ... портфéль на стул. Портфéль ... на сту́ле. 2. Дéвушка ... кни́гу на стол и вы́шла из кóмнаты.—Где кни́га, о котóрой вы говори́ли?—Онá ... на столé в вáшей кóмнате. 3. Я всегдá ... дéньги в кармáн. Дéньги ... в кармáне. Сегóдня у́тром я ... в кармáн три рубля́. 4. Вы мóжете ... свой портфéль на э́тот стул. 5. Пожáлуйста, ... э́то письмó на тот стол.

c) 1.—Где ... моё пальтó?—Вáше пальтó ... в прихóжей. 2. Кудá вы ... моё пальтó? 3. Плáтья и костю́мы ... в шкафу́. Женá ... свои́ плáтья и костю́мы в шкаф. 4. Чей портрéт ... в вáшей кóмнате? 5. Вы мóжете ... ваш плащ сюдá. 6. ..., пожáлуйста, пальтó в шкаф.

XI. Answer the following questions according to the example given:

Example: Где у́чится Анна?— *Я не знáю*, где у́чится Анна.

1. Где живёт Джим? 2. Где он рабóтает? 3. Кудá они́ поéдут лéтом? 4. Где нахóдится их дом? 5. Кудá он положи́л газéты? 6. Где мóжно купи́ть э́тот учéбник? 7. Кудá вы поéдете в суббóту вéчером? 8. Где ваш преподавáтель? 9. Где мой портфéль?

XII. Use the correct form of the words in brackets.

1. В ко́мнате шесть (стул) и два (кре́сло). 2. В кварти́ре четы́ре (ко́мната). 3. На столе́ лежи́т не́сколько (газе́та и журна́л). 4. Я купи́л две (кни́ги). 5. В кла́ссе двена́дцать (стол) и два́дцать четы́ре (стул). 6. В столо́вой три (окно́). 7. В на́шем до́ме де́вять (эта́ж). 8. На э́той у́лице два́дцать оди́н (дом). 9. В ва́шей ко́мнате мно́го (карти́на). 10. У него́ ма́ло (кни́га). 11. У них мно́го (де́ти). 12. Сего́дня ве́чером у нас бу́дет мно́го (го́сти). 13. В мое́й ко́мнате ма́ло (ве́щи). 14. В на́шей семье́ три (челове́к).

XIII. Describe your room or your classroom using:

verbs стоя́ть, лежа́ть, висе́ть;
prepositions (+ *gen.*) посреди́не, сле́ва от, напро́тив, спра́ва от, о́коло, у.

XIV. Make up questions to which the following sentences would be the answers.

1. — ...... ?
   — Наш дом нахо́дится в це́нтре го́рода.
2. — ...... ?
   — На́ша кварти́ра на второ́м этаже́.
3. — ...... ?
   — Пиани́но стои́т в са́мой большо́й ко́мнате.
4. — ...... ?
   — В мое́й ко́мнате стои́т пи́сьменный стол, дива́н, кни́жный шкаф и кре́сло.
5. — ...... ?
   — Кни́ги стоя́т в кни́жном шкафу́.
6. — ...... ?
   — В на́шем до́ме три этажа́.
8. — ...... ?
   — В э́той кварти́ре три ко́мнаты.

XV. Translate into Russian.

1. We live in a small house in Oxford. It has five rooms, a kitchen, bathroom and lavatory. The kitchen, dining-room and sitting-room are downstairs and the bedrooms are upstairs. 2. My brother lives in a new nine-storeyed house. The new houses all have electricity, gas, hot water and a telephone. What facilities are laid on in your house? 3. "What (furniture) is there in your room?" "In my room there is a table, a bookcase, a settee, two chairs and an armchair. There are photographs on the walls. There is a large grey carpet on the floor". 4. I put my books in the bookcase. I put newspapers and magazines on the table. 5. Where can I put my brief-case? Where can I hang my coat?

XVI. Make up a dialogue between two friends, one of whom has recently moved into a new house or flat. Use the words and expressions from the lesson.

4

Мой день

По специа́льности я инжене́р-хи́мик. Я рабо́таю на одно́м из крупне́йших заво́дов Москвы́. Он нахо́дится на окра́ине го́рода.

Мой рабо́чий день начина́ется в во́семь часо́в утра́. (1) Я встаю́ в полови́не седьмо́го, де́лаю у́треннюю заря́дку, чи́щу зу́бы, принима́ю холо́дный душ (2). В э́то вре́мя Мари́на, моя́ жена́, гото́вит за́втрак. По́сле за́втра-ка, че́тверть восьмо́го, я одева́юсь, выхожу́ из до́ма и иду́ на авто́бусную остано́вку. Че́рез полчаса́, то есть без че́тверти во́семь, я уже́ на заво́де (3). Обы́чно я прихожу́ в лаборато́рию без десяти́ мину́т во́семь, то есть за де́сять мину́т до нача́ла рабо́ты (4).

Во вре́мя обе́денного переры́ва, с двена́дцати до ча́су (5), я успева́ю пообе́дать в столо́вой и немно́го отдох-ну́ть (6).

В пять часо́в мы конча́ем рабо́тать. Домо́й я иногда́ хожу́ пешко́м. По доро́ге я захожу́ в кни́жный магази́н посмотре́ть но́вые кни́ги. О́коло шести́ часо́в я уже́ до́ма. Я переодева́юсь и помога́ю жене́ по хозя́йству (7). В семь часо́в мы у́жинаем. По́сле у́жина я чита́ю журна-

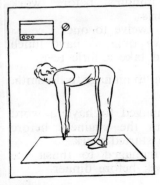

лы и просма́триваю газе́ты. Если по телеви́зору идёт что́-нибудь интере́сное (8), мы смо́трим переда́чу. Мы ча́сто хо́дим в кино́, в теа́тры, на конце́рты. Иногда́ ве́чером к нам прихо́дят друзья́.

По вто́рникам и четверга́м я прихожу́ домо́й по́зже, часо́в в семь (9); в э́ти дни я хожу́ в бассе́йн.

В оди́ннадцать — в полови́не двена́дцатого я ложу́сь спать.

NOTES

(1) Мой рабо́чий день начина́ется в *во́семь часо́в утра́*.	I start work at eight o'clock in the morning. (*lit.* My work day begins...)
Я встаю́ *в полови́не седьмо́го*.	I get up at half past six.
Я встаю́ *без че́тверти во́семь*.	I get up at quarter to eight.
(2) (Я) принима́ю холо́дный душ.	I take a cold shower.
(3) Я уже́ на заво́де.	I am already at the factory.

In the present tense the verb **быть (есть)** is omitted.

— Где ваш муж?
— Мой муж сейча́с на рабо́те.

In the past and future it must be used.

— Где вы *бы́ли* вчера́?
— Мы *бы́ли* в теа́тре.
— За́втра ве́чером я *бу́ду* до́ма.

(4) за де́сять мину́т до нача́ла рабо́ты	ten minutes before work starts
(5) с двена́дцати до ча́су	from twelve to one
(6) Я успева́ю пообе́дать и отдохну́ть.	I have time to have lunch and take a little rest.

Успева́ть / успе́ть has the meaning 'to manage to do smth. within the allowed time'.

Я успе́л поговори́ть с инжене́ром до нача́ла рабо́ты.	I managed to have a word with the engineer before we started work.
Мы успе́ли зако́нчить рабо́ту до обе́да.	We managed to finish the work before dinner.

The verb **успе́ть** (perfective) is always followed by a perfective verb: успе́л *посмотре́ть*, успе́ли *сде́лать*, успе́л *ко́нчить*, успе́ла *сказа́ть*.

(7) Я помога́ю жене́ по хозя́йству.

I help my wife with the housework.

(8) Е́сли по телеви́зору идёт что́-нибудь интере́сное...

If there is something interesting on TV...

The preposition **по** + *dative* is used with the words **ра́дио, телефо́н, телеви́зор, по́чта**:

сообща́ть по ра́дио	to announce on the radio
говори́ть по телефо́ну	to speak on the phone
посыла́ть по по́чте	to send by post
пока́зывать по телеви́зору	to show on TV

Идти́ is used in the meaning 'to be on' when one is talking about the theatre, cinema or television:

Что идёт сего́дня в Большо́м теа́тре?

What's on at the Bolshoi Theatre today?

Како́й фильм идёт сего́дня в кинотеа́тре «Прогре́сс»?

What film is on at the *Progress* cinema today?

Что идёт сейча́с по телеви́зору?

What is on the TV now?

Other expressions concerning the TV are:

Что сего́дня по телеви́зору?
Что пока́зывают по телеви́зору?

(9) Я прихожу́ домо́й часо́в в семь.

I come home at about seven.

When the numeral is placed after the noun, it signifies an approximation.

Compare:

Он пришёл *в три часа́*.	Он пришёл *часа́ в три*.
He came at three o'clock.	He came at about three o'clock.
Ему́ *два́дцать лет*.	Ему́ *лет два́дцать*.
He is twenty years old.	He is about twenty.
В кни́ге *сто страни́ц*.	В кни́ге *страни́ц сто*.
There are a hundred pages in the book.	There are about a hundred pages in the book.

3*

This applies to all combinations of numerals and nouns. (The phrases **о́коло трёх часо́в, приблизи́тельно два́дцать лет, почти́ сто страни́ц** are also possible.)

TELLING THE TIME (IN RUSSIAN)

I. Кото́рый час? What time is it?

1. Кото́рый час?

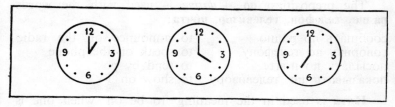

Сейча́с час. Сейча́с четы́ре часа́. Сейча́с семь часо́в.

2. Кото́рый час?

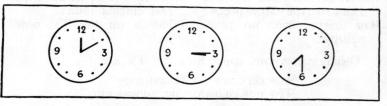

Сейча́с де́сять ми- Сейча́с че́тверть Сейча́с полови-
ну́т пе́рвого. (пятна́дцать мину́т) на восьмо́го.
         четвёртого.

3. Кото́рый час?

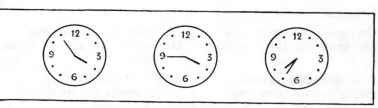

Сейча́с без пяти́ Сейча́с без че́тверти Сейча́с без двад-
(мину́т) четы́ре. (без пятна́дцати мину́т) цати́ пяти́ (ми-
         четы́ре. ну́т) во́семь.

In some cases, e. g. on the radio, on trains, etc., the time is given in an official, non-conversational way, using the 24-hour clock:

13.05 — трина́дцать часо́в пять мину́т
7.35 — семь часо́в три́дцать пять мину́т

Speaking of film showings we say:

Да́йте два биле́та на (сеа́нс) девятна́дцать де́сять.
Мы идём в кино́ на (сеа́нс) восемна́дцать два́дцать.

Evening performances:

17.30 (семна́дцать три́дцать)
19.15 (девятна́дцать пятна́дцать)
21.45 (два́дцать оди́н со́рок пять)

II. Когда́? В кото́ром часу́? At what time?

A. 1. Па́вел обе́дает *в час.*
Он прихо́дит домо́й *в четы́ре часа́.*

Мы у́жинаем *в семь часо́в.*

Pavel has lunch at one.
He comes home at four.

We have supper at seven.

2. Сего́дня он пришёл домо́й *че́тверть пя́того.*

Они́ у́жинают *в полови́не восьмо́го.*

Today he came home at a quarter past four.

They have supper at half past seven.

3. Па́вел пошёл обе́дать *без пяти́ час.*

Он пришёл домо́й *без че́тверти четы́ре.*

Сего́дня мы се́ли у́жинать *без двадцати́ пяти́* во́семь.

Pavel went to lunch at five to one.

He came home at a quarter to four.

We sat down to supper at twenty-five to eight.

B. Sometimes the part of the day is added:

Э́то бы́ло в три часа́ *но́чи.*
Он прие́хал в шесть часо́в *ве́чера.*

In this sense **у́тро, день, ве́чер, ночь** are roughly used as follows:

5—11 — у́тро (5 часо́в утра́ — 11 часо́в утра́) morning
12—16 — день (12 часо́в дня — 4 часа́ дня) afternoon

37

17—23 — ве́чер (5 часо́в ве́чера — 11 часо́в ве́чера) evening
24—4 — ночь (12 часо́в но́чи — 4 часа́ но́чи) night

C. 1. *Около* двух часо́в. (*gen.*)   At about two o'clock.
Он бу́дет здесь о́коло двух часо́в.

2. *По́сле* двух часо́в. (*gen.*)   After two o'clock.
Па́вел придёт по́сле двух часо́в.

3. *Че́рез* два часа́. (*acc.*)   In two hours (time).
Че́рез два часа́ я пойду́ на рабо́ту.

4. *К* двум часа́м. (*dat.*)   By two o'clock.
Он придёт к двум часа́м.

5. *За* два часа́ (*acc.*) до (+ *gen.*).   Two hours before.
Мы пришли́ за пять мину́т до нача́ла конце́рта.

III. Как до́лго? Ско́лько вре́мени? How long?

1. Два часа́.   (For) two hours.
По́сле обе́да он отдыха́ет два часа́.

2. С двух до трёх.   From two to three (o'clock).
По́сле обе́да он отдыха́ет с двух до трёх часо́в.

DIALOGUES

I

— Когда́ вы встаёте?
— Обы́чно я встаю́ в полови́не седьмо́го, а в воскре-
се́нье — в полови́не восьмо́го — в во́семь.
— В кото́ром часу́ начина́ют рабо́тать на ва́шем за-
во́де?
— В во́семь часо́в.
— Ско́лько часо́в в день вы рабо́таете?
— Во́семь часо́в: с восьми́ до двена́дцати и пото́м
с ча́су до пяти́.
— А что вы де́лаете с двена́дцати до ча́су?
— С двена́дцати до ча́су обе́денный переры́в, в э́то
вре́мя мы обе́даем и отдыха́ем.
— А ско́лько дней в неде́лю вы отдыха́ете?
— Два дня: суббо́ту и воскресе́нье.

II

— Мари́на, я слы́шала, что вы занима́етесь (1) в кон-
серато́рии? Как вы успева́ете и рабо́тать, и учи́ться?

— Я рабо́таю у́тром, с девяти́ до трёх, а в консерва́тории занима́юсь ве́чером, с семи́ до десяти́.

— Ка́ждый день?

— Нет, коне́чно. Я хожу́ в консервато́рию че́рез день — по понеде́льникам, среда́м и пя́тницам. Коне́чно, рабо́тать прихо́дится мно́го.

— А дома́шние дела́? Вы всё успева́ете де́лать до́ма?

— Дома́шними дела́ми я занима́юсь в суббо́ту. В э́тот день я не рабо́таю. А кро́ме того́, мне помога́ет по хозя́йству муж.

III

— Скажи́те, пожа́луйста, кото́рый час?

— Сейча́с че́тверть пя́того.

— Спаси́бо. А ва́ши часы́ не спеша́т?

— Нет, мои́ часы́ иду́т то́чно. Я проверя́л их по ра́дио в двена́дцать часо́в.

— Зна́чит, мои́ отстаю́т. На них то́лько де́сять мину́т пя́того. На́до бу́дет показа́ть их ма́стеру.

NOTES

(1) ... вы занима́етесь в консервато́рии?   ... you study at the Conservatoire?

Занима́ться is used very frequently in Russian. Its main meanings are:

1. **Занима́ться** + *instr.* (чем?)

— спо́ртом	to go in for sport
— литерату́рой	to study literature
— ру́сским языко́м	Russian
— дома́шними дела́ми, хозя́йством	to do the housework

2. **Занима́ться** with the meaning 'to study, to work, to do something'.

Мне ну́жно занима́ться.	I've got to work.
Он занима́ется с утра́ до по́здней но́чи.	He works from morning till late at night.

MEMORIZE:

пять мину́т пе́рвого
че́тверть пя́того
два́дцать мину́т двена́дца-
    того

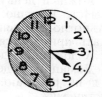

for the first half-hour

без пяти́ час
без че́тверти пять
без двадцати́ двена́дцать

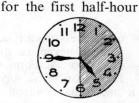

for the second half-hour

Часы́ иду́т то́чно.	My watch is right (keeps good time).
Часы́ спеша́т, отстаю́т.	My watch is fast, slow.
На мои́х (часа́х) три.	It's three by my watch.
проверя́ть } часы́ прове́рить	to check a watch
ста́вить } часы́ поста́вить	to set a watch (clock)

EXERCISES

I. Answer the following questions.

1. Где вы рабо́таете?
2. Кто вы по специа́льности?
3. Где нахо́дится ваш заво́д, институ́т, банк?
4. Како́й э́то заво́д, институ́т?
5. Когда́ вы встаёте?
6. Вы де́лаете у́треннюю заря́дку (гимна́стику)?
7. Когда́ вы за́втракаете?
8. Когда́ вы выхо́дите из до́ма?
9. Вы хо́дите на рабо́ту пешко́м и́ли е́здите?
10. Когда́ вы начина́ете рабо́тать?
11. Где и когда́ вы обы́чно обе́даете?
12. Когда́ вы конча́ете рабо́тать?

40

13. Когда́ вы прихо́дите домо́й?
14. Что вы де́лаете по вечера́м?
15. Когда́ вы ложи́тесь спать?

II. Write in figures:

де́сять мину́т пя́того, два́дцать пять мину́т пе́рвого, пять мину́т пе́рвого, че́тверть тре́тьего, без че́тверти три, без двадцати́ два, полови́на деся́того, без десяти́ час, два́дцать пять мину́т четвёртого, без пяти́ пять, че́тверть двена́дцатого, полови́на пе́рвого.

III. Read the following times in Russian:

1.05; 5.20; 9.10; 11.25; 3.17; 12.10; 12.30; 2.15; 2.45; 4.30; 4.40; 4.45; 9.40; 9.35; 9.50; 8.55; 10.10; 10.15; 10.30; 10.45; 10.55.

IV. Answer the following questions using the figures given in brackets.

1. Когда́ вы встаёте? (6.45).
2. Когда́ вы за́втракаете? (7.15).
3. Когда́ вы начина́ете рабо́тать? (8.30).
4. Когда́ вы обе́даете? (12.30).
5. Когда́ вы прихо́дите домо́й? (5.30).
6. Когда́ вы ложи́тесь спать? (11.15).

V. Answer the following questions using the words given on the right. Use the preposition в where required.

1. Когда́ вы встаёте?	семь часо́в
Ско́лько вре́мени вы сего́дня спа́ли?	
2. Когда́ обе́дают рабо́чие?	час
Ско́лько вре́мени продолжа́ется обе́денный переры́в?	
3. Ско́лько часо́в вы рабо́тали сего́дня?	четы́ре часа́
Когда́ вы пришли́ домо́й?	
4. Когда́ ваш сын прихо́дит из шко́лы?	два часа́
Ско́лько вре́мени он гото́вит уро́ки?	

VI. Complete the sentences using the figures given in brackets.

Model: Я рабо́таю... (10—4) — Я рабо́таю с десяти́ часо́в (утра́) до четырёх часо́в (дня).

Note. — When the period of time in question is relatively short or when it is clear which part of the day is meant, the word denoting it is not mentioned at all. Such cases are marked*.

1. Магази́н откры́т ... (8—6). 2. Мы обе́даем ... (1—2)*. 3. Ле́кции продолжа́ются ... (9—3). 4. Мы смотре́ли телеви́зор ... (7—9)*. 5. Врач принима́ет ... (2—8). 6. Я ждал вас ... (5—6). 7. Столо́вая рабо́тает ... (12—7). 8. По́сле обе́да, ... де́ти спят (2—4)*. 9. По́сле о́тдыха ... они́ гуля́ют (4—6)*. 10. Метро́ рабо́тает ... (6—1).

VII. Fill in the blanks with the preposition че́рез or по́сле.

Model: Мы пойдём в кино́ ... два часа́. — Мы пойдём в кино́ че́рез два часа́.

1. Я приду́ ... три часа́. 2. Он зашёл к ним ... рабо́ты. 3. ... ме́сяц у меня́ бу́дут экза́мены. 4. ... экза́менов студе́нты отдыха́ют. 5. ... ле́кции мы пойдём обе́дать. 6. Мы пойдём обе́дать ... час.

7. Я дам вам э́ту кни́гу ... три дня. 8. Я позвоню́ вам ... пра́здников. 9. ... обе́да зайди́те ко мне. 10. Я ко́нчу университе́т ... год.

VIII. Read out the passage below giving the expressions of time according to the 12-hour clock. Insert prepositions where necessary.

ДЕНЬ ШКО́ЛЬНИКА

Наш сын у́чится в шко́ле. Обы́чно он встаёт ... (7). Снача́ла Юра де́лает заря́дку, пото́м умыва́ется, одева́ется, убира́ет посте́ль. ... (7.45) он сади́тся за́втракать. ... (8.10) он выхо́дит из до́ма. Шко́ла, в кото́рой у́чится Юра, нахо́дится недалеко́ от на́шего до́ма. ... (8.20) он прихо́дит в шко́лу. Пе́рвый уро́к начина́ется ... (8.30). По́сле тре́тьего уро́ка, ... (11.15), де́ти за́втракают в шко́льном буфе́те. ... (13.40) уро́ки конча́ются, и Юра идёт домо́й. ... (2) он обе́дает. По́сле обе́да он гуля́ет. ... (4.30) Юра начина́ет де́лать уро́ки. Обы́чно он занима́ется ... (2). ... (7) мы у́жинаем. По́сле у́жина Юра занима́ется свои́ми дела́ми: чита́ет, рису́ет, смо́трит телеви́зор и́ли идёт к това́рищу, кото́рый живёт в сосе́днем до́ме. ... (10.30) Юра ложи́тся спать.

IX. Answer the following questions using the words given on the right.

1. Чем занима́ется ваш сын?	рабо́тает, у́чится в шко́ле, в университе́те
2. Чем занима́ется э́тот учёный?	литерату́ра, исто́рия, англи́йский язы́к, филосо́фия
3. Вы давно́ занима́етесь ру́сским языко́м?	неда́вно, не́сколько лет, год, полго́да
4. Вы занима́етесь спо́ртом?	те́ннис, футбо́л
5. Где вы обы́чно занима́етесь?	до́ма, чита́льный зал, университе́тская библиоте́ка

X. Read out the sentences below. Compare the meaning and use of verbs with and without the particle -ся.

Профе́ссор *ко́нчил* ле́кцию, и студе́нты вы́шли из за́ла.

Ле́кция *ко́нчилась*, и студе́нты вы́шли из за́ла.

Жизнь *измени́ла* э́того челове́ка.

Э́тот челове́к о́чень *измени́лся*.

XI. Fill in the blanks with the verbs given in brackets, deciding whether to use the particle -ся.

A. 1. Мы ... рабо́тать в во́семь часо́в утра́ и ... в пять часо́в ве́чера. Ле́кции в институ́те ... в де́вять утра́ и ... в три часа́ дня. (начина́ть — начина́ться, конча́ть — конча́ться) 2. Дверь ... и вошёл преподава́тель. Преподава́тель ... дверь и вошёл в класс. (откры́ть — откры́ться) 3. Рабо́та в лаборато́рии ... . Рабо́тники лаборато́рии ... свою́ рабо́ту. (продолжа́ть — продолжа́ться) 4. Шофёр ... маши́ну на углу́ у́лицы. Маши́на ... на углу́ у́лицы. (останови́ть — останови́ться) 5. Магази́н ... в де́вять часо́в утра́ и ... в семь часо́в ве́чера. Когда́ мы ухо́дим из до́ма, мы ... о́кна. (открыва́ть — открыва́ться, закрыва́ть — закрыва́ться)

B. 1. Мать ... ма́ленького сы́на. Сын ... сам. (мыть — мы́ться) 2. Ка́ждое у́тро я ... . Я сижу́, а парикма́хер ... меня́. (брить — бри́ться) 3. Мари́на ... и вы́шла на у́лицу. Мать ... до́чку и вы́шла с ней на у́лицу. (оде́ть — оде́ться)

XII. Read the sentences below. Compare the meaning of the perfective and imperfective verbs.

Мари́на *гото́вила* у́жин.   Мари́на *приготовила* у́жин.
Обы́чно я *ложу́сь* (*ложи́лся*) спать   Вчера́ я *лёг* спать по́здно.
  по́здно.

XIII. Insert the appropriate form of the verbs given in brackets.

1.— Что вы де́лали вчера́ ве́чером? — Я ... кни́гу.— Вы уже́ ... её? — Да, ... (чита́ть — прочита́ть) 2.— Что де́лает ваш сын? — Он ... уро́ки.— Воло́дя, ты уже́ ... уро́ки? — Да, я уже́ всё ... . (гото́вить — приготовить) 3. Я сиде́л мо́лча, а Серге́й ... мне о себе́, о свое́й жи́зни. (расска́зывать — рассказа́ть) 4. Па́вел ... газе́ты и стал чита́ть кни́гу. (просма́тривать — просмотре́ть) 5.— Почему́ вы ... так ра́но? — Я всегда́ ... ра́но. Да́же ле́том, когда́ я жил на да́че, я ... в шесть часо́в утра́. (встава́ть — встать) 6.— Когда́ вы ... спать? — Обы́чно я ... спать по́здно. Вчера́ я о́чень уста́л и ... спать ра́но, в полови́не деся́того. (ложи́ться — лечь) 7. Когда́ мы сиде́ли за столо́м и ..., Мари́на вдруг сказа́ла мне: «Пойдём сего́дня в кино́». Мы ..., бы́стро оде́лись и пошли́ в кино́. (у́жинать — поу́жинать)

XIV. Make up questions to which the following sentences would be the answers.

1. — ...... ?
   — Я встаю́ в полови́не седьмо́го.
2. — ...... ?
   — Я выхожу́ из до́ма в полови́не восьмо́го.
3. — ...... ?
   — Я е́зжу на рабо́ту на авто́бусе.
4. — ...... ?
   — Наш заво́д нахо́дится на окра́ине го́рода.
5. — ...... ?
   — Мы обе́даем в столо́вой.
6. — ...... ?
   — Мы конча́ем рабо́тать в четы́ре часа́.
7. — ...... ?
   — Ве́чером, по́сле у́жина, мы смо́трим телеви́зор.
8. — ...... ?
   — По вто́рникам я хожу́ в бассе́йн.
9. — ...... ?
   — Бассе́йн нахо́дится недалеко́ от на́шего до́ма.

XV. Fill in the blanks with the appropriate verb.

A. идти́ — ходи́ть

1.— Куда́ вы сейча́с ... ? — Я ... в магази́н. 2.— Вы ... домо́й? — Нет, я ... на по́чту. 3. Ка́ждый день я ... на рабо́ту. 4. Обы́чно я ... пешко́м. 5.— Вы не зна́ете, куда́ ... э́ти де́ти? — Я ду́маю, они́ ... в парк. 6. Вы лю́бите ... пешко́м?

B. е́хать — е́здить

1. Обы́чно я ... на рабо́ту на метро́. 2. Вы то́же ... на метро́? 3. Сего́дня я до́лжен ... на метро́, что́бы не опозда́ть в университе́т. 4.— Вы ... в Ки́ев? — Да, сейча́с я ... в Ки́ев, а из Ки́ева я пое́ду в Оде́ссу. 5. Ка́ждое ле́то на́ша семья́ ... на Во́лгу. 6. Почему́

мы так ме́дленно ... ? — Мы ... ме́дленно, потому́ что впереди́ мно́го маши́н.

XVI. Translate into Russian.

1. I usually get up at seven o'clock in the morning. I do some physical exercises and have a shower. 2. Work begins at eight o'clock. I leave my house at half past seven. 3. I work eight hours a day, and Marina six. 4. We have a dinner break from one to two. 5. Petrov leaves his house at half past eight and arrives at the factory ten minutes before work begins. 6. Do you go to work by bus (tram, train) or do you walk? 7. On Saturdays our friends come and visit us. 8. We watch television in the evenings. 9. I'll come and see you before seven o'clock. 10. "What's your brother doing?" "He is at the university. He is reading (*lit.* studying) history."

XVII. a) Describe a typical day in your life using the vocabulary and idioms given in this lesson.

b) Ask your colleague, another student or friend how he spends his day.

c) Describe how your son (or daughter) spends his (or her) day.

5

Марина едет на работу

— Детская поликлиника, в которой я работаю,— рассказывает Марина,— находится в центре города. А живём мы в районе Измайловского парка.

От дома до моей работы нет прямого сообщения. Мне приходится пользоваться двумя видами транспорта (1). Сначала я еду на автобусе (2), потом на метро и, кроме того, десять — двенадцать минут иду пешком (3).

Обычно я выхожу из дома двадцать минут девятого. Сначала я иду к автобусной остановке. Остановка находится как раз напротив нашего дома (4).

Подходит автобус. Я вхожу, опускаю пять копеек в кассу и отрываю билет. Обычно в эти часы в автобусе много народу (5).

Через три остановки, у метро, мне надо выходить. Я выхожу из автобуса и иду к метро. Я вхожу в вести-

бюль, опускаю пять копеек в автомат и прохожу мимо контролёра-автомата. Затем по эскалатору спускаюсь вниз. Подходит поезд. Я вхожу в вагон и сажусь, если есть свободное место.

На остановке «Площадь Революции» я выхожу из метро на улицу. Отсюда до работы десять минут ходьбы. Это расстояние — две остановки — можно проехать на троллейбусе. Обычно от метро до поликлиники я иду пешком, но иногда еду на троллейбусе.

Если я выхожу из дома позднее обычного, мне приходится брать такси (6), чтобы приехать на работу вовремя.

NOTES

(1) Мне приходится пользоваться двумя видами транспорта.	I have to use two types of transport.

The verb **приходиться** is impersonal and is used only in the following forms:

приходится (present)
приходилось (past)

The corresponding perfective verb is **прийтись** which has the following forms:

придётся (future)
пришлось (past)

Both verbs are used with the dative.

Иногда *мне* приходится ехать с пересадкой.	I sometimes have to change (buses).
Нам придётся идти пешком.	We'll have to go on foot.
Вчера *Марине* пришлось взять такси.	Yesterday Marina had to take a taxi.
(2, 5) Сначала я еду на автобусе.	First I take a bus...
В эти часы в автобусе много народу.	At this time there are many people on the bus.

Note the use of **в** and **на.**

a) When we wish to emphasize the type of transport the preposition **на** (+ *prepos.*) is used.

	на авто́бусе		
	на трамва́е	плыть	на теплохо́де
	на тролле́йбусе		на ло́дке
е́хать	на маши́не	лете́ть на самоле́те	
	на метро́		
	на такси́		
	на по́езде		
	на велосипе́де		

These constructions answer the question *Как? Каки́м ви́дом тра́нспорта?* (How? By what means of transport?)

> — Как вы пое́дете?
> — Мы пое́дем на трамва́е.

The following form is also possible: е́хать авто́бусом, трамва́ем, по́ездом; лете́ть самолётом.

b) When the place is meant the preposition **в** is used.

	в авто́бусе
	в трамва́е
	в тролле́йбусе
быть, находи́ться,	в по́езде
сиде́ть, уви́деть,	в маши́не
встре́тить кого́-ни-	в такси́
будь, etc.	в самолёте
	в ло́дке
	(*but* на теплохо́де)

В маши́не сиде́л како́й-то челове́к.
Вчера́ *в трамва́е* я встре́тил своего́ дру́га.

(3) Снача́ла я е́ду на авто́бусе, ... пото́м ... иду́ пешко́м.

First I go by bus ... , then on foot.

To indicate habitual and repeated action, the verbs **ходи́ть** and **е́здить** are used.

> Ка́ждый день я *хожу́* на рабо́ту.
> Мой сосе́д *е́здит* на рабо́ту на маши́не.

But when the action, while being repeated, is performed in one direction only, the verbs **идти́, е́хать** are used:

> Утром я *иду́* к авто́бусной остано́вке.
> Я *е́ду* пять остано́вок и выхожу́.
> Пото́м я *е́ду* на метро́.

(4) Остано́вка *как раз* на- про́тив на́шего до́ма.	The bus stop is *just* opposite our house.
(5) See 2 (b)	
(6) Мне прихо́дится брать такси́.	I have to take a taxi.

As distinct from the English 'take' the Russian verbs **брать / взять** are only used in expressions **брать такси́, брать маши́ну.** With all other nouns indicating means of transport **сади́ться / сесть** are used:

Мы пойдём пешко́м и́ли *ся́дем* на трамва́й?

Вам на́до *сесть* на пя́тый авто́бус, он идёт в центр.

DIALOGUES

I

— Скажи́те, пожа́луйста, как пройти́ к Большо́му теа́тру?

— Большо́й теа́тр недалеко́ отсю́да. Иди́те пря́мо, пото́м нале́во.

II

— Скажи́те, как мне дое́хать до па́рка «Соко́льники»?

— Извини́те, я не москви́ч. Спроси́те милиционе́ра, он вам объясни́т.

— Това́рищ милиционе́р, как мне попа́сть в парк «Соко́льники» (1)?

— Лу́чше всего́ на метро́. Отсю́да до па́рка всего́ три остано́вки. Мо́жно е́хать и на тролле́йбусе. Дое́дете до ста́нции метро́ «Соко́льники», а там спроси́те, как пройти́ к па́рку.

— Спаси́бо.

III

— Скажи́те, как отсю́да дое́хать до университе́та на Ле́нинских гора́х?

— До университе́та мо́жно дое́хать на авто́бусе и на тролле́йбусе.

— А на метро́?

— На метро́ вам придётся е́хать с переса́дкой (2).

IV

— Такси́ свобо́дно?

— Свобо́дно. Сади́тесь. Вам куда́?

— Мне к Большо́му теа́тру.

— Че́рез пятна́дцать мину́т бу́дем там.

— Ско́лько с меня́?

— Два рубля́ два́дцать копе́ек.

— Пожа́луйста. До свида́ния.

NOTES

(1) Как мне попа́сть в парк «Соко́льники»? — How can I get to Sokolniki Park?

Попа́сть is often used colloquially with the meaning 'to get (somewhere)':

Как вы сюда́ *попа́ли*?

Мы *попа́ли* в теа́тр во́время.

(2) Вам придётся е́хать с переса́дкой. — You will have to change (transport only)

переса́дка — change

де́лать переса́дку
е́хать с переса́дкой } — to change

е́хать без переса́дки — to go direct (without changing)

MEMORIZE:

A.

Скажи́те, пожа́луйста, как пройти́ к Большо́му теа́тру?	Please tell me how to get to the Bolshoi Theatre.
Скажи́те, пожа́луйста, как попа́сть на Ле́нинские го́ры?	Please tell me how to get to Lenin Hills.
Не ска́жете ли вы, как дое́хать до гости́ницы «Укра́ина»?	Can you tell me how to get to the Ukraina hotel?
Не ска́жете ли вы, куда́ идёт э́тот авто́бус?	Can you tell me where this bus goes?

4-01149

Этот автобус идёт в центр?	Does this bus go to the city centre?
Скажи́те, пожа́луйста, где остана́вливается 3-й (тре́тий) авто́бус?	Please tell me where the No. 3 bus stops.
Скажи́те, пожа́луйста, где ближа́йшая ста́нция метро́ (остано́вка авто́буса, стоя́нка такси́)?	Please tell me where the nearest Metro station (bus stop, taxi rank) is.

В.

Скажи́те, пожа́луйста, где мне выходи́ть? Мне ну́жен музе́й Че́хова.	Please tell me where I should get off? I want to get to the Chekhov Museum.
Скажи́те, пожа́луйста, где мне сде́лать переса́дку?	Please tell me where I change.
Кака́я э́то остано́вка?	What stop is this?
Кака́я сле́дующая остано́вка?	What is the next stop?
— Вы выхо́дите на сле́дующей (остано́вке)?	— Are you getting off at the next stop?
— Да, выхожу́.	— Yes, I am.
— Нет, не выхожу́.	— No, I'm not.
Разреши́те пройти́.	Will you let me pass, please?

EXERCISES

I. Answer the following questions.

1. Далеко́ ли от ва́шего до́ма до рабо́ты (до университе́та)?
2. Вы е́здите на рабо́ту и́ли хо́дите пешко́м?
3. Когда́ вы выхо́дите из до́ма?
4. Как вы е́здите на рабо́ту?
5. Есть ли прямо́е сообще́ние от ва́шего до́ма до рабо́ты?
6. Вам прихо́дится де́лать переса́дку?
7. Где вы де́лаете переса́дку?
8. Ско́лько вре́мени занима́ет у вас доро́га от до́ма до рабо́ты?
9. Како́й тра́нспорт хо́дит по ва́шей у́лице?
10. Како́й вид тра́нспорта вы предпочита́ете?
11. Вам ча́сто прихо́дится е́здить на авто́бусе (на трамва́е)?
12. Ско́лько сто́ит биле́т в авто́бусе?
13. В ва́шем го́роде есть метро́?
14. Вы ча́сто е́здите на метро́?
15. Где ближа́йшая стоя́нка такси́?

II. Put the verbs in the past tense.

1. Маши́на идёт бы́стро. 2. Куда́ он идёт? 3. Он е́здит на рабо́ту на авто́бусе. 4. Ма́льчики иду́т в шко́лу. 5. Ле́том я хожу́

на рабо́ту пешко́м. 6. Ка́ждый год мы е́здим на юг. 7. Же́нщина идёт ме́дленно. 8. Мои́ друзья́ хорошо́ хо́дят на лы́жах.

III. Fill in the blanks with the appropriate forms of the verb пойти́ or пое́хать.

1. Сего́дня ве́чером мы ... в теа́тр. Мы ... туда́ на такси́. 2. Ско́ро я ... в Ленингра́д. 3. Че́рез два часа́ он ко́нчит рабо́ту и ... домо́й. 4. Что́бы купи́ть слова́рь, на́до ... в кни́жный магази́н. Магази́н ря́дом. 5. Вы не хоти́те ... сего́дня ве́чером в кино́? 6. Куда́ вы собира́етесь ... ле́том?

IV. Fill in the blanks with the appropriate forms of the verbs of motion.

А. идти́ — ходи́ть

1. Сейча́с я ... на уро́к ру́сского языка́. 2.— Куда́ вы сейча́с ... ? — Мы ... в го́сти к свои́м друзья́м. 3.— Вы ча́сто ... в го́сти? — Нет, о́чень ре́дко. 4.— Куда́ вы так спеши́те? — Мы ... в теа́тр и, ка́жется, опа́здываем. 5.— Вы ча́сто ... в теа́тр? — Мы ... в теа́тр два-три ра́за в ме́сяц. 6. Я смотрю́ в окно́: вот ... же́нщина. Ря́дом с ней ... ма́льчик. Наве́рное, они́ ... в парк. 7. Она́ рабо́тает недалеко́ от до́ма и всегда́ ... на рабо́ту пешко́м.

В. е́хать — е́здить

1. Обы́чно он ... на рабо́ту на трамва́е, иногда́ он ... на авто́бусе. 2. Я ви́жу, как по у́лице ... велосипеди́сты. 3. У него́ така́я рабо́та, что он ча́сто ... в други́е города́. 4.— Куда́ ... э́ти тури́сты? — Они́ ... на заво́д. 5.— Куда́ вы ... по воскресе́ньям? — Обы́чно в воскресе́нье мы ... на да́чу.

V. Use the verb быть in the past tense instead of the verbs of motion.

Model: Вчера́ мы *ходи́ли в теа́тр.* — Вчера́ мы *бы́ли в теа́тре.*
Неда́вно я *е́здил в Пари́ж.* — Неда́вно я *был в Пари́же.*

1. В воскресе́нье мы ходи́ли на конце́рт. 2. Вчера́ Мари́на не ходи́ла на рабо́ту. 3. Днём Па́вел ходи́л в столо́вую. 4. Он никогда́ не е́здил в Ленингра́д. 5. В суббо́ту мы ходи́ли в Большо́й теа́тр. 6. В про́шлом году́ мой оте́ц е́здил в Ита́лию. 7. Сего́дня она́ е́здила в университе́т.

VI. Answer the following questions replacing быть by ходи́ть or е́здить.

1. Где вы бы́ли ле́том? 2. Где вы бы́ли вчера́? 3. Вы бы́ли у́тром в библиоте́ке? 4. Вы бы́ли вчера́ на ве́чере? 5. Вы бы́ли в Москве́? 6. Когда́ вы бы́ли в Сове́тском Сою́зе? 7. Вы бы́ли ле́том на ю́ге?

VII. Fill in the blanks with the preposition в or на.

1. Мы пое́дем ... авто́бусе? В э́то вре́мя ... авто́бусе ма́ло наро́ду. 2. Я сиде́л ... такси́ и ждал шофёра. Когда́ я опа́здываю, я е́зжу ... такси́. 3. Вчера́ ... трамва́е я встре́тил ста́рого знако́мого. Туда́ придётся е́хать ... трамва́е. 4. Вы пое́дете ... по́езде и́ли полети́те ... самолёте? ... самолёте сто се́мьдесят мест. 5. Вам на́до е́хать ... метро́. Я ча́сто встреча́ю э́того челове́ка ... метро́.

VIII. Make up questions to which the following sentences would be the answers.

1. — ...... ?
— Э́тот авто́бус идёт в центр.

2. — ...... ?
   — Тре́тий авто́бус остана́вливается у метро́.
3. — ...... ?
   — Мы е́дем на Ки́евский вокза́л.
4. — ...... ?
   — Сле́дующая остано́вка — пло́щадь Пу́шкина.
5. — ...... ?
   — Мари́на е́здит на рабо́ту на метро́.
6. — ...... ?
   — Вам на́до сде́лать переса́дку в це́нтре.
7. — ...... ?
   — Да, такси́ свобо́дно.

IX. Put the following verbs into the imperative according to the example given.

Model: переда́ть биле́т — Переда́йте, пожа́луйста, биле́т.

1. останови́ть такси́. 2. сади́ться в такси́. 3. спроси́ть у милиционе́ра. 4. показа́ть, где ста́нция метро́. 5. сказа́ть, где остано́вка авто́буса.

X. Fill in the blanks with the appropriate words given below.

	... идёт э́тот авто́бус?
	... остано́вка трамва́я?
	... дое́хать до Большо́го теа́тра?
Скажи́те, пожа́луйста,	... мне де́лать переса́дку?
	... авто́бус идёт в центр?
	... нам выходи́ть?
	... э́то остано́вка?

(*где, куда́, как, како́й, кака́я*)

XI. Join the following pairs of simple sentences using the conjunctions так как, потому́ что, е́сли, когда́.

1. Обы́чно я хожу́ в институ́т пешко́м. От до́ма до институ́та де́сять мину́т ходьбы́. 2. Мне прихо́дится де́лать переса́дку. От до́ма до рабо́ты нет прямо́го сообще́ния. 3. Я опа́здываю на рабо́ту. Иногда́ я беру́ такси́. 4. Я хожу́ на рабо́ту пешко́м. Я выхожу́ из до́ма во́время. 5. Я сажу́сь на авто́бус. Я выхожу́ из до́ма по́здно.

XII. Give the opposites of the following sentences.

Model: Она́ вошла́ в ко́мнату. — Она́ вы́шла из ко́мнаты.
Анна прие́хала в Москву́. — Анна уе́хала из Москвы́.

1. Он вошёл в зал. 2. Мы вошли́ в дом. 3. Я вошёл в магази́н. 4. Мы вы́шли из теа́тра. 5. Она́ вы́шла из метро́. 6. Па́вел пришёл на рабо́ту. 7. Он прие́хал в Москву́. 8. Семья́ уе́хала в дере́вню. 9. Он ушёл на рабо́ту ра́но.

XIII. Translate into Russian.

1. — Do you go to work by some means of transport or on foot?
   — I usually go by bus. I go home on foot because at that time the buses are crowded.
2. — Please tell me whether the *Moskva* hotel is far from here?
   — No, it's not far. It's three bus stops from here.

— How do I get to the hotel?
— You take the No. 3 bus.
— Where does it stop?
— Can you see those people on the other side of the street? That's the No. 3 bus stop.
— Thank you.
3. — Please tell me when to get off? I want to get to the Bolshoi Theatre.
— The Bolshoi is the fourth stop from here. I'll tell you when to get off.
4. — What is the next stop?
— The Chekhov Museum.
5. — Do you know where the No. 2 trolleybus stops?
— Sorry, I don't live here (*lit.* I'm not a Muscovite). You'd better ask a policeman (*lit.* militiaman).
6. — Where do I get off for Red Square?
— You've got to get off at Revolution Square.
7. — I've got to catch the No. 6 bus.
— The No. 6 does not come this way. It stops by the Metro.
8. How much does a ticket cost?
9. Would you give me two tickets, please?
10. — Is this taxi free?
— Yes, it is. Get in. Where do you want to go?
— I'm going to the city centre.
11. — Where is the nearest bus or trolleybus stop?

XIV. a) Describe your journey to work using the words and expressions from the lesson.
b) Make up some dialogues between a local resident and a visitor with «Как проéхать от ... до ...?», «Как попáсть в ...?», «Какóй трáнспорт идёт в ...?»

XV. Read and paraphrase the following:

Однá пожилáя дáма собирáлась взять таксú.
— Мне на вокзáл,—сказáла онá шофёру.
— Пожáлуйста,—отвéтил шофёр.
— Тóлько прошý вас éхать мéдленно и осторóжно.
— Хорошó,—отвéтил шофёр.
— Прошý не éхать на крáсный свет.
— Хорошó.
— Прошý не дéлать крутúх поворóтов. Сегóдня был дождь, и дорóга мóкрая.
— Прекрáсно,—сказáл шофёр.—Вы не сказáли одногó: в какýю больнúцу отвезтú вас, éсли бýдет несчáстный слýчай.

не éхать на крáсный свет	to stop when the lights are at red
крутóй поворóт	a sharp turn
несчáстный слýчай	an accident

6

Прогулка за город

Ле́том в хоро́шую пого́ду мы с друзья́ми прово́дим воскресе́нье за́ городом (1). Обы́чно нас быва́ет челове́к шесть—во́семь (2). Это на́ши знако́мые и мои́ това́рищи по рабо́те (3). Мы встреча́емся на вокза́ле в де́вять часо́в утра́, берём биле́ты и сади́мся в по́езд. В ваго́не мно́го молодёжи, и поэ́тому там шу́мно и ве́село. Ско́ро по́езд отхо́дит.

Мину́т че́рез три́дцать мы выхо́дим на небольшо́й ста́нции и идём пешко́м три—четы́ре киломе́тра.

Доро́га идёт снача́ла че́рез дере́вню, пото́м лу́гом и ле́сом (4). Мы идём не спеша́, но в хоро́шем и бо́дром те́мпе. По доро́ге шу́тим, поём, фотографи́руем, собира́ем я́годы. Наконе́ц мы у це́ли. Мы остана́вливаемся на берегу́ реки́, киломе́трах в трёх—четырёх от ста́нции.

Здесь мы прово́дим весь день: купа́емся, ло́вим ры́бу, игра́ем в волейбо́л, бро́дим по́ лесу. Ка́ждый нахо́дит себе́ заня́тие по душе́ (5). На во́здухе, осо́бенно по́сле волейбо́ла и купа́ния, аппети́т у всех прекра́сный. Мы разво́дим костёр, гото́вим обе́д. Всё, что пригото́влено на костре́, ка́жется о́чень вку́сным.

Часо́в в пять мы отправля́емся в обра́тный путь. Че́рез час—полтора́ мы уже́ на ста́нции, а ещё че́рез полчаса́—в Москве́. На вокза́ле мы проща́емся и догова́риваемся о сле́дующей прогу́лке. У нас есть не́сколько излю́бленных маршру́тов, и мы выбира́ем оди́н из них. Иногда́ мы хо́дим пешко́м, иногда́ е́здим на маши́не и́ли на велосипе́дах, иногда́ соверша́ем прогу́лку на теплохо́де.

NOTES

(1) Мы с друзья́ми прово́дим воскресе́нье за́ го́родом. — We spend Sunday in the country with our friends.

a) мы с друзья́ми — we and our friends
мы с жено́й — my wife and I

(«Я с жено́й», «я и жена́» are also possible).

b) **За́ городом, за́ город** is the equivalent of 'in the country, to the country'.

За́ городом answers the question *где?*, **за́ го́род,** *куда́?*

— *Где* вы бы́ли в воскресе́нье?
— *За́ городом.*
— *Куда́* вы е́здили в воскресе́нье?
— *За́ город.*

(2) Обы́чно нас быва́ет человéк шéсть—вóсемь.

There are usually about six
or eight of us.

Note that the pronoun in the genitive corresponding
to the English 'of us', 'of them', etc. is placed before
the predicate.

Их двóе—брат и сестра́.

There are two of them, a
brother and a sister.

В семье́ *нас* бы́ло чéтверо.

There were four of us in our
family.

Скóлько *вас* бы́ло вчера́ на
урóке?

How many of you were at
the lesson yesterday?

(3) това́рищи по рабóте
(*dat.*)

colleagues, workmates

Also:

знакóмый по институ́ту
подру́га по шкóле

an institute acquaintance
a school friend

(4) Дорóга идёт... лу́гом и
лéсом.

The road goes... through the
meadow and the forest.

(5) заня́тие по душé (*dat.*)

an occupation to one's liking

Note that almost all the verbs in this passage («Про-
гу́лка за́ город») are imperfective. They indicate recurring
actions:

Мы *прово́дим* воскресéнье за́ городом.
Мы *остана́вливаемся* на берегу́ реки́.
... *отправля́емся* в обра́тный путь.

DIALOGUES

I

— Как вы обы́чно прово́дите воскресéнье?
— Е́сли стои́т хорóшая погóда, мы éздим за́ город.
— На маши́не и́ли на пóезде?
— Иногда́ на маши́не, в том слу́чае, когда́ нас трóе-
чéтверо (1). Éсли нас собира́ется человéк вóсемь, мы
снача́ла éдем на пóезде, а потóм идём пешкóм нéсколько
киломéтров.

— А где вы де́лаете прива́л?

— В лесу́ и́ли на берегу́ реки́.

— Вы е́здите в одно́ ме́сто и́ли в ра́зные места́?

— В ра́зные. Под Москво́й мно́го краси́вых мест и вы́брать интере́сный маршру́т нетру́дно.

II

— Ни́на, ты не хо́чешь пое́хать в воскресе́нье за́ город?

— С удово́льствием. А кто ещё пое́дет?

— Мои́ това́рищи по рабо́те. Нас бу́дет челове́к пять— семь.

— А куда́ вы е́дете?

— В Усо́во, на Москву́-реку́. Там прекра́сные места́, мо́жно купа́ться, ката́ться на ло́дке.

— Где и когда́ мы встре́тимся?

— Мы собира́емся у касс Белору́сского вокза́ла в во́семь три́дцать. Бу́дем ждать тебя́. Ты обяза́тельно пое́дешь?

— Ду́маю, что пое́ду. Е́сли я не пое́ду, я позвоню́ тебе́ накану́не. Хорошо́?

— Хорошо́. Договори́лись.

NOTES

(1) Когда́ нас тро́е-че́тверо...

When there are (only) three or four of us...

Collectives — **дво́е, тро́е, че́тверо, пя́теро, ше́стеро, се́меро** — are used with nouns indicating male persons.

Дво́е мужчи́н.

Две же́нщины.

трое мужчин, *but* три женщины
пятеро мальчиков, *but* пять девочек

Collectives can be used with nouns indicating mixed groups of males and females.

Детей в семье было *трое* — один мальчик и две девочки.

MEMORIZE:

Как вы проводите свободное время?	How do you spend your spare time?
Где вы провели последнее воскресенье?	Where did you spend last Sunday?
мы с другом = я и друг	
мы с сыном = я и сын	

EXERCISES

I. Answer the following questions.

1. Где вы обычно проводите воскресенье?
2. Вы ездите за город?
3. Куда вы обычно ездите в воскресенье?
4. Как вы ездите — на машине или на поезде?
5. Вы любите ходить пешком?
6. Какое место вы выбираете для отдыха?
7. Где вы делаете привал?
8. Что вы делаете во время прогулки?
9. Когда вы возвращаетесь домой?
10. Вы часто совершаете прогулки за город?

II. Answer the following questions using the words in brackets.

Model: С кем вы ездите за город? (мои друзья) — Я езжу за город *со своими* друзьями.

1. С кем вы встретились вчера? (мой старый знакомый) 2. С кем вы договорились о встрече? (наши друзья и знакомые) 3. С кем вы отдыхали летом на юге? (жена и дети) 4. С кем вы разговаривали сейчас? (рабочие и инженер нашей лаборатории) 5. С кем вы занимаетесь русским языком? (старый опытный преподаватель) 6. С кем вы советуетесь? (мои родители, моя жена, мои друзья) 7. С кем вы говорите по-русски? (советские туристы)

III. Answer the following questions using the words in brackets.

1. Чем вы занимаетесь в свободное время? (русский язык и русская литература) 2. Чем она интересуется? (литература, музыка и театр) 3. Чем вы пользуетесь, когда переводите тексты? (русско-английский словарь, учебник и другие книги) 4. Чем увлекается этот молодой человек? (спорт и танцы)

IV. Fill in the blanks with verbs chosen from those in brackets.

1. Ка́ждое воскресе́нье мы ... (встреча́ем — встреча́емся) с друзья́ми на вокза́ле. Я ча́сто ... (встреча́ю — встреча́юсь) э́того челове́ка на авто́бусной остано́вке. 2. Мы ре́дко ... (ви́дим — ви́димся) со свои́ми друзья́ми. Он не ... (ви́дел — ви́делся) свои́х роди́телей три го́да. 3. Я ... (собра́л — собра́лся) свои́ ве́щи и сложи́л их в чемода́н. Около касс вокза́ла ... (собра́ли — собра́лись) тури́сты. 4. По́езд ... (останови́л — останови́лся), и мы вы́шли из ваго́на. Милиционе́р ... (останови́л — останови́лся) маши́ну. 5. Мы отдыха́ем, игра́ем в волейбо́л, ... (купа́ем — купа́емся). Ка́ждый ве́чер мать ... (купа́ет — купа́ется) дете́й.

V. Replace the imperfective with perfective verbs and explain their use in the context given.

Model: Ле́том мы *проводи́ли* ка́ждое воскресе́нье за́ городом.—
Мы *провели́ после́днее* воскресе́нье за́ городом.
Мы *встреча́лись* на вокза́ле.— Мы *встре́тились* на вокза́ле.

1. Мы бра́ли биле́ты. 2. Мы сади́лись в по́езд. 3. Мы выходи́ли на э́той ста́нции. 4. Тури́сты остана́вливались на берегу́ реки́. 5. Здесь они́ купа́лись. 6. Де́вушки гото́вили за́втрак. 7. В пять часо́в на́ша гру́ппа отправля́лась обра́тно. 8. На вокза́ле мы проща́лись. 9. Мы догова́ривались о сле́дующей прогу́лке.

VI. Insert the preposition в or на.

1. Я е́зжу в университе́т ... авто́бусе. Сего́дня ... авто́бусе бы́ло мно́го наро́ду. 2. Студе́нты е́здили в колхо́з · ... по́езде. ... по́езде бы́ло мно́го молодёжи. 3. Из Москвы́ в Ки́ев тури́сты е́хали ... по́езде, обра́тно лете́ли ... самолёте. 4. Сего́дня у́тром я встре́тил ... метро́ на́шего профе́ссора. 5. Вы всегда́ е́здите на рабо́ту ... метро́? 6. В воскресе́нье мы е́здили за́ город. Туда́ мы е́хали ... по́езде, обра́тно — ... теплохо́де. 7. Неда́вно мой оте́ц е́здил в Ленингра́д. Туда́ он лете́л ... самолёте, обра́тно он е́хал ... по́езде. ... самолёте он встре́тил знако́мого.

VII. Read out the sentences. Compare the meaning of the verbs приезжа́ть, уезжа́ть (imperfective) and прие́хать, уе́хать (perfective) in the past tense.

1. В про́шлом году́ ко мне *приезжа́ла* сестра́. (Она́ жила́ у нас две неде́ли.)

В про́шлом году́ ко мне *прие́хала* сестра́. (Тепе́рь мы живём вме́сте.)

2. В а́вгусте нас не́ было в Москве́ — мы *уезжа́ли* в дере́вню.

Ви́ктора сейча́с нет в Москве́ — он *уе́хал* в дере́вню.

VIII. Insert the appropriate form of the verbs.

А. приходи́ть — прийти́, приезжа́ть — прие́хать

1. Ле́том к нам в университе́т ... студе́нты из Ке́мбриджа. Неда́вно к нам в университе́т ... студе́нты из Оксфорда. Они́ пробу́дут здесь две неде́ли. 2. Бы́ло уже́ часо́в де́вять, когда́ ко мне ... мой това́рищ. Вчера́ ко мне ... мой това́рищ, но меня́, к сожале́нию, не́ было до́ма. 3. Утром к вам ... э́тот челове́к, но вас не́ было до́ма. Вчера́ я ... домо́й по́здно. 4. Ка́ждый ве́чер ко мне ... мой сосе́д, и мы игра́ем с ним в ша́хматы. Он сказа́л, что сего́дня

он ... позднее, чем обычно. 5. Завтра я ... часов в девять. Обычно я ... с работы в семь часов. 6. Мы ... на завод к восьми часам утра. Завтра мы должны ... немного раньше.

B. уходить — уйти, уезжать — уехать

1. Вчера у нас были друзья. Они ... от нас поздно. Когда они ..., они пригласили нас к себе. 2. Когда Марина ... на работу, я сказал ей, что вечером у нас будут друзья. Когда она ..., я увидел, что она забыла взять плащ. 3. Летом мы ... из дома рано утром и проводили весь день на берегу реки. Сегодня я ... из дома в восемь часов. 4. Мой товарищ занимается в библиотеке. Обычно он ... оттуда поздно. Вчера мы ... из библиотеки очень поздно.

IX. Wherever possible, use collective numerals instead of the numerals given below.

Model: три студента — трое студентов;
три студентки

четыре учителя, две женщины, три друга, три товарища, четыре солдата, два мальчика, три сестры, три брата, пять учеников, пять учениц, четыре ребёнка, шесть рабочих

X. Answer the following questions using the numerals in brackets.

1. Сколько человек собрались на вокзале? (11) 2. Сколько человек работает вместе с вами? (21) 3. Сколько человек в вашей семье? (4) 4. Сколько детей в этой семье? (3) 5. Сколько человек стоит на остановке? (8)

XI. Answer the following questions and give both the exact and approximate time by altering the word order.

Model: Когда вы ужинаете? (7) — Мы ужинаем *в семь часов.*
Мы ужинаем *часов в семь.*

1. Когда вы встаёте? (6) 2. Когда дети уходят в школу? (8) 3. Когда вы приходите домой? (5) 4. Когда вы пойдёте обедать? (2) 5. Сколько лет вы живёте в этом городе? (15) 6. Сколько лет живут здесь ваши родители? (22) 7. Сколько дней вы были в Москве? (18) 8. Сколько раз вы были в Советском Союзе? (4) 9. Сколько минут стоит поезд на этой станции? (5) 10. Сколько стоит эта книга? (40 копеек)

XII. Insert the appropriate verbs from those given below.

В прошлое воскресенье мы ... за город. Мы ... из дома в восемь часов утра. Около дома нас ждал товарищ со своей машиной. Мы сели в машину и .... Сначала мы ... по городу, потом ... в поле. Мы ... километров тридцать. Около реки товарищ остановил машину. Было жарко. Мы ... из машины и ... к реке. Здесь мы провели весь день. В пять часов вечера мы ... обратно. Домой мы ... в шесть часов.

(*ехали, ездили, поехали, выехали, приехали, проехали, вышли, побежали*)

XIII. Replace the clauses in italics with synonymous phrases according to the example.

Model: Это мой товарищ, *с которым я учился в школе.* — Это мой товарищ *по школе.*

1. Вчера́ я получи́ла письмо́ от подру́ги, *с кото́рой учи́лась в университе́те.* 2. В теа́тре мы встре́тили знако́мых, *кото́рые рабо́тают в на́шем институ́те.* 3. Э́ту кни́гу мне подари́ли това́рищи, *с кото́рыми я рабо́таю.* 4. К сы́ну ча́сто прихо́дят его́ това́рищи, *с кото́рыми он у́чится в шко́ле.*

XIV. Make up questions to which the following sentences would be the answers.

1. — ...... ?
   — В воскресе́нье мы отдыха́ем за́ городом.
2. — ...... ?
   — В суббо́ту мы е́здили за́ город.
3. — ...... ?
   — На вокза́ле мы встре́тились со свои́ми друзья́ми.
4. — ...... ?
   — Нас бы́ло пя́теро.
5. — ...... ?
   — До ста́нции «О́тдых» по́езд идёт со́рок мину́т.
6. — ...... ?
   — По́езд стои́т на э́той ста́нции три мину́ты.
7. — ...... ?
   — Мы останови́лись на берегу́ реки́.
8. — ...... ?
   — Де́ти побежа́ли к реке́.
9. — ...... ?
   — В лесу́ мы гуля́ли, собира́ли цветы́ и я́годы.

XV. Translate into Russian.

1. — What do you do on Sundays?
   — My friends and I often spend Sunday in the country, in a wood or by a river. We usually go to the country by train or by car.
2. — Misha, do you want to go to the country on Sunday?
   — By car?
   — No, we want to go on our bikes.
   — Who else is coming with us? How many will be going?
   — There will be five of us.
   — Where shall we meet?
   — We usually meet near the Kievskaya Metro station.
3. The train takes 30 or 35 minutes from Moscow to Lesnaya station. It's about three or four kilometres from the station to the wood.
4. From the station we walked to the wood. Do you like walking?
5. We usually get back to Moscow at about six.

XVI. a) Describe how you spend your Sundays in the country.
   b) Describe your last Sunday in the country.

7

В продовольственном магазине

На пе́рвом этаже́ на́шего до́ма нахо́дится большо́й продово́льственный магази́н «Гастроно́м». В нём мно́го ра́зных отде́лов: хле́бный, конди́терский, моло́чный, мясно́й, ры́бный, фрукто́вый. Здесь мо́жно купи́ть все проду́кты, кро́ме овоще́й. Овощи продаю́тся в специа́льных магази́нах и на ры́нках.

В на́шем магази́не есть отде́л полуфабрика́тов. В э́том отде́ле продаю́тся котле́ты, бифште́ксы, варёные ку́ры и у́тки, сала́т, гото́вый пу́динг, пироги́.

Я вхожу́ в магази́н, обхожу́ все отде́лы (1) и выбира́ю то, что мне ну́жно купи́ть, а зате́м иду́ в ка́ссу плати́ть де́ньги.

Наш магази́н рабо́тает с восьми́ часо́в утра́ до девяти́ ве́чера. Днём, с ча́су до двух, магази́н закры́т на обе́денный переры́в.

Обычно я хожу в магазин после работы, часов в семь—восемь вечера, когда там мало покупателей. Иногда мы заказываем нужные нам продукты по телефону (2) и вечером получаем их в отделе заказов.

Сегодня вечером у нас будут гости, поэтому утром я пошла в магазин, чтобы заранее купить всё, что нужно для ужина.

Сначала я пошла в отдел «Мясо, птица». Здесь я купила большую утку. В отделе «Молоко, масло» я взяла полкило масла, триста грамм сыру (3) и десяток яиц. Потом я купила четыреста грамм рыбы и две банки рыбных консервов (4). После этого я пошла в кондитерский отдел, где купила коробку конфет, торт и пачку чая. Теперь мне осталось купить только хлеб.

Овощи, фрукты и сигареты должен купить Павел.

NOTES

(1) **Я** обхожу все отделы.   I go round every department.

The prefix **о- (об-, обо-)** indicates that the whole of the object is covered by the action. Therefore the pronoun **весь (все)** is commonly used with these verbs.

Я *обошёл* все книжные магазины.	I went round all the bookshops.
Мы *осмотрели* витрины магазина.	We looked at (all) the display-counters in the shop.
(2) заказывать ⎫ по заказать ⎭ телефону	to order by telephone
отдел заказов	the order counter
(3) триста грамм сыру	three hundred grammes of cheese

In conversational speech the form **грамм** is possible in place of the literary **граммов**.

(4) Две банки консервов	Two tins

Note the words describing containers:

банка джема, майонеза	a jar of jam, mayonnaise
бутылка молока, масла	a bottle of milk, oil
коробка конфет, спичек	a box of sweets, matches
пачка сахара, соли, кофе, печенья, сигарет	a packet of sugar, salt, coffee, biscuits, cigarettes

DIALOGUES

I

— Скажи́те, пожа́луйста, бу́лочки све́жие?
— То́лько что привезли́ (1).
— Да́йте, пожа́луйста, три бу́лочки и полови́ну чёрного (2).

II

— Ско́лько сто́ит э́та коро́бка конфе́т?
— Оди́н рубль.
— Да́йте мне, пожа́луйста, коро́бку конфе́т, па́чку ко́фе и торт. Ско́лько с меня́? (3)
— Шесть рубле́й со́рок пять копе́ек.

III

— У вас есть моско́вская колбаса́?
— Да, есть.
— Да́йте, пожа́луйста, три́ста грамм колбасы́, деся́ток яи́ц и две́сти грамм ма́сла.
— Пожа́луйста. Плати́те в ка́ссу два рубля́ во́семьдесят две копе́йки.

IV

— Скажи́те, пожа́луйста, в како́м отде́ле продаю́т сыр?
— В моло́чном.
— Спаси́бо.

V

У КА́ССЫ

— Два рубля́ во́семьдесят копе́ек.
— В како́й отде́л?
— В моло́чный.
— Возьми́те чек и сда́чу—два́дцать копе́ек.

NOTES

(1) То́лько что привезли́.	They've just been delivered
(2) полови́ну чёрного	half a brown loaf
бе́лый хлеб	white bread
чёрный хлеб	brown bread
(3) Ско́лько с меня́?	How much do I pay?

64

MEMORIZE:

Ско́лько сто́ит буты́лка моло́ка́ (ры́ба, ма́сло)?	How much is a bottle of milk (the fish, the butter)?
Ско́лько сто́ят сигаре́ты (конфе́ты, я́блоки)?	How much are the cigarettes (the sweets, the apples)?
Скажи́те, пожа́луйста, есть конфе́ты «Весна́»?	Have you any 'Vesna' sweets?
Кака́я ры́ба есть сего́дня?	What fish have you got today?
Да́йте, пожа́луйста, полкило́ са́хару и па́чку ко́фе.	Will you please give me half a kilo of sugar and a packet of coffee?
Да́йте мне, пожа́луйста, кило́ я́блок и два лимо́на.	Will you please give me a kilogramme of apples and two lemons?
Поре́жьте, пожа́луйста, сыр.	Cut up the cheese, please.
Ско́лько плати́ть за всё?	How much is it altogether?

EXERCISES

I. Answer the following questions.

1. Что вы покупа́ете в магази́не?
2. Что вы покупа́ете на ры́нке?
3. В како́м магази́не вы покупа́ете проду́кты?
4. Где нахо́дится э́тот магази́н?
5. Далеко́ ли магази́н от ва́шего до́ма?
6. Далеко́ ли от ва́шего до́ма ры́нок?
7. Где вы покупа́ете хлеб?
8. Где вы покупа́ете мя́со, ры́бу, о́вощи?
9. Вы ча́сто хо́дите в магази́н?
10. Вы ча́сто хо́дите на ры́нок?
11. Когда́ вы хо́дите в магази́н — у́тром, днём и́ли ве́чером?
12. Ско́лько сто́ит са́хар?
13. Ско́лько сто́ит литр молока́?
14. Ско́лько сто́ит килогра́мм мя́са?
15. Что продаю́т в моло́чном отде́ле?
16. Что продаю́т в конди́терском магази́не?
17. В како́м отде́ле продаётся ры́ба?
18. В како́м отде́ле продаётся мя́со?
19. Где мо́жно купи́ть сигаре́ты и спи́чки?

II. Complete the sentences using the nouns on the right.

1. Вчера́ я купи́л килогра́мм ...	сыр, са́хар, ма́сло, мя́со, ры́ба, конфе́ты, я́блоки, виногра́д
2. Да́йте, пожа́луйста, буты́лку ...	молоко́, ма́сло, пи́во
3. На витри́не лежа́т па́чки ...	соль, чай, ко́фе, са́хар, сигаре́ты

III. Answer the following questions putting the words on the right into the required form.

1. Где вы покупа́ете молоко́? | магази́н «Молоко́» и́ли моло́чный отде́л «Гастроно́ма»
2. Где я могу́ купи́ть о́вощи? | овощно́й магази́н и ры́нок
3. Где продаю́т мя́со? | мясно́й отде́л магази́на
4. Где мо́жно купи́ть ры́бу? | ры́бный отде́л и́ли ры́бный магази́н
5. Где продаю́т конфе́ты, пече́нье, то́рты? | конди́терские магази́ны
6. Где вы покупа́ете хлеб? | бу́лочная

IV. Give the Russian equivalents of:

1. Магази́н, в кото́ром продаю́т молоко́. 2. Магази́н, в кото́ром продаю́т хлеб. 3. Магази́н, в кото́ром продаю́т о́вощи. 4. Магази́н, в кото́ром продаю́т мя́со. 5. Магази́н, в кото́ром продаю́т ры́бу.

V. Fill in the blanks with the appropriate form of the verbs provided below.

Вчера́ по доро́ге домо́й я ... в магази́н. Я ... все отде́лы и ... то, что мне на́до купи́ть. Снача́ла я ... в отде́л, где ... сыр, ма́сло, молоко́. Како́й сыр мне взять? Я ... голла́ндский. Пото́м я ... в отде́л, где ... фру́кты. Там я ... килогра́мм виногра́да и два лимо́на. За всё я ... два рубля́ три́дцать копе́ек.

(*пойти́, зайти́, вы́брать, купи́ть, заплати́ть, продава́ть, обойти́*)

VI. Insert the appropriate form of the verbs in brackets.

1. Обы́чно мы ... все проду́кты в сосе́днем магази́не. Когда́ я ... сигаре́ты, к кио́ску подошёл челове́к и спроси́л, есть ли спи́чки. Я ... две па́чки сигаре́т и пошёл домо́й. (покупа́ть — купи́ть) 2. За ко́фе и са́хар я ... пять рубле́й. Де́ньги на́до ... в ка́ссу. Ско́лько вы ... за все проду́кты? Когда́ я ... де́ньги, касси́рша переспроси́ла: «Два рубля́ за конфе́ты?» (плати́ть — заплати́ть) 3. Ка́ждое у́тро нам ... молоко́. За́втра нам ... молоко́ ра́ньше, чем обы́чно. (приноси́ть — принести́)

VII. Insert the appropriate form of the verbs.

A. идти́ (пойти́) — ходи́ть

1. Обы́чно я ... в магази́н у́тром. Сейча́с я ... в магази́н. Из магази́на я ... на ры́нок. 2. Куда́ вы сейча́с ...? Я ... на ры́нок. Обы́чно я ... на ры́нок ра́но у́тром, но сего́дня у меня́ бы́ли дела́.

B. приноси́ть — принести́

1. У́тром она́ хо́дит на ры́нок и ... отту́да молоко́, ма́сло, я́йца. Вы пришли́ из магази́на? Что вы ...? 2. Здра́вствуйте! Я ... вам письмо́.—Спаси́бо. Обы́чно нам ... пи́сьма друго́й почтальо́н.

VIII. Fill in the blanks with the words provided below.

1. Да́йте, пожа́луйста, ... са́хара, ... конфе́т, ... варе́нья. 2. Сходи́ в магази́н и купи́ ... майоне́за, ... со́ли и пять ... спи́чек. 3. Сего́дня я купи́ла ... ко́фе и ... сарди́н. 4. Получи́те де́ньги за две ... молока́.

(*ба́нка, буты́лка, па́чка, коро́бка*)

IX. Answer the following questions using the figures in brackets.

1. Ско́лько сто́ит чай? (45 коп.)[1] 2. Ско́лько сто́ят э́ти конфе́ты? (33 коп.) 3. Ско́лько сто́ит коро́бка спи́чек? (1 коп.) 4. Ско́лько сто́ит торт? (1 руб. 22 коп.) 5. Ско́лько сто́ит са́хар? (94 коп.) 6. Ско́лько плати́ть за всё? (5 руб. 56 коп.) 7. Ско́лько вы заплати́ли за ко́фе? (3 руб. 40 коп.) 8. Ско́лько вы заплати́ли за фру́кты? (2 руб. 15 коп.)

X. Use the conjunctions *где, куда́, кому́, ско́лько, что* **in the following sentences.**

1. Скажи́те, пожа́луйста, ... вы купи́ли э́тот торт? 2. Скажи́те, пожа́луйста, ... плати́ть де́ньги, вам и́ли в ка́ссу? 3. Скажи́те, пожа́луйста, ... продаю́т в э́том магази́не? 4. Скажи́те, пожа́луйста, ... сто́ит кило́ я́блок? 5. Скажи́те, пожа́луйста, ... мо́жно купи́ть све́жую ры́бу?

XI. Make up questions to which the following sentences would be the answers.

A. 1. — ...... ?
— Я хожу́ в магази́н у́тром.

2. — ...... ?
— Магази́н нахо́дится недалеко́ от на́шего до́ма.

3. — ...... ?
— Обы́чно мы покупа́ем проду́кты в э́том магази́не.

4. — ...... ?
— В э́том магази́не мо́жно купи́ть мя́со, молоко́, ры́бу, пти́цу.

5. — ...... ?
— Я́блоки продаю́т в магази́не «Овощи — фру́кты».

6. — ...... ?
— Этот магази́н рабо́тает с восьми́ часо́в утра́ до десяти́ часо́в ве́чера.

B. 1. — ...... ?
— Бато́н бе́лого хле́ба сто́ит два́дцать во́семь копе́ек.

2. — ...... ?
— Две́сти грамм ко́фе сто́ят четы́ре рубля́.

3. — ...... ?
— За всё вы должны́ заплати́ть два рубля́ со́рок четы́ре копе́йки.

XII. Translate into Russian.

A. There is a large food store near our house. You can get anything there — meat, fish, butter, milk, tea, coffee, sugar and other groceries. The shop is open from eight o'clock in the morning till nine o'clock at night. Next door to it there is a fruit and vegetable shop where we (can) buy potatoes, cabbage, onions, carrots, apples, oranges and plums.

B. 1. — Do you want to come to the shop with me? Maybe you need something?
— Yes, I've got to buy some cigarettes and matches.

---

[1] abbr. коп. = копе́йка
руб. = рубль

2. — Will you give me (can I have) some Novost cigarettes and some matches, please?
   — Here you are. Nineteen kopecks.
3. — How much are these sweets?
   — Three roubles sixty kopecks a kilogramme.
4. — Can you tell me how much Ceylon tea costs?
   — Fifty-two kopecks a packet.
5. — Can you tell me whether the bread is fresh?
   — Yes, they've only just delivered it.
   — Will you give me three buns and half a brown loaf, please?
   — Here you are. That's twenty-eight kopecks.
6. — Will you please give me three hundred grammes of butter and a bottle of milk?
7. — What kind of sausage have you got today?
   — We've got several kinds of sausage.
8. — How much is the meat?
   — Two roubles a kilo.
   — Will you please show me that piece.

XIV. Read the following and then paraphrase.

Несколько лет назад, когда я жил в маленьком южном городке, каждый день по пути на работу я покупал пару апельсинов у женщины, которая сидела с корзиной апельсинов на углу улицы.

Однажды я пригласил к себе на вечер друзей. В этот день я решил купить у женщины всю корзину, в которой было около двух десятков апельсинов.

Услышав это, она сердито посмотрела на меня.

— Вот ваши два апельсина!
— Но я хочу купить всё,—сказал я.
— Я не могу продать вам всё.
— Почему?
— А что я буду делать целый день без апельсинов?

8

В универмаге

Вчера за ужином (1) Марина напомнила мне:

— Скоро Новый год. До праздника осталось всего две недели (2). Пора подумать о подарках. Если мы хотим купить вещи по вкусу, следует сделать это сейчас, за две недели до праздника, потому что перед самым Новым годом (3) у нас будет много дел.

«Она, как всегда, права»,— подумал я и ответил:

— Успеем, у нас ещё много времени, до Нового года целых две недели (4).

Но всё же сегодня после работы я отправился в универмаг. Прежде всего мне надо купить подарок жене. Но что? Сумку уже дарил, кофточку — тоже, духи — не один раз... Что же мне купить ей? Хотелось бы подарить (5) что-нибудь особенное.

В универма́ге в галантере́йном отде́ле я уви́дел больши́е мя́гкие шерстяны́е ша́рфы. Это я куплю́ ма́ме. Я вы́брал бе́жевый шарф. Одна́ поку́пка есть! Отцу́ на днях (6) Мари́на купи́ла тёплые ко́жаные перча́тки. Никола́ю, мла́дшему бра́ту, я реши́л подари́ть лы́жи: я зна́ю, что он собира́лся купи́ть себе́ хоро́шие лы́жи. За лы́жами на́до идти́ в спорти́вный магази́н. Это я сде́лаю за́втра.

Да, так что же купи́ть жене́? Я обошёл все отде́лы пе́рвого этажа́: «Парфюме́рия», «Галантере́я», «Ювели́рные изде́лия», «Фототова́ры», «Электроприбо́ры», «Посу́да» — и ничего́ не смог вы́брать. Пото́м я подня́лся на второ́й эта́ж, где продаю́т пла́тья, о́бувь, меха́, тка́ни. Таки́е ве́щи покупа́ть без жены́ я не риску́ю. Я сно́ва спусти́лся вниз и ещё раз бо́лее внима́тельно осмотре́л витри́ны. Мо́жет быть, купи́ть ска́терть... А вдруг она́ Мари́не не понра́вится? (7) Или краси́вые бу́сы, наприме́р, из янтаря́? Мари́на о́чень лю́бит янта́рь (8). Нет, таки́е у неё, ка́жется, есть... Кака́я краси́вая ку́хонная посу́да! Мо́жет быть, купи́ть набо́р кастрю́ль, вот таки́х, бе́лых?.. Оби́дится ещё... В про́шлом году́ я подари́л ей в день рожде́ния стира́льную маши́ну, а пото́м она́ неде́лю почти́ не разгова́ривала со мной. «Не мог приду́мать ничего́ бу́дничней!» (9) Пожа́луй, лу́чше посове́товаться с ма́мой о том, что подари́ть жене́. Всё-таки (10) на́до призна́ться, что покупа́ть что́-нибудь одному́, без жены́, — нелёгкое де́ло.

КОММЕНТАРИИ ● NOTES

(1)	Вчера́ за у́жином... за за́втраком = во за обе́дом = во за у́жином = во	During supper yesterday... вре́мя за́втрака вре́мя обе́да вре́мя у́жина
(2, 4)	До пра́здника оста́лось всего́ две неде́ли.	There are only two weeks left till the holiday.

The adverb **всего́** means 'only':

До пра́здника оста́лось це́лых две неде́ли.	There are (still) two weeks left till the holiday.

Це́лый on the other hand, means 'whole', 'as many as'.

Сравните ● *Compare*:

У меня *всего́ час* свобо́дного вре́мени.
I have only an hour to spare.
(3) Пе́ред *са́мым* Но́вым го́дом.

У меня́ *це́лый час* свобо́дного вре́мени.
I have a whole hour to spare.
Just before the New Year.

Са́мый is used:

a) to form the superlative.

Покажи́те, пожа́луйста, *са́мые ма́ленькие часы́.*
Это был *са́мый интере́сный* фильм в э́том году́.

Will you please show me the smallest watch (you've got).
This was the most interesting film this year.

b) to specify the exact place or time.

Магази́н нахо́дится *в са́мом це́нтре* Москвы́.
Он прие́хал *в са́мом нача́ле* апре́ля.

The shop is in the very centre of Moscow.
He arrived at the very beginning of April.

c) to express identity, with the words **тот же, та же, те же.**

Я купи́л *те же са́мые* ве́щи.
I've bought the same things.
(4) See 2.
(5) Хоте́лось бы подари́ть ей (что́-нибудь).
I should like to give her (something) for a present.

The combination of a reflexive impersonal verb + a noun (or pronoun) in the dative is widely used in Russian. The difference between the personal **Я хочу́...** and the impersonal **Мне хо́чется...** is that the latter is less categorical than the former. Compare the English 'I want ...' and 'I feel like...'

Я хочу́ сде́лать ей пода́рок.
Мне хо́чется сде́лать ей пода́рок.
Она́ не хоте́ла рабо́тать.
Ей не хоте́лось рабо́тать.

I want to give her a present.
I feel like giving her a present.
She did not want to work.
She did not feel like working.

In the subjunctive (past tense + **бы**) the statement is less categorical.

Я хоте́л бы сде́лать ей пода́рок.
I would like to give her a present.

71

| *Мне хоте́лось бы* сде́лать ей пода́рок. | It would be nice to give her a present. |

For a more detailed explanation see p. 82.

For a more detailed explanation see p. 82.

(6) на днях	in a few days
на э́тих днях	one of these days
на друго́й день	the next day, the following day
в на́ши дни	in our time, nowadays, these days
(7, 8) А вдруг она́ Мари́не не понра́вится?	What if Marina doesn't like it?
Мари́на о́чень лю́бит янта́рь.	Marina is very fond of amber.

Люби́ть and **нра́виться** correspond to the English 'to like', 'to be fond of'.

Сравни́те ● *Compare*:

| Мари́на лю́бит э́ту му́зыку. Мари́не нра́вится э́та му́зыка. | Marina likes (is fond of) this music. |

With the verb «**люби́ть**» **Мари́на** is the grammatical and logical subject. In the second sentence with the verb «**нра́виться**», **му́зыка** is the grammatical subject and the logical subject — **Мари́на** — is in the dative.

Сравни́те ● *Compare*:

| *Я люблю́* краси́вые ве́щи. | *Мне нра́вятся* краси́вые ве́щи. |
| *Вы лю́бите* Москву́? | *Вам нра́вится* Москва́? |

Люби́ть 'to love, to be fond of, to like' expresses feelings which are often (though not necessarily) profound and lasting. **Нра́виться** expresses a less profound feeling. These verbs are sometimes interchangeable.

But when describing the initial impression made by a person or objects, only **нра́виться / понра́виться** can be used.

Сравни́те ● *Compare*.

Вы лю́бите пье́сы Че́хова? ⎫	
Вам нра́вятся пье́сы Че́хова? ⎬ (in general, usually)	
Вам понра́вилась пье́са Че́хова «Вишнёвый сад»?	(You have only just read it or you have seen it at the theatre.)

72

(9) Не мог приду́мать ни- You could not think of any-
чего́ бу́дничней! thing more prosaic.
(10) всё-таки nevertheless

ДИАЛОГИ ● DIALOGUES

I

— Скажи́те, пожа́луйста, где я могу́ купи́ть чемода́н?
— Чемода́н? В отде́ле кожгалантере́и. Этот отде́л нахо́дится здесь же, на пе́рвом этаже́.
— Спаси́бо.
— Бу́дьте добры́, покажи́те чемода́н.
— Како́й? Большо́й и́ли ма́ленький?
— Мне ну́жен не о́чень большо́й лёгкий чемода́н.
— Посмотри́те вот э́ти. Мо́жет быть, что́-нибудь вам подойдёт (1).
— Да, э́тот чемода́н мне нра́вится. Я возьму́ его́.

II

— Де́вушка! Бу́дьте добры́, помоги́те мне вы́брать пода́рок.
— Для кого́? Для мужчи́ны и́ли же́нщины?
— Для мужчи́ны.
— Молодо́го и́ли пожило́го?
— Сре́дних лет (2). Это о́чень тру́дное де́ло — купи́ть пода́рок для мужчи́ны.
— Сейча́с посмо́трим. Мо́жете купи́ть ему́ хоро́ший портсига́р и́ли тру́бку.
— Это не подхо́дит. Он не ку́рит (3).
— Есть ша́хматы из ко́сти, о́чень то́нкой рабо́ты.
— По-мо́ему, у него́ есть хоро́шие ша́хматы.
— Посмотри́те изде́лия из ко́жи. У нас есть хоро́шие па́пки и бума́жники.
— О, вот что я куплю́. Я подарю́ ему́ па́пку. Покажи́те, пожа́луйста, вот э́ту, тёмную.

III

— Това́рищ продаве́ц, покажи́те, пожа́луйста, шерстя-но́й костю́м для де́вочки.
— Како́й разме́р вас интересу́ет?
— Я не зна́ю то́чно, ду́маю, три́дцать четвёртый.
— На ско́лько лет?
— На пять — шесть лет (4).

— Пожа́луйста. В костю́ме четы́ре ве́щи: ко́фточка, брю́ки, ша́пка и шарф.

— У вас таки́е костю́мы то́лько си́него цве́та?

— Нет, есть и други́е — кра́сные, зелёные, се́рые, бе́жевые, голубы́е.

— Мо́жно посмотре́ть зелёный?

IV

— Покажи́те, пожа́луйста, чёрные ту́фли.

— Вам како́й разме́р?

— Три́дцать шесто́й.

— Пожа́луйста.

— Спаси́бо. Мо́жно приме́рить?

— Коне́чно. Проходи́те сюда́.

— Они́ мне немно́го свобо́дны (велики́) (5). Да́йте мне, пожа́луйста, три́дцать пя́тый разме́р.

— Вот, пожа́луйста.

— Спаси́бо. Э́ти, ка́жется, мне хороши́. Я их возьму́.

V

— Ско́лько сто́ит э́та шерсть?

— Де́сять рубле́й метр.

— Скажи́те, ско́лько ме́тров мне ну́жно на костю́м?

— Я ду́маю, вам на́до взять два ме́тра.

— Спаси́бо. Я возьму́ два ме́тра.

— Плати́те в ка́ссу два́дцать рубле́й.

КОММЕНТАРИИ ● NOTES

(1, 3) Что́-нибудь вам подойдёт.	(Perhaps) one of these will do.
Э́то не подхо́дит. Он не ку́рит.	That will not do, he doesn't smoke.
(2) (мужчи́на) сре́дних лет	a middle-aged man

Such constructions containing the genitive (and answering the question *како́й?*) are quite commonly used.

Челове́к *сре́днего ро́ста*. (Како́й челове́к?)
Костю́м *си́него цве́та*. (Како́й костю́м?)

(4) на пять — шесть лет	for a boy / girl of five or six
(5) Они́ (ту́фли) мне немно́го свобо́дны (велики́).	These shoes are a little large for me.

Short form adjective like **мал, мала́, мало́, малы́; вели́к, велика́, велико́, велики́; у́зок, узка́, у́зко, узки́; широ́к, широка́, широко́, широки́; свобо́ден, свобо́дна, свобо́дно, свобо́дны** used with nouns describing clothes and shoes indicate that they are too small, too large, etc.

На ней широ́кая ю́бка.　　　Ю́бка широка́ ей в по́ясе.

Ту́фли мне *малы́*.
Костю́м вам *вели́к*,
Эти брю́ки ему́ *широки́*.
Это пальто́ вам немно́го *свобо́дно*.

Сравни́те ● *Compare*.

Я купи́л краси́вые *у́зкие* брю́ки.

I have bought nice tightfitting trousers.

Кака́я *широ́кая* ю́бка!

What a wide skirt!

Эти брю́ки мне *узки́*.

These trousers are too tight for me.

Бою́сь, э́та ю́бка бу́дет мне *широка́* в по́ясе.

I'm afraid this skirt will be too wide in the waist for me.

ЗАПО́МНИТЕ ● MEMORIZE:

— **Вам нра́вится э́тот костю́м?**

— Do you like this suit?

— **Да, он мне нра́вится.**

— Yes, I do.

— Вам понра́вилась э́та кни́га?	— Did you like this book?
— Нет, мне она́ не понра́вилась.	— No, I did not.
Вам идёт голубо́й цвет.	Blue suits you.
Ей не идёт э́та шля́па.	This hat does not suit her.
Это пальто́ мне мало́ (у́зко).	This dress is too small (too tight) for me.
Этот костю́м вам вели́к (широ́к, свобо́ден).	This suit is too large (too wide) for you.

УПРАЖНЕНИЯ ● EXERCISES

I. Отве́тьте на вопро́сы. Answer the following questions.

1. Где мо́жно купи́ть пла́тье, бельё, ту́фли?
2. Как называ́ется магази́н, где мо́жно купи́ть ра́зные ве́щи: пальто́, портфе́ль, га́лстук, авторучку?
3. В како́м отде́ле продаю́тся духи́?
4. В како́м отде́ле продаю́тся часы́?
5. Где вы покупа́ете руба́шки и га́лстуки?
6. Что вы говори́те продавцу́, е́сли хоти́те посмотре́ть каку́ю-нибудь вещь?
7. Как (в каки́е часы́) рабо́тают магази́ны в ва́шем го́роде?
8. Рабо́тают ли магази́ны по воскресе́ньям?
9. Ско́лько сто́ит портфе́ль?
10. Ско́лько сто́ят э́ти часы́?
11. Ско́лько вы заплати́ли за ва́ше пальто́?
12. В како́м магази́не вы покупа́ете ве́щи для свои́х дете́й?

II. Зако́нчите предложе́ния, употребля́я слова́, стоя́щие спра́ва. Complete the sentences using the words on the right.

1. В магази́не я купи́л не́сколько	кни́га, тетра́дь, ру́чка, каранда́ш
2. В э́том магази́не всегда́ большо́й вы́бор	пальто́, пла́тья, костю́мы, плащи́, блу́зки
3. Мне на́до купи́ть	су́мка и чемода́н
4. Я до́лжен купи́ть	руба́шка и га́лстук

III. Вме́сто то́чек вста́вьте глаго́л «сто́ить» в еди́нственном и́ли мно́жественном числе́. Слова́ «рубль», «копе́йка» поста́вьте в ну́жной фо́рме. Fill in the blanks with the singular or plural form of the verb сто́ить. Put the words рубль, копе́йка in the appropriate form.

| 1. Пальто́ ... | со́рок пять пятьдеся́т четы́ре девяно́сто оди́н | рубль |
| 2. Перча́тки ... | два пять оди́н | рубль |

76

3. Костю́м ...	пятьдеся́т оди́н шестьдеся́т три девяно́сто семь	рубль
4. Брю́ки ...	трина́дцать два́дцать два девятна́дцать	рубль
5. Ру́чка ...	три рубля́ пятьдеся́т рубль пятьдеся́т пять три́дцать пять	копе́йка
6. Носки́ ...	рубль два́дцать две девяно́сто три рубль пятна́дцать	копе́йка
7. Мы́ло ...	три́дцать два́дцать одна́ со́рок четы́ре	копе́йка

IV. Поста́вьте слова́ из ско́бок в ну́жном падеже́. Put the words in brackets into the appropriate case.

1. В магази́н вошёл мужчи́на (сре́дний рост). 2. Здесь продаю́т оде́жду для дете́й (шко́льный во́зраст). 3. Я люблю́ ве́щи (я́ркие цвета́). 4. Наш учи́тель — челове́к (больши́е зна́ния). 5. Мне ну́жно купи́ть су́мку (си́ний и́ли голубо́й цвет).

V. Отве́тьте на вопро́сы, поста́вив слова́ из ско́бок в ну́жном падеже́. Answer the following questions putting the words in brackets into the appropriate case.

1. Чья э́то ко́мната? (мои́ роди́тели)
2. Чьи э́то ве́щи? (мой ста́рший брат)
3. Чьё письмо́ лежи́т в кни́ге? (моя́ мла́дшая сестра́)
4. Чьи де́ти гуля́ют в саду́? (на́ши сосе́ди)
5. Чей слова́рь лежи́т на столе́? (наш преподава́тель)
6. Чьи э́то слова́? (оди́н изве́стный англи́йский писа́тель)

VI. Отве́тьте на вопро́сы, поста́вив в ну́жной фо́рме слова́, стоя́щие спра́ва. По́мните об употребле́нии местоиме́ния «свой». Answer the following questions by putting the words on the right into the appropriate form. Remember to use свой where necessary.

1. Кому́ вы да́ли свой уче́бник?	наш но́вый студе́нт
2. Кому́ вы купи́ли цветы́?	одна́ моя́ знако́мая де́вушка
3. Кому́ вы подари́ли велосипе́д?	мой мла́дший сын
4. Кому́ он обеща́л э́ту кни́гу?	его́ друг
5. Кому́ они́ пока́зывали фото- гра́фии?	их го́сти
6. Кому́ она́ рассказа́ла э́ту исто́- рию?	её това́рищи по рабо́те

VII. Прочита́йте предложе́ния. Обрати́те внима́ние на ра́зницу в употреб-ле́нии глаго́лов «люби́ть» и «нра́виться». Read the following sentences. Note the difference between the use of the verbs люби́ть and нра́виться.

Вы лю́бите таку́ю му́зыку?
Я не люблю́ кни́ги э́того писа́теля.

Вам нра́вится така́я му́зыка?
Мне не нра́вятся кни́ги э́того пи-са́теля.

VIII. Ответьте на вопросы, употребив вместо глагола «любить» глагол «нравиться». Answer the following questions, replacing the verb любить by нравиться.

Образец. Model: — Вы *любите* стихи этого поэта?
— Да, *мне нравятся* стихи этого поэта.
— Нет, мне *не нравятся* стихи этого поэта.

1. Вы любите такие фильмы?
2. Вы любите русскую музыку?
3. Вы любите романы этого писателя?
4. Вы любите такую погоду?
5. Вы любите гулять по улицам города?
6. Вы любите отдыхать в горах?

IX. Закончите предложения, употребив глаголы «(по)нравиться» и «любить». Complete the sentences using the verbs любить and (по)нравиться.

А. 1. Летом мы были в Москве. Москва ... 2. Я прочитал роман Льва Толстого. Книга ... 3. Вчера мы были на концерте. Концерт ... 4. Последняя лекция нашего профессора была очень интересной. Всем студентам ... 5. Жена купила мне галстук, но он ...

В. 1. Я очень ... море. 2. Студенты ... своего профессора. 3. Я часто хожу в Большой театр, потому что я очень ... этот театр. 4. Иван — единственный сын у своих родителей. Они очень ... его. 5. Мы ... свой город. 6. Вы ... книги этого писателя?

X. Прочитайте предложения. Сравните употребление личных и безличных глаголов. Read the sentences. Compare the use of the personal and impersonal verbs.

Она хочет купить эту лампу.   *Ей хочется* купить эту лампу.
Я думаю, что это правильно.   *Мне думается*, что это правильно.

XI. Замените безличные предложения личными. Replace the impersonal constructions by personal ones.

1. Мне помнится, что я брал эту книгу у своего брата. 2. Брату давно хочется купить лыжи. 3. Мне не верится, что он придёт. 4. Мне не хотелось говорить об этом. 5. Сегодня мне плохо работалось. 6. Вам не хочется пойти пообедать? 7. Ему всегда жилось легко и просто.

XII. Вместо точек вставьте один из глаголов, данных в скобках, в нужной форме. Insert the appropriate form of the verbs in brackets.

1. — Что вы делали вчера? — Вчера я ... книгу. — Вы ... книгу? — Нет, я ещё не ... её. (читать — прочитать) 2. Это моё новое пальто. Я ... его в Лондоне. Моя сестра помогала мне, когда я ... пальто. Она сказала, что пальто идёт мне, поэтому я ... его. (покупать — купить) 3. Сегодня утром я ... письма. Я ... три письма. (писать — написать) 4. Мы смотрели советский фильм «Серёжа». Фильм нам очень ... Вам ... фильмы о детях? (нравиться — понравиться) 5. Обычно накануне Нового года мы что-нибудь ... друг другу. В прошлом году жена ... мне портсигар. (дарить — подарить) 6. В магазине я долго ..., что купить жене. Я увидел на витрине бусы и ... : «Надо купить ей такие бусы». (думать — подумать) 7. Я ... подарить брату лыжи. Мы долго ..., что подарить отцу. (решать — решить)

XIII. Переведи́те на англи́йский язы́к. Translate into English.

1. Ша́пка мне мала́. 2. Э́ти ту́фли мне велики́. 3. Костю́м тебе́ вели́к. 4. Пла́тье ей широко́. 5. Пальто́ тебе́ мало́. 6. Руба́шка вам широка́. 7. Брю́ки узки́.

XIV. Переведи́те на англи́йский язы́к. Translate into English.

1. У неё зелёные глаза́. Ей идёт зелёный цвет. 2. Ему́ идёт э́тот костю́м. 3. Вам идёт э́та шля́па. 4. Мне не идёт голубо́й цвет. 5. Вам не идёт э́то пла́тье. 6. Ей не идёт э́тот цвет.

XV. Соста́вьте вопро́сы, на кото́рые отвеча́ли бы сле́дующие предло-же́ния. Make up questions to which the following sentences would be the answers.

1. — ...... ?
   — Су́мки и чемода́ны продаю́т на пе́рвом этаже́.
2. — ...... ?
   — Вы мо́жете купи́ть часы́ в э́том магази́не.
3. — ...... ?
   — Э́тот костю́м сто́ит два́дцать семь рубле́й.
4. — ...... ?
   — Перча́тки сто́ят три рубля́.
5. — ...... ?
   — Я хочу́ купи́ть све́тлые ту́фли.
6. — ...... ?
   — Я купи́ла э́ту су́мку сестре́.
7. — ...... ?
   — Па́вел подари́л Никола́ю портсига́р.
8. — ...... ?
   — Да, мне нра́вится э́то пла́тье.

XVI. Напиши́те анто́нимы к да́нным сочета́ниям. Give the opposites of the following:

Образе́ц. Model: у́зкие брю́ки—широ́кие брю́ки

тёмный костю́м, бе́лые ту́фли, лёгкий чемода́н, краси́вая вещь, дорого́е пла́тье, то́нкая рабо́та, пожило́й челове́к, зи́мнее пальто́, мя́гкая ткань

XVII. Переведи́те на ру́сский язы́к. Translate into Russian.

1. When do the shops open? I want to call at a department store—I need to buy a few things. 2. Can you tell me on what floor they sell boys' suits? 3. Can you tell me where I can buy a winter cap?
4. — How much is this tie?
   — Two roubles twenty kopecks.
5. I like this dress. How much is it?
6. — Do you like this bag?
   — I like it very much.
7. I like this coat but it is too big for me. 8. Will you show me some ladies' gloves, please? What size are these?
9. — Can I try on some white shoes?
   — What's your size?
   — Thirty-five.
   — Here you are.

10. These shoes are too small. Will you give me another pair, please?
11. Will you give me three metres of wool, please?

XVIII. Соста́вьте расска́з, озагла́вленный «Посеще́ние универма́га», испо́льзуя сле́дующие выраже́ния. Make up a story entitled «Посеще́ние универма́га» using the following expressions:

мне на́до купи́ть... ; что вы́брать; я хоте́л бы подари́ть; покажи́те, пожа́луйста; мне нра́вится ... ; ско́лько сто́ит ... ; у меня́ всего́ ... рубле́й; вам идёт ... ; пальто́ мне мало́ (велико́, широко́).

9

В ресторане

Мы вошли́ в зал и осмотре́лись. Все места́ бы́ли за́няты, и то́лько из-за одного́ сто́лика в углу́ поднима́лись (1) дво́е.

— Нам, ка́жется, повезло́, (2)—сказа́ла Мари́на. И мы напра́вились туда́.

— Эти места́ свобо́дны?—спроси́ли мы официа́нта.

— Да, свобо́дны,—отве́тил он.

Мы се́ли за стол. (3) Официа́нт принёс меню́ и прибо́ры. Мари́на приняла́сь изуча́ть дли́нный спи́сок (4) блюд, а я тем вре́менем осмотре́л зал. Недалеко́ от нас я заме́тил знако́мых. Мы поздоро́вались. В друго́м конце́ за́ла игра́л орке́стр, не́сколько пар танцева́ли.

К нам подошёл официа́нт:

— Что вы хоти́те заказа́ть?

— Что мы зака́жем?—спроси́л я Мари́ну.

— Сала́т «весе́нний» и сыр.

— И что́-нибудь горя́чее?—подсказа́л официа́нт.

— Я бы с удово́льствием съел (5) котле́ту по-ки́евски. А ты?—спроси́л я Мари́ну.

— Нет, я не хочу́ есть.

— Ита́к,—обрати́лся я к официа́нту,—принеси́те, пожа́луйста, сала́т «весе́нний», котле́ту по-ки́евски, ма́сло и сыр.

Че́рез не́сколько мину́т официа́нт принёс и поста́вил на стол холо́дные заку́ски.

За у́жином мы поговори́ли, пото́м потанцева́ли. (6) По́зже мы попроси́ли принести́ нам ещё моро́женое и ко́фе.

Постепе́нно зал пусте́ет. Собира́емся уходи́ть и мы.

— Получи́те с нас,—говорю́ я официа́нту.

— Вот счёт.

— Пожа́луйста, возьми́те де́ньги. До свида́ния.

— Всего́ до́брого. Споко́йной но́чи.

(1, 3) Из-за сто́лика поднима́лись дво́е. — Two people were leaving a table.

Мы се́ли за стол. — We sat down at the table.

сиде́ть (*где?*) *за столо́м* — to sit at table.

сесть / сади́ться (*куда́?*) *за стол* — to sit down to table

встать / встава́ть
подня́ться / поднима́ться } (*отку́да?*) *из-за стола́* — to leave the table

(2) Нам, ка́жется, повезло́. — It seems we are in luck.

Везти́ / повезти́ in impersonal statements (with the dative) corresponds to the English 'to be lucky'.

Ему́ обы́чно *везёт* на экза́менах. — He's usually lucky in examinations.

Вчера́ *мне не повезло́* — я зашёл к това́рищу, а его́ не́ было до́ма. — Yesterday I was unlucky. I called on a friend, but he wasn't at home.

(4) Мари́на приняла́сь изуча́ть... спи́сок... — Marina started (set about) studying the ... list ...

(5) Я *бы* с удово́льствием *съел...* — I'd like to eat...

Я *бы* ещё раз *посмотре́ла* э́тот фильм. — I would like to see this film once more.

The subjunctive preceded by **не** expresses a request made with great courtesy.

Сравни́те ● *Compare*

Позвони́те мне, пожа́луйста, за́втра. — Please phone me tomorrow.

Вы не могли́ бы позвони́ть мне за́втра? — I wonder whether you could (possibly) phone me tomorrow.

(6) За у́жином мы поговори́ли, пото́м потанцева́ли. — At supper we talked a little, then we danced.

По- prefixed to certain verbs indicates that the action was of short duration (and makes them perfective).

Мы (немно́го) погуля́ли. — We went for a (little) walk.

Они́ покури́ли, побесе́дова- ли и сно́ва приняли́сь за рабо́ту.	They had a smoke, a chat and again set to work.

ДИАЛОГИ ● DIALOGUES

I

— Где здесь мо́жно пообе́дать?

— Недалеко́ отсю́да есть хоро́ший рестора́н. Там прекра́сно гото́вят и всегда́ большо́й вы́бор блюд.

— Мо́жет быть, пообе́даем сейча́с? Я что́-то проголода́лся.

— С удово́льствием.

II

— Здесь не за́нято?

— Нет, свобо́дно, сади́тесь, пожа́луйста. Вот меню́. Что вы хоти́те заказа́ть?

— Что есть из заку́сок?

— Сала́т мясно́й, сала́т с кра́бами, икра́, осетри́на...

— Пожа́луй, я возьму́ сала́т с кра́бами.

— А я осетри́ну.

— Каки́е супы́ есть в меню́?

— Овощно́й суп, ри́совый, борщ украи́нский, щи, суп фрукто́вый.

— Я бу́ду есть борщ. А вы?

— А я — овощно́й суп.

— Что возьмём на второ́е? (1)

— Здесь прекра́сно гото́вят ры́бные блю́да. Я посове́товал бы вам заказа́ть жа́реного судака́.

— Спаси́бо. Так я и сде́лаю..

III

— О, вы уже́ здесь. Прия́тного аппети́та.

— Спаси́бо. Сади́тесь. Вот свобо́дное ме́сто.

— Что вы посове́туете мне заказа́ть? Сего́дня так жа́рко. Хоте́лось бы съесть чего́-нибудь холо́дного.

— Мо́жете взять холо́дный овощно́й суп. Э́то о́чень вку́сно.

— Пожа́луйста, принеси́те буты́лку воды́, овощно́й суп, ку́рицу с ри́сом и моро́женое.

— Вы уже́ обе́дали?

— Нет ещё. Я как раз собира́юсь пойти́ (2) в сто-
ло́вую. Вы то́же идёте?

— Да. Вы всегда́ обе́даете в столо́вой?

— Да, за́втракаю и у́жинаю я до́ма, а обе́даю здесь.

КОММЕНТАРИИ ● NOTES

(1) Что возьмём на вто-
ро́е?
брать / ⎱ на пе́рвое, на вто-
взять ⎰ ро́е, на тре́тье

What shall we take for our
second course?
to take something for one's
first course, second course,
third course

(2) Я как раз собира́юсь
пойти́...

I'm just about to go...

ЗАПОМНИТЕ ● MEMORIZE:

**Это ме́сто свобо́дно (не за́-
нято)?**
Is this place free?

Этот сто́лик свобо́ден.
This table is free.

Да́йте, пожа́луйста, меню́.
Can I have... the menu,
please.

**Бу́дьте добры́, принеси́те ещё
оди́н прибо́р.**
Would you bring one more
knife and fork, please?

Каки́е заку́ски у вас есть?
What hors-d'œuvres are
there?

Что мы зака́жем?
What shall we order?

**Переда́йте, пожа́луйста,
хлеб (соль, ма́сло).**
Pass the bread (salt, butter),
please.

Прия́тного аппети́та!
Bon appetit.

**Тост за встре́чу, за дру́ж-
бу.**
A toast to our meeting, to
our friendship.

Да́йте, пожа́луйста, счёт.
Can I have... the bill, please.

**Ско́лько я до́лжен (мы
должны́)?**
How much do I (we) owe
you?

**Получи́те с нас, пожа́луй-
ста.**
May I pay, please?

Пожа́луйста.
Here you are.

УПРАЖНЕНИЯ ● EXERCISES

I. Отвéтьте на слéдующие вопрóсы. Answer the following questions.

1. Где вы обы́чно зáвтракаете, обéдаете, ýжинаете?
2. В котóром часý вы зáвтракаете?
3. Что вы едúте ýтром за зáвтраком?
4. Что вы пьёте во врéмя зáвтрака?
5. Где вы предпочитáете обéдать — дóма, в столóвой, в рестoрáне?
6. Когдá вы обéдаете?
7. Что вы пьёте во врéмя обéда?
8. Что вы едúте за обéдом?
9. Что вы обы́чно берёте на пéрвое, на вторóе, на трéтье?
10. Какóе вáше люби́мое блю́до?
11. Вы лю́бите мясны́е (ры́бные) блю́да?
12. Каки́е блю́да вáшей национáльной кýхни вы лю́бите бóльше всегó?
13. Каки́е рýсские национáльные блю́да вы знáете?
14. Каки́е блю́да рýсской кýхни вам нрáвятся?
15. Где мóжно пообéдать и́ли закуси́ть в вáшем гóроде?

II. Словá из скóбок постáвьте в нýжной фóрме. Put the words in brackets in the appropriate form.

Образéц. Model: Возьми́те суп... (мя́со). — Возьми́те суп с мя́сом.

1. Я люблю́ кóфе ... (молокó). 2. Утром я ем хлеб ... (мáсло и сыр). 3. Вы лю́бите салáт ... (мя́со)? 4. На вторóе мы возьмём кýрицу ... (рис и́ли картóшка). 5. Обы́чно ýтром мы пьём чай ... (молокó). 6. Дáйте, пожáлуйста, соси́ски ... (капýста).

III. Вмéсто тóчек встáвьте оди́н из глагóлов, дáнных ни́же, в нýжной фóрме. Fill in the blanks with the verbs provided below in the appropriate form.

1. На столé ... вáза с фрýктами. 2. На тарéлке ... я́блоки. 3. Официáнт ... на стол ножи́ и ви́лки. 4. Пожáлуйста, ... стакáн на стол. 5. Пожáлуйста, ... свою́ сýмку на тот стóлик.

(*стоя́ть, лежáть, постáвить, положи́ть*)

IV. Отвéтьте на вопрóсы, постáвив словá, стоя́щие спрáва, в нýжной фóрме. Answer the following questions putting the words on the right into the appropriate form.

1. Где лежáт ви́лки? Кудá официáнт положи́л ви́лки?	стол
2. Кудá вы положи́ли свой портфéль? Где лежи́т ваш портфéль?	стул
3. Где стоя́т чáшки для кóфе? Кудá вы постáвили чáшки для кóфе?	буфéт
4. Кудá вы постáвили вáзу с цветáми? Где стои́т вáза с цветáми?	окнó
5. Где виси́т моё пальтó? Кудá вы повéсили моё пальтó?	шкаф

V. Из дáнных словосочетáний сдéлайте предложéния по образцý. Rearrange the following according to the example.

Образéц. Model: дать меню́ — Дáйте, пожáлуйста, меню́.

1. принести́ нож, ви́лку, ещё оди́н прибо́р. 2. переда́ть хлеб, соль, нож. 3. дать меню́, счёт.

VI. Зако́нчите предложе́ния, употребля́я слова́, стоя́щие спра́ва. Complete the sentences using the words on the right.

1. Официа́нт принёс	одна́ котле́та, холо́дная ры́ба, о́стрый сыр, ча́шка ко́фе
2. На второ́е мо́жно взять	мя́со с гарни́ром, котле́та с капу́стой
3. Я хочу́ взять	буты́лка воды́, таре́лка су́па, у́тка с ри́сом, ча́шка ко́фе
4. Принеси́те, пожа́луйста, стака́н	вода́, молоко́, лимона́д, сок

VII. Зако́нчите предложе́ния, употребля́я слова́, да́нные спра́ва. Complete the sentences using the words on the right.

1. Мо́жно пойти́ ... . Мо́жно пообе́дать	э́тот рестора́н
2. Вы ещё не́ были ... ? Я хочу́ пойти́ обе́дать	но́вая столо́вая
3. Мы мо́жем поу́жинать ... . Дава́йте зайдём	э́то ма́ленькое кафе́

VIII. Проспряга́йте глаго́лы. Conjugate the following verbs:

есть, пить, брать, взять, заказа́ть

IX. Отве́тьте на вопро́сы, замени́в глаго́л «люби́ть» глаго́лом «нра́виться». Answer the following questions replacing the verb люби́ть with нра́виться.

Образе́ц. Model: — Вы лю́бите ко́фе с лимо́ном?
— Да, мне нра́вится ко́фе с лимо́ном.
— Нет, мне не нра́вится ко́фе с лимо́ном.

1. Вы лю́бите чай с молоко́м? 2. Како́й чай вы лю́бите? 3. Каки́е фру́кты вы лю́бите бо́льше всего́? 4. Вы лю́бите ры́бные блю́да? 5. Вы лю́бите о́стрый сыр? 6. Вы лю́бите ру́сскую ку́хню?

X. Замени́те вы́деленные выраже́ния синоними́чными по образцу́. Replace the words in italics with synonyms according to the example.

Образе́ц. Model:

Во вре́мя обе́да мы говори́ли о после́дних новостя́х.   *За обе́дом* мы говори́ли о после́дних новостя́х.

1. *Во вре́мя за́втрака* мы сиде́ли мо́лча. 2. *Во вре́мя у́жина* он ни с кем не разгова́ривал. 3. *Во вре́мя обе́да* он расска́зывал о свои́х дела́х.

XI. Соста́вьте вопро́сы, на кото́рые отвеча́ли бы сле́дующие предложе́ния. Make up questions to which the following sentences would be the answers.

1. — ...... ?
— Мы за́втракаем в во́семь часо́в утра́.
2. — ...... ?
— Обы́чно я обе́даю до́ма.

3. — ...... ?
   — Сегодня мы обедали в ресторане.
4. — ...... ?
   — Да, этот столик свободен.
5. — ...... ?
   — На второе я хочу взять рыбу.
6. — ...... ?
   — Я люблю кофе с молоком.
7. — ...... ?
   — Нет, я не люблю чай с молоком.

XII. Переведите на русский язык. Translate into Russian.

1. — Would you like to go and have dinner?
   — I would indeed. I was just going to.
   — Where shall we go?
   — We can go to the *Cosmos* café. The food is quite good there.
   (*lit.* They cook quite well there.) And it isn't crowded now.
2. — I don't know what to take for my second course.
   — I'd advise you to order a cutlet à la Kiev. They are (*lit.* this is)
   very nice.
3. Will you please bring some salad and cold meat?
4. Can I have the bill, please?
5. Pass the butter, please. Thank you.
6. — Is this place free?
   — Yes, do sit down (please).
7. I usually have breakfast and supper at home, and lunch at work.
   There is a good canteen at our institute. The food is very good
   there and there is always a large choice of meat and fish
   dishes.

XIII. Расскажите: 1) что вы едите утром и вечером; 2) из чего состоит ваш обед. Describe: 1) what you have for breakfast and for supper, 2) what you have for lunch.

XIV. Составьте диалоги. Make up dialogues:

1) между друзьями, идущими в кафе; сидящими в кафе; between friends going to a café; sitting in a café.

2) между посетителями кафе (ресторана) и официантом; between customers at a café (restaurant) and the waiter.

XV. Прочитайте и перескажите. Read out the following and then paraphrase.

Как-то раз известный французский писатель Александр Дюма путешествовал по Германии. Дюма совсем не говорил по-немецки. Однажды он остановился в маленьком городке. Дюма очень хотел есть и зашёл в ресторан. Он хотел заказать грибы, но не знал, как это сказать по-немецки. Он долго показывал жестами, чего он хочет, но хозяин ресторана так и не понял его. Тогда Дюма взял бумагу и карандаш, нарисовал большой гриб и показал рисунок хозяину. Хозяин посмотрел на рисунок и понимающе улыбнулся.

Дюма был очень доволен собой. Теперь он мог спокойно сидеть и ждать, когда ему принесут его любимое блюдо. Каково же было его удивление, когда он увидел в руках вошедшего хозяина... зонтик!

* * *

Одна́жды оди́н челове́к обе́дал у одно́й о́чень эконо́мной да́мы. Он встал из-за стола́ соверше́нно голо́дный. Хозя́йка любе́зно сказа́ла ему́:

— Прошу́ вас как-нибу́дь ещё прийти́ ко мне пообе́дать.

— С удово́льствием,— отве́тил гость,— хоть сейча́с.

хоть сейча́с at once if you like

На почте

Я получаю и сам пишу очень много писем. Друзья, с которыми я учился, разъехались по всему свету. (1) Одни живут в разных городах Советского Союза, другие работают за границей (2). Я переписываюсь со многими из них. (3) Почти каждый день почтальон приносит мне вместе с газетами несколько писем от друзей. В свою очередь, и я часто посылаю им письма, (4) открытки, телеграммы, посылки.

Письма я обычно пишу вечером, а на другой день утром опускаю их в почтовый ящик недалеко от нашего дома. Телеграммы, бандероли и посылки мы отправляем в ближайшем почтовом отделении.

Неделю назад, перед новогодним праздником, я написал несколько писем, приготовил книги и вещи для посылок и пошёл на почту. Сначала я подошёл к окошку, где принимают бандероли, подал в окошко книги и попросил упаковать их. Потом я написал адрес и заплатил деньги за марки, которые девушка, работница почты, наклеила на бандероль.

В отделе «Приём и выдача посылок» я заполнил бланк для посылки. На бланке я написал адрес, фамилию, полное имя и отчество адресата и обратный адрес. Работник почты проверил, всё ли в порядке (5), взвесил посылку и выписал мне квитанцию. Я заплатил деньги и направился к другому отделению.

Мелкие вещи — галстук, перчатки, авторучку и электробритву — я послал ценной бандеролью.

Итак, осталось только отправить новогодние поздравления. В окне «Приём телеграмм» я взял несколько бла́нков и тут же на по́чте написа́л о́коло пятна́дцати поздрави́тельных телегра́мм и откры́ток свои́м роди́телям, ро́дственникам и друзья́м.

КОММЕНТАРИИ ● NOTES

(1) Друзья́ ... разъе́хались по всему́ све́ту.

My friends ... have gone to various parts of the world.

Раз- gives verbs of motion the meaning of movement from a centre in various directions. Note that the particle **-ся** is added.

Го́сти разошли́сь по́здно.
Де́ти разбежа́лись по па́рку.

The visitors went home late.
The children ran all over the park.

The opposite motion—movement from different places towards a centre—is rendered by the prefix **с-** and the particle **-ся:**

сошли́сь, съе́хались, сбежа́лись

came together (assembled) on foot, by transport, running

With other verbs the prefix **раз-** has the meaning of division, distribution, separation:

разложи́ть ве́щи	to lay out / to display / to unpack } things
разда́ть кни́ги	to give out books
разре́зать я́блоко	to cut up an apple (into some parts)
разби́ть стака́н	to break a glass
(2) рабо́тают за грани́цей	(they) work abroad
быть, рабо́тать (*где?*) за грани́цей	to be, to work abroad
пое́хать (*куда́?*) за грани́цу	to go abroad
прие́хать, верну́ться (*отку́да?*) из-за грани́цы	to return from abroad
(3) Я перепи́сываюсь со мно́гими из них.	I correspond with many of them.

Перепи́сываться *с ке́м-либо* (imperfective only) means **писа́ть друг дру́гу.**

| Вы перепи́сываетесь с бра́-том? | Do you write to (*lit.* correspond with) your brother? |

Memorize the following verbs where the particle -*ся* suggests reciprocal action:

боро́ться	to fight (with someone)
ви́деться	to see (each other)
встреча́ться	to meet (each other)
дели́ться	to share
догова́риваться	to agree, come to an arrangement
здоро́ваться	to greet (each other)
знако́миться	to get acquainted
обме́ниваться	to exchange
обнима́ться	to embrace
проща́ться	to take one's leave
расстава́ться	to part
ссо́риться	to quarrel
сове́товаться	to consult, to discuss
целова́ться	to kiss (each other)

Normally after these verbs the noun is in the instrumental, preceded by **с** answering the question *с кем?*

— С кем вы поздоро́вались на у́лице?	— Whom did you greet in the street?
— Я поздоро́вался *со свои́м ста́рым учи́телем*.	— I greeted my old teacher.
Мне на́до посове́товаться *с роди́телями*.	I have to discuss this with my parents.
Мы договори́лись с *Андре́ем* пойти́ в воскресе́нье на лы́жах.	Andrei and I arranged to go skiing on Sunday.
(4) В свою́ о́чередь, и я ча́сто посыла́ю им пи́сьма.	In my turn I also often send them letters.

The possessive pronoun **свой** shows that the object belongs to the subject of the sentence.

Сравни́те ● *Compare*:

Это *мой* брат.	Я давно́ не ви́дел *своего́* бра́та.
	Вы давно́ не ви́дели *моего́* бра́та?
Это *ва́ша* ру́чка.	Мо́жно взять *ва́шу* ру́чку?
	Вы нашли́ *свою́* ру́чку?

91

Это газе́та *отца́*.

Оте́ц взял *свою́* газе́ту.
Я взял *его́* газе́ту.

Note that in Russian possessive pronouns are used less frequently than in English.

Сравни́те ● *Compare*:

Он пое́хал на вокза́л встреча́ть сы́на.

He has gone to the station to meet *his* son.

Вчера́ мы с жено́й бы́ли в теа́тре.

Last night *my* wife and I were at the theatre.

Ни́на всегда́ сове́туется с ма́терью.

Nina always discusses matters (things) with *her* mother.

(5) ... прове́рил, всё ли в поря́дке.

(He) checked (to see) whether everything was in order.

It is imperative not to confuse the use of the conjunction **е́сли** with the particle **ли**. Ли is translated into English by 'whether'. **Е́сли** has the meaning of 'supposing'. In Russian **е́сли** and **ли** are not interchangeable. Ли is used to join clauses with the following verbs (in the main clause): **знать, слы́шать, ви́деть, спроси́ть, посмотре́ть, прове́рить, узна́ть, интересова́ться, по́мнить.**

Я не зна́ю, *говори́т ли* он по-ру́сски.
Он прове́рил, *пра́вильно ли* я написа́л а́дрес.
Мать посмотре́ла, *спят ли* де́ти.
Вы не по́мните, *есть ли* э́та кни́га в магази́не?
Я спроси́л его́, *был ли* он ра́ньше в Москве́.
Прове́рьте, *всё ли* вы написа́ли пра́вильно.

Ли expresses some element of doubt and may be replaced by **и́ли нет**.

Мы не зна́ем, *получи́ли* вы на́ше письмо́ *и́ли нет*.
Я не по́мню, *чита́л* я э́ту кни́гу *и́ли нет*.
Меня́ интересу́ет, *по́няли* вы моё объясне́ние *и́ли нет*.

ДИАЛО́ГИ ● DIALOGUES

I

— Мне на́до посла́ть телегра́мму.
— Телегра́ммы принима́ют в тре́тьем окне́.
— Да́йте, пожа́луйста, бланк для телегра́ммы.

— Для какой телеграммы — простой или срочной?

— Для срочной.

— Пожалуйста, вот бланк.

— Сколько времени идёт срочная телеграмма в Ереван?

— Два часа.

— Спасибо.

II

— Скажите, пожалуйста, могу я отправить эти книги в Лондон?

— Конечно. Вы можете послать их бандеролью. Давайте я их упакую. А теперь напишите на бандероли адрес.

— Сколько стоит бандероль?

— Как вы будете посылать — простой или заказной бандеролью?

— Простой.

— Это будет стоить семьдесят копеек.

III

— Скажите, пожалуйста, как можно послать по почте дамскую сумочку, перчатки и духи?

— Мелкие вещи, такие как духи, очки, перчатки, галстуки, можно послать ценной бандеролью. Вес такой бандероли не должен быть больше килограмма.

— Как всё это должно быть упаковано?

— Мы упаку́ем са́ми. А вы запо́лните бланк. Напи-
ши́те на нём а́дрес.
— Благодарю́ вас.

IV

— Посмотри́те, пожа́луйста, есть ли пи́сьма на моё
и́мя. Моя́ фами́лия Со́мов.
— Ваш докуме́нт, пожа́луйста.
— Вот па́спорт.
— Со́мов? Одну́ мину́ту. Ва́ши инициа́лы А. Н.?
Вам откры́тка и де́нежный перево́д. Вот ва́ша откры́тка.
Де́ньги получи́те в сосе́днем окне́.
— Спаси́бо.

V

— Да́йте, пожа́луйста, де́сять конве́ртов.
— С ма́рками и́ли без ма́рок?
— Без ма́рок. И два конве́рта с ма́рками.
— Пожа́луйста, 22 копе́йки.

ЗАПОМНИТЕ ● MEMORIZE:

посыла́ть / посла́ть письмо́, посы́лку, телегра́мму, откры́тку	to send a letter, a parcel, a telegram, a postcard
посыла́ть / посла́ть что́-либо це́нным письмо́м	to send something by registered letter (with declared value)
опуска́ть / опусти́ть бро́сать / бро́сить письмо́, откры́тку в я́щик	to drop a letter, a postcard in a letter-box
отвеча́ть / отве́тить на письмо́	to reply to a letter
приноси́ть / принести́ доставля́ть / доста́вить письмо́ посы́лку откры́тку	to bring a letter, to deliver a parcel, a postcard
вруча́ть / вручи́ть телегра́мму	to deliver a telegram
— Ско́лько вре́мени идёт письмо́ (телегра́мма) в Москву́?	— How long does a letter (a telegram) take to get to Moscow?

94

| — Письмо́ идёт два дня. | — A letter takes two days. |
| — Телегра́мма идёт четы́ре часа́. | — A telegram takes four hours. |

Адрес по-ру́сски пи́шется так.
Here is the way we write
an address in Russian:

Образцы́ пи́сем. Examples of letter-writing

15 ма́я 1986 г.
Ленингра́д

Дорого́й Па́вел!

Неда́вно получи́л твоё письмо́. Большо́е спаси́бо. Про́сьбу твою́ вы́полнил—позвони́л в институ́т и узна́л о твое́й рабо́те. Секрета́рь обеща́л обо всём подро́бно написа́ть тебе́.

У нас до́ма всё по-ста́рому. Ле́том всей семьёй пое́дем в Крым, я на ме́сяц, а Ле́на с детьми́ на всё ле́то.

Приве́т Мари́не.

До свида́ния,
Никола́й.

* * *

Дорога́я Ни́на Ива́новна!

Поздравля́ем Вас с юбиле́ем. Жела́ем Вам до́лгих лет жи́зни, здоро́вья, успе́хов в рабо́те и сча́стья.

Мы ча́сто вспомина́ем Вас, Ва́ши интере́сные уро́ки, Ва́шу забо́ту о нас. Большо́е спаси́бо за всё.

7 января́ 1986 г.

Москва́   Ва́ши ученики́.

Образцы́ обраще́ния в нача́ле письма́
Forms of Address Used in Letters

Многоуважа́емая Анна Ива́новна!
Уважа́емый това́рищ Петро́в!
Дорого́й Васи́лий Никола́евич!
Ми́лая Ни́на!
Многоуважа́емый господи́н Смит!
Уважа́емый господи́н дире́ктор!

УПРАЖНЕ́НИЯ ● EXERCISES

I. Отве́тьте на вопро́сы. Answer the following questions.

1. У вас больша́я перепи́ска?
2. С кем вы перепи́сываетесь?
3. Кому́ вы пи́шете пи́сьма?
4. Вы ча́сто пи́шете свои́м друзья́м?
5. Вы лю́бите писа́ть пи́сьма?
6. Вы лю́бите получа́ть пи́сьма?
7. Что вы предпочита́ете писа́ть — пи́сьма и́ли откры́тки?
8. Что вы получа́ете, кро́ме пи́сем?
9. Где вы отправля́ете посы́лки и бандеро́ли?
10. Что мо́жно посыла́ть бандеро́лью?
11. Как мо́жно посла́ть кни́ги?
12. Как мо́жно посла́ть в друго́й го́род докуме́нты?
13. Где нахо́дится ближа́йшее от вас почто́вое отделе́ние?
14. Где мо́жно купи́ть ма́рки и конве́рты?

II. Замени́те ли́чные предложе́ния безли́чными. Replace the personal sentences with corresponding impersonal ones.

Образе́ц. Model: Где *я могу́* купи́ть кон-	— Где *мо́жно* купи́ть
ве́рт с ма́ркой?	конве́рт с ма́ркой?
Я *до́лжен* написа́ть	— *Мне на́до* (*ну́жно*)
письмо́ друзья́м.	написа́ть письмо́ друзья́м.

1. Конве́рты и откры́тки вы мо́жете купи́ть на по́чте. 2. Я до́лжен посла́ть сро́чную телегра́мму. 3. Здесь вы мо́жете отпра́вить заказно́е письмо́. 4. Я до́лжен пойти́ в магази́н. 5. Они́ должны́ быть на вокза́ле в семь часо́в. 6. Где я могу́ позвони́ть? 7. Как вы мо́жете посла́ть докуме́нты в друго́й го́род?

III. Вме́сто то́чек вста́вьте оди́н из глаго́лов, да́нных ни́же, в ну́жной фо́рме. Fill in the blanks with the appropriate form of the verbs listed below.

1. Сего́дня я ... письмо́ в Ки́ев. Как вы ду́маете, когда́ его́ там ... ? 2. Мне на́до ... телегра́мму в Ленингра́д. 3. Вы уже́ ... поздрави́тельные откры́тки? 4. Где здесь по́чта и́ли почто́вый я́щик? Мне на́до ... пи́сьма. 5. Утром мы ... письмо́ и бандеро́ль от отца́. 6. Вчера́ почтальо́н ... нам два письма́. 7. Бу́дьте добры́, ... мои́ пи́сьма в почто́вый я́щик. 8. Большинство́ люде́й не лю́бит ... пи́сьма, но лю́бит ... их. 9. Ка́ждое у́тро почтальо́н ... нам газе́ты, журна́лы, пи́сьма.

(*отправля́ть — отпра́вить, посыла́ть — посла́ть, опуска́ть — опусти́ть, броса́ть — бро́сить, получа́ть — получи́ть, писа́ть — написа́ть, приноси́ть — принести́*)

IV. Зако́нчите предложе́ния, употреби́в слова́, да́нные спра́ва. Complete the sentences using the words on the right.

Образе́ц. Model: Андре́й показа́л мне письмо́ из Ло́ндона от Хэ́мфри.

1. Это письмо́	Ленингра́д, мой друг
2. Я ча́сто получа́ю откры́тки	Москва́, мои́ сове́тские друзья́
3. Неда́вно я получи́л кни́гу	Ки́ев, оди́н знако́мый студе́нт
4. Вчера́ пришла́ посы́лка	родна́я дере́вня, мои́ роди́тели
5. В письме́ оте́ц переда́л мне приве́т	родны́е места́, друзья́, ро́дственники и знако́мые

V. Вста́вьте ну́жные предло́ги. Слова́ из ско́бок поста́вьте в ну́жном падеже́. Insert the appropriate prepositions. Put the words in brackets into the correct case.

1. Вчера́ мой друг получи́л письмо́ ... (брат) ... (Ки́ев). 2. Утром я посла́л ... (сро́чная телегра́мма) (сестра́) ... (Оде́сса). 3. Накле́йте ... (ма́рка) ... (конве́рт) и положи́те (письмо́) ... (конве́рт). 4. Утром я был ... (по́чта). 5. Я ча́сто получа́ю пи́сьма ... (дом) ... (роди́тели). 6. Почтальо́н принёс мне (телегра́мма) ... (Ленингра́д) ... (мой мла́дший брат).

VI. Отве́тьте на вопро́сы, испо́льзуя слова́, стоя́щие спра́ва. Answer the following questions using the words on the right.

1. С кем вы перепи́сываетесь?	мой мла́дший брат, друзья́ по институ́ту, мои́ роди́тели
2. С кем вы ча́сто ви́дитесь?	Ни́на и Ми́ша, мои́ това́рищи
3. С кем она́ поздоро́валась?	одна́ знако́мая же́нщина
4. С кем она́ поздоро́валась на ве́чере?	оди́н интере́сный молодо́й челове́к
5. С кем вы сове́туетесь на рабо́те?	инжене́ры и рабо́чие, други́е рабо́тники

VII. Вы́берите ну́жный глаго́л из да́нных спра́ва. Choose the appropriate verb from those on the right.

1. Мы договори́лись ... у теа́тра в шесть часо́в. У теа́тра я ... своего́ това́рища.	встре́тить — встре́титься

2. Когда́ мне тру́дно, я иду́ ...
к своему́ ста́ршему бра́ту.
Мы не зна́ли, как дое́хать до
теа́тра. Милиционе́р ... нам
е́хать на метро́.

посове́товать — посове́товаться

3. Я не ... мать три го́да. Мы
не ... три го́да. Вы ча́сто ...
с друзья́ми?

ви́деть — ви́деться

4. На вокза́ле пе́ред отхо́дом
по́езда мы ... и попроща́лись.
Мать ... сы́на и запла́кала
от ра́дости.

обня́ть — обня́ться

VIII. Прочита́йте предложе́ния. Объясни́те употребле́ние притяжа́тельных местоиме́ний. Read the following sentences. Explain the use of the possessive pronouns.

1. *Мои́* роди́тели ча́сто пи́шут мне.
   Я то́же ча́сто пишу́ *свои́м* роди́телям.

   Её роди́тели ча́сто пи́шут *ей*.
   Она́ то́же ча́сто пи́шет *свои́м* роди́телям.

2. Это *моя́* ко́мната. В *мое́й* ко́мнате ма́ло ме́бели. Я люблю́ сиде́ть оди́н в *свое́й* ко́мнате. Мари́на вошла́ в *мою́* ко́мнату.

   Это ко́мната Мари́ны. В *её* ко́мнате мно́го цвето́в. Сейча́с Мари́на в *свое́й* ко́мнате.

IX. Прочита́йте предложе́ния. Объясни́те употребле́ние местоиме́ния «свой». Read the following sentences. Explain the use of the pronoun свой.

1. Где *мой* портфе́ль? Вы не ви́дели *мой* портфе́ль? Ка́жется, я забы́л *свой* портфе́ль в гардеро́бе. 2. Это *ва́ша* кни́га? Я нашёл *ва́шу* кни́гу в аудито́рии. Вы забы́ли там *свою́* кни́гу. 3. Это письмо́ я получи́л от *своего́* дру́га. Вы ведь зна́ете *моего́* дру́га Андре́я Гро́мова? 4. Я ничего́ не зна́ю о *ва́шей* рабо́те. Расскажи́те, пожа́луйста, о *свое́й* рабо́те. Пото́м я расскажу́ вам о *свое́й*. 5. Ско́ро *мои́* роди́тели прие́дут в Москву́. Вы знако́мы с *мои́ми* роди́телями? Я хочу́ познако́мить вас со *свои́ми* роди́телями.

X. Вме́сто то́чек вста́вьте слова́, да́нные спра́ва. Там, где необходи́мо, замени́те местоиме́ния мой, её, их местоиме́нием свой. Fill in the blanks, putting the words on the right into the appropriate form. Replace the pronoun мой, её, их by свой where necessary.

1. Я разгова́ривал ... .
   В саду́ игра́ют де́ти ... .

   мой сосе́д

2. Я хорошо́ знако́м ... .
   ... живёт в Ленингра́де.
   Она́ ча́сто пи́шет ... .

   её мла́дшая дочь

3. Мои́ друзья́ о́чень дово́льны ... .
   Мы показа́ли свои́ сочине́ния
   на ру́сском языке́ ... .

   их преподава́тель

4. Эту кни́гу мне дал ... .
   Эту кни́гу я взял ... .

   оди́н мой знако́мый

5. Мари́на получи́ла посы́лку ... .
   Эту посы́лку Мари́не присла́-
   ла ... .

   её ста́ршая сестра́

XI. Переде́лайте предложе́ния, употребля́я части́цу «ли». Change the sentences using the particle ли.

Образе́ц. Model: Я не по́мню, *есть* у меня́ э́та кни́га *и́ли нет.*—
Я не по́мню, *есть ли* у меня́ э́та кни́га.

1. Я не по́мню, писа́л я вам об э́том и́ли нет. 2. Мы ещё не зна́ем, пое́дем мы ле́том на юг и́ли нет. 3. Нам ещё не сказа́ли, бу́дут у нас экза́мены и́ли нет. 4. Посмотри́те, пра́вильно я написа́л э́то предложе́ние и́ли нет. 5. Скажи́те, пожа́луйста, мо́жно так сказа́ть по-ру́сски и́ли нет. 6. Мне бы хоте́лось знать, поня́тно вам то, что я говорю́, и́ли нет. 7. Я не зна́ю, интере́сно вам то, что я расска́зываю, и́ли нет. 8. Он не зна́ет, есть э́та кни́га в на́шей библиоте́ке и́ли нет. 9. Меня́ интересу́ет, есть жизнь на други́х плане́тах и́ли нет.

XII. Вме́сто то́чек вста́вьте оди́н из глаго́лов, да́нных в ско́бках, в ну́жной фо́рме. Fill in the blanks with the appropriate forms of the verbs in brackets.

1. Роди́тели ча́сто ... мне. Вчера́ я ... им письмо́. (писа́ть — написа́ть) 2. Обы́чно я ... посы́лки в на́шем почто́вом отделе́нии. Неда́вно я ... ещё одну́ посы́лку. (получа́ть — получи́ть) 3. Не́сколько раз она́ ... писа́ть своё письмо́, но ей всё вре́мя кто-нибудь меша́л. Она́ ... писа́ть письмо́ ве́чером, по́сле у́жина. (начина́ть — нача́ть) 4. В воскресе́нье я ... бра́ту посы́лку. Когда́ я ... посы́лку, на по́чте бы́ло ма́ло наро́ду. (отправля́ть — отпра́вить) 5. Не́сколько лет мы ... друг дру́гу пи́сьма, ... кни́ги. На про́шлой неде́ле я ... дру́гу письмо́ и ... кни́ги. (писа́ть — написа́ть, посыла́ть — посла́ть) 6. Мно́го раз он ... мой а́дрес, но, очеви́дно, ка́ждый раз теря́л его́. В после́днюю на́шу встре́чу он опя́ть ... мой а́дрес. (запи́сывать — записа́ть) 7. Прости́те, я ... ваш а́дрес. У него́ была́ плоха́я па́мять; он всегда́ ... адреса́ и номера́ телефо́нов. (забыва́ть — забы́ть)

XIII. Соста́вьте вопро́сы, на кото́рые отвеча́ли бы сле́дующие предложе́ния. Make up questions to which the following sentences would be the answers.

1. — ...... ?
— Я спешу́ на по́чту.
2. — ...... ?
— Я до́лжен отпра́вить телегра́мму сестре́.
3. — ...... ?
— Вчера́ мы получи́ли письмо́ от бра́та.
4. — ...... ?
— Мари́на получи́ла посы́лку из Оде́ссы.
5. — ...... ?
— Нет, по́чта недалеко́ отсю́да.
6. — ...... ?
— Конве́рт с ма́ркой сто́ит шесть копе́ек.
7. — ...... ?
— Нам прино́сят газе́ты в во́семь часо́в утра́.

XIV. Переведи́те на ру́сский язы́к. Translate into Russian.

1. — Can you tell me where the nearest post-office is, please?
— The post-office is not far away, in Kirov Street.
— Do you know when the post office is open (*lit.* works)?
— I think it's open from 8 o'clock in the morning till 8 at night.

2. — Where can I buy envelopes and stamps?
   — At the next window.
   — Will you please give me an envelope and a stamp (a stamp-ed envelope), two postcards and two telegram forms?
3. — How much is an envelope?
   — Six kopecks.
   — How long does a letter take from Moscow to Kiev?
   — One day.
4. — I've got to send a few greetings telegrams. Where can one send telegrams?
   — In the next room.
   — How long does a telegram take from Moscow to Leningrad?
   — Two hours.
5. Every morning the postman brings us our papers and letters. He brought me a few letters this morning. One letter was from an old friend of mine in Kiev. I've got to reply to this letter. I don't like writing letters. I usually send postcards.

XV. Расскажи́те о ва́шей перепи́ске, испо́льзуя сле́дующие слова́ и выраже́ния. Tell about your correspondence using the following words and expressions:

перепи́сываться, получа́ть пи́сьма от ..., отвеча́ть на пи́сьма, письмо́ идёт ..., поздрави́тельная телегра́мма, посы́лка, бандеро́ль, откры́тка.

XVI. Прочита́йте и перескажи́те расска́з. Read out the following and then paraphrase in your own words.

Оди́н молодо́й челове́к получа́л пи́сьма до востре́бования. Одна́жды он зашёл на по́чту, что́бы получи́ть заказно́е письмо́. Письмо́ лежа́ло на по́чте, но рабо́тник не хоте́л отдава́ть его́ молодо́му челове́ку, так как у того́ не́ было с собо́й докуме́нта.

— Я не уве́рен, что э́то письмо́ для вас. Отку́да я зна́ю, что вы — э́то вы?

Молодо́й челове́к доста́л из карма́на свою́ фотогра́фию.

— Наде́юсь, тепе́рь вы зна́ете, что я — э́то я.

Рабо́тник по́чты до́лго смотре́л на фотогра́фию.

— Да, э́то вы, — сказа́л он наконе́ц. — Вот ва́ше письмо́.

до востре́бования poste restante

11

В гостинице

5 июля 1986 г.
Москва

Дорогой Джим!

В последнем письме я подробно описал тебе наш путь от Лондона до Бреста. Итак, три дня назад наша группа прибыла в Москву. Нас поместили в гостинице «Бухарест».

Гостиница занимает довольно большое старинное шестиэтажное здание на набережной Москвы-реки в самом центре города.

За рекой, почти напротив нашей гостиницы, находится Кремль, храм Василия Блаженного и за ним Красная площадь. Мой номер на пятом этаже. Окна комнаты выходят как раз в эту сторону — на Кремль и Москву-реку. Каждое утро я любуюсь чудесной карти-

ной (1)—разноцветными куполами храма Василия Блаженного, белокаменным Кремлёвским дворцом, древними стенами и башнями Кремля.

В гостинице нас приняли очень хорошо. Комнаты, в которых нас разместили, небольшие, но удобные (2), чистые и светлые. В каждом номере есть телефон.

Ежедневно в гостинице останавливается пятьсот человек, но в коридорах, холлах, лифтах гостиницы всегда тихо (2), толпу можно увидеть только во время приезда или отъезда какой-нибудь группы туристов или делегатов.

На первом этаже гостиницы находится ресторан, где мы завтракаем, обедаем и ужинаем. Обычно мы заказываем завтрак, обед и ужин накануне. Выбор блюд в ресторане богатый и разнообразный. В первое время русский обед казался нам очень обильным, а русская пища—жирной и острой, но мы постепенно привыкаем к ней и с удовольствием едим всё, что нам предлагают.

На первом этаже расположены также гардероб, камера хранения, почта, парикмахерская, газетный киоск и киоск, где продают сувениры.

Здесь же находится администратор, который принимает и размещает приезжающих. Когда мы приехали, администратор сказал нам: «Если вы хотите пойти или поехать на экскурсию, пойти в кино или в театр, встретиться с кем-либо из советских учёных, писателей или общественных деятелей, вам следует обратиться в бюро обслуживания. Работники бюро закажут вам билеты, организуют экскурсию или встречу. Если вам нужно погладить платье (3), почистить костюм, починить обувь, обратитесь к горничной или поднимитесь на шестой этаж в комбинат обслуживания.

Мне нравится в «Бухаресте», потому что гостиница удачно расположена, в ней всегда тихо и спокойно, потому что здесь хорошо обслуживают приезжающих.

На днях напишу ещё.

Привет твоим родителям и Джону.

Твой Филипп.

КОММЕНТАРИИ ● NOTES

(1) Я любуюсь чудесной картиной.   I admire the wonderful view.

любоваться / полюбоваться + *instr.* (*чём-либо*)

The following verbs expressing feelings are followed by the instrumental:

интересова́ться нау́кой	to be interested in science
увлека́ться спо́ртом	to be keen on sport (games)
любова́ться карти́ной	to admire a picture, a view
восхища́ться красото́й	to be delighted by the beauty
горди́ться успе́хом, детьми́	to be proud of success, of one's children

(2) Ко́мнаты... небольши́е, но удо́бные.

The rooms ... are small, but comfortable.

Ежедне́вно в гости́нице остана́вливается пятьсо́т челове́к, но в коридо́рах... всегда́ ти́хо.

Every day five hundred guests stop at the hotel, but it is always quiet... in the corridors.

The conjuction **но** is used to bring out a particularly strong contrast of two facts. It links up two sentences, the second of which runs counter to expectation. **Но** corresponds to the English 'but'.

Я хоте́л позвони́ть вам, *но* не нашёл ва́шего телефо́на.
Весь ве́чер я ждал това́рища, *но* он не пришёл.

A is used when there is a slight contrast between two closely related alternatives.

Я уже́ *был* в Сове́тском Сою́зе, *а мой колле́га не́ был.*
Вчера́ ве́чером *я писа́л* письмо́, *а жена́ смотре́ла* телеви́зор.
Все уе́хали на экску́рсию, *а я оста́лся* в гости́нице.
Сравни́те ● *Compare*:

Он говори́т по-ру́сски бы́стро, *но* с оши́бками.
Он говори́т по-ру́сски бы́стро *и* без оши́бок.
Он говори́т по-ру́сски бы́стро, *а* я ме́дленно.
Сестра́ звони́ла мне, *но* ничего́ не сказа́ла об э́том.
Сестра́ звони́ла мне *и* сказа́ла об э́том.
Сестра́ звони́ла мне, *а* брат не звони́л.

(3) Е́сли вам ну́жно погла́дить пла́тье...

If you must have your dress ironed / pressed...

On page 82 it was mentioned that some verbs with the prefix **по-** (**покури́ть, поговори́ть, погуля́ть**) indicate restricted action.

When used with other verbs the prefix **по-** does not add this shade of meaning but merely changes the verbal aspect, indicating the completion of the action.

почи́стить костю́м	to have a suit (dry-)cleaned
погла́дить пла́тье	to have a dress ironed / pressed
починить о́бувь, часы́	to have shoes, a watch repaired
позвони́ть по телефо́ну	to ring up
посмотре́ть фильм	to see a film
подари́ть вещь	to give a thing as a present
поблагодари́ть за по́мощь, etc.	to thank for help

ДИАЛОГИ ● DIALOGUES

I. Разгово́р с администра́тором

— Скажи́те, пожа́луйста, у вас есть свобо́дные номера́?

— Да, есть. Како́й но́мер вам ну́жен — на одного́ и́ли на двои́х?

— Мне нужна́ ко́мната на одного́ челове́ка, жела́тельно с ва́нной и телефо́ном.

— У нас все номера́ с удо́бствами. Как до́лго вы пробу́дете здесь (1)?

— Две неде́ли.

— Запо́лните, пожа́луйста, листо́к для приезжа́ющих. Ва́ша ко́мната на тре́тьем этаже́. Мо́жете подня́ться на ли́фте. Вот ключ от но́мера.

— Спаси́бо.

II. Разгово́р с го́рничной

— Скажи́те, пожа́луйста, где три́ста девя́тый но́мер?

— Я провожу́ вас. Это тре́тья дверь нале́во. Вот ваш но́мер. Это ва́нная. Здесь туале́т. Телефо́н на столе́. Здесь звоно́к. Если вам бу́дет что́-нибудь ну́жно, позвони́те.

— Хорошо́, спаси́бо. Мне ну́жно погла́дить костю́м и руба́шки.

— Я возьму́ их. Всё бу́дет гото́во че́рез час.

— Сейча́с я ухожу́ в го́род. Если кто́-нибудь бу́дет спра́шивать меня́, скажи́те, что я бу́ду ве́чером по́сле девяти́ часо́в.

— Хорошо́, я переда́м. Бу́дут ещё каки́е-нибудь поруче́ния?

— Нет, ка́жется, всё. Спаси́бо. За́втра разбуди́те меня́ в полови́не восьмо́го.

— Хорошо́. Всё бу́дет сде́лано (2). Когда́ бу́дете уходи́ть, оставля́йте ключ у дежу́рного, что́бы я могла́ убира́ть ваш но́мер.

КОММЕНТАРИИ ● NOTES

(1) Как до́лго вы пробу́дете здесь?

How long will you be here?

Notice the special use of the prefix **про-** to emphasize the duration of the action.

Verbs with the prefix **про-** are generally modified by words denoting a period of time (**весь день** 'the whole day', **це́лый час** 'the whole hour', etc.).

Он прозанима́лся всю ночь.	He studied all through the night.
Мы прожда́ли вас весь ве́чер.	We waited for you all evening.
Эта семья́ прожила́ в Москве́ два́дцать лет.	This family lived in Moscow twenty years.
Он прорабо́тал в институ́те де́сять лет.	He has been working at the institute for ten years.

Similarly also:

просиде́ть це́лый час	to sit for a whole hour
проговори́ть весь ве́чер	to talk the whole evening
проспо́рить три часа́	to argue for three hours
пробе́гать весь день	to be up and about the whole day

(2) Всё бу́дет сде́лано.

It'll all be done.

Сде́лано is the short form of the past participle passive of **сде́лать.**

Эта гости́ница постро́ена два го́да наза́д.
Но́мер был зака́зан по телефо́ну.
Это пла́тье ку́плено в Москве́.

Short passive participles can be formed only from transitive perfective verbs.

прочита́ть кни́гу — кни́га прочи́тана
пригласи́ть госте́й — го́сти приглашены́
организова́ть экску́рсию — экску́рсия организо́вана
написа́ть письмо́ — письмо́ напи́сано

ЗАПОМНИТЕ ● MEMORIZE:

привыка́ть / привы́кнуть + *dative* (к кому́, к чему́)	to get used to
Я привы́к к ру́сской ку́хне.	I've got used to Russian foo
Мы привы́кли к моско́вско- му кли́мату.	We've got used to the Mo cow climate (weather)
обраща́ться / обрати́ться	to apply
к кому́-либо куда́-либо за чём-либо	to somebody somewhere for something
Обрати́тесь к { дежу́рному, врачу́.	Apply { to the desk-clerk to the doctor.
— Как вас при́няли?	— How were you receive (How did they recei you?)
— Нас при́няли о́чень хо- рошо́.	— We were received ve well.

УПРАЖНЕНИЯ ● EXERCISES

I. Отве́тьте на вопро́сы. Answer the following questions.

1. Где вы остана́вливаетесь, когда́ быва́ете в чужо́м го́роде?
2. Вам ча́сто прихо́дится е́здить и остана́вливаться в гости́ницах?
3. Мо́жно заказа́ть но́мер в гости́нице по телефо́ну?
4. В како́й гости́нице вы остана́вливались после́дний раз?
5. Где нахо́дится э́та гости́ница?
6. Далеко́ ли она́ от це́нтра го́рода?
7. Каки́е удо́бства есть в э́той гости́нице?
8. На како́м этаже́ был ваш но́мер?
9. Куда́ выходи́ли о́кна ва́шей ко́мнаты (ва́шего но́мера)?
10. Кто убира́ет ко́мнаты в гости́нице?
11. Кому́ вы отдава́ли ключ от ва́шего но́мера, когда́ уходи́ли из гости́ницы?
12. Где вы обе́дали, когда́ жи́ли в гости́нице?
13. Ско́лько сто́ил ваш но́мер?
14. Ско́лько вре́мени вы про́жили в гости́нице?

II. Замени́те ли́чные предложе́ния безли́чными, употреби́в «на́до» («ну́ж-но») вме́сто «до́лжен». Replace the personal sentences with corresponding impersonal ones using на́до (ну́жно) in place of до́лжен.

Образе́ц. Model: Вы должны́ пойти́ к врачу́.— *Вам на́до* пойти́ к врачу́.

1. Я до́лжен заказа́ть но́мер в гости́нице. 2. Мы должны́ верну́ться в гости́ницу к у́жину. 3. Вы должны́ запо́лнить листо́к для приезжа́ющих. 4. Я до́лжен взять ключ у дежу́рного. 5. За́втра я должна́ встать о́чень ра́но.

III. Вместо точек вставьте местоимения «его», «её», «мой», «твой», «их» или «свой». Fill in the blanks with the pronouns его, её, мой, твой, их or свой.

1. Это ... номер. Где ключ от ... номера? Я оставил ключ от ... номера у дежурной. 2. Джон прислал из Москвы письмо. В ... письме он пишет о Москве. Он очень доволен ... путешествием в Советский Союз. Я получил ... письмо два дня назад. 3. Москвичи любят ... город. Они с гордостью говорят о ... истории, о ... новых районах. 4. В театре мы встретили ... знакомого. Вместе с ним была ... жена. Он познакомил нас со ... женой. 5. Этот человек — ... друг. Он писатель. Недавно он дал мне ... рассказы. Я прочитал ... рассказы и высказал ему ... мнение о них.

IV. Вместо точек вставьте глаголы совершённого или несовершённого вида, данные ниже. Сравните тексты и объясните разницу в их значении. Fill in the blanks with the perfective or imperfective verbs from the list below. Compare the texts and explain the difference in their meanings.

Обычно, когда я ... в этот город, я ... в гостинице «Волга». Я ... к администратору, и он ... мне номер на втором этаже.	Несколько дней назад я ... в этот город и ... в гостинице «Волга». Я ... к администратору, и он ... мне номер на втором этаже.
Как правило, я ... номер заранее по телефону.	Я ... номер заранее по телефону.
Я ... на второй этаж, где дежурная ... мне мой номер.	Я ... на второй этаж, где дежурная ... мне мой номер.

(*приезжал — приехал, останавливался — остановился, обращался — обратился, давал — дал, заказывал — заказал, поднимался — поднялся, показывала — показала*)

V. Поставьте глаголы в настоящем времени. Put the verbs in the present.

1. Наш сын хорошо рисовал. 2. Играла музыка, но никто не танцевал. 3. Общество «Англия — СССР» организовало поездки в Советский Союз. 4. Туристы ночевали в горах. 5. Молодого художника справедливо критиковали в газете. 6. Профессор беседовал со своими студентами. 7. Я всегда волновался перед экзаменами. 8. Мой друг интересовался русской литературой.

VI. Употребите глагол с приставкой «по-» или «про-». Use the verbs with the prefix по- or про-.

1. Мы -говорили весь вечер. 2. В перерыве мы -говорили. -курили. 3. После трудной работы он -спал десять часов. 4. Он немного -спал и снова принялся за работу. 5. Вчера дочь -гуляла весь вечер и не сделала уроки. 6. Иди -гуляй в саду. 7. Больной -лежал в больнице несколько месяцев. 8. Мы -сидели в кафе весь вечер. 9. Мы -сидели в кафе, потом пошли в кино.

VII. Вставьте глаголы, данные ниже, в нужной форме. Fill in the blanks with the appropriate form of the verbs below.

Несколько дней назад в Москву ... группа английских туристов. Они ... из Лондона 3 августа. 5 августа они ... в Брест, а 6 августа в Москву. Вчера эта группа ... на экскурсию в колхоз. Там они́ про́были не́сколько часо́в. Гру́ппа ... из Москвы́ в 9 часо́в утра́ и ... обра́тно в 3 часа́ дня. Ве́чером они́ ... в теа́тр. Сего́дня у́тром тури́сты ... в Кремль. Там они́ пробу́дут недо́лго, они́ ... к обе́ду.

(прие́хать, прийти́, вы́ехать, е́здить, ходи́ть, пойти́)

VIII. Замени́те акти́вные констру́кции пасси́вными. Replace the active constructions with passive ones.

Образе́ц. Model: После́днее письмо́ оте́ц *написа́л* в феврале́.—
После́днее письмо́ *напи́сано* отцо́м в феврале́.
1. Наш дом постро́или пять лет наза́д. 2. В журна́ле напеча́тали мои́ стихи́. 3. Магази́н уже́ закры́ли. 4. Телегра́мму уже́ посла́ли? 5. Это письмо́ получи́ли на про́шлой неде́ле. 6. Госте́й пригласи́ли к семи́ часа́м. 7. На ве́чере нам показа́ли сове́тский фильм. 8. Эту кни́гу купи́ли в кио́ске. 9. Но́мер в гости́нице ещё не заказа́ли.

IX. Прочита́йте предложе́ния и переведи́те их на англи́йский язы́к. Объясни́те ра́зницу в значе́нии сою́зов «и», «а», «но». Read out the sentences and translate them into English. Explain the difference in meanings of the conjunctions и, а and но.

1. Рабо́та была́ тру́дная, и мы бы́стро уста́ли. Рабо́та была́ тру́дная, но мы не уста́ли. 2. Шёл дождь, и на у́лице никого́ не́ было. Шёл дождь, но на у́лице бы́ло мно́го наро́ду. 3. За три го́да сестра́ о́чень измени́лась, и я не сра́зу узна́л её. За три го́да сестра́ о́чень измени́лась, но я сра́зу узна́л её. За три го́да сестра́ о́чень измени́лась, а мать не измени́лась. 4. Вчера́ я получи́л письмо́ и написа́л отве́т. Вчера́ я получи́л письмо́, но ещё не написа́л отве́т. Вчера́ я получи́л письмо́, а сего́дня посы́лку.

X. Соедини́те предложе́ния сою́зами «и», «но», «а». (Слова́ в ско́бках при э́том вы́падут.) Join the sentences by means of the conjunctions и, но and а. (The words in brackets must be omitted.)

1. Ле́кция ко́нчилась.	a) Все ушли́ из за́ла.
	b) Все оста́лись в за́ле.
2. Я внима́тельно прочита́л статью́.	a) (Я) всё по́нял.
	b) (Я) не всё по́нял в ней.
	c) Мой това́рищ то́лько просмотре́л её.
3. Ле́том я хочу́ пое́хать в Ита́лию.	a) У меня́ нет де́нег на пое́здку.
	b) Мой друг (хо́чет пое́хать) в Болга́рию.
4. Он изуча́ет ру́сский язы́к.	a) (Он) свобо́дно чита́ет литерату́ру на ру́сском языке́.
	b) (Он) пока́ не мо́жет говори́ть по-ру́сски.
	c) Его́ сестра́ (изуча́ет) по́льский (язы́к).
5. По́сле рабо́ты мы хоте́ли пойти́ в кино́.	a) Они́ реши́ли пое́хать на стадио́н.
	b) (Мы) пошли́ в ка́ссу за биле́тами. В ка́ссе не́ было биле́тов.

XI. Соедини́те предложе́ния сою́зом «е́сли». Join the sentences by means of the conjunction е́сли.

1. У вас бу́дет вре́мя. Позвони́те мне. 2. Я зайду́ за ва́ми. Я ра́но ко́нчу рабо́ту. 3. Вы хоти́те посмотре́ть э́тот фильм. Поезжа́йте в кинотеа́тр «Москва́». 4. Ле́том я пое́ду в По́льшу. У меня́ бу́дут де́ньги. 5. В воскресе́нье бу́дет тепло́. Мы пое́дем за́ город. 6. Вы уви́дите где́-нибудь э́тот уче́бник. Купи́те его́, пожа́луйста, мне. 7. Ва́ши часы́ спеша́т. Покажи́те их ма́стеру.

XII. Прочита́йте предложе́ния. Сравни́те значе́ние части́цы «ли» и сою́за «е́сли». Read out the sentences. Compare the meaning of the particle «ли» and the conjunction «е́сли».

1. Я не зна́ю, есть ли в гости́нице свобо́дные номера́. Если в гости́нице есть свобо́дные номера́, мы остано́вимся в ней. 2. Я не зна́ю, понра́вятся ли вам э́ти стихи́. Если они́ вам понра́вятся, я могу́ подари́ть вам э́ту кни́гу. 3. Вы не зна́ете, откры́т ли газе́тный кио́ск? Если кио́ск откры́т, на́до спусти́ться вниз и купи́ть газе́ты. 4. Меня́ интересу́ет, по́няли ли вы мой расска́з. Если вы не по́няли мой расска́з, я повторю́ его́ ещё раз. 5. Я не по́мню, есть ли у меня́ её а́дрес. Если у меня́ есть её а́дрес, я сего́дня же напишу́ ей письмо́. Если у меня́ нет её а́дреса, я узна́ю его́ за́втра в спра́вочном бюро́.

XIII. Соста́вьте вопро́сы, на кото́рые отвеча́ли бы сле́дующие предложе́ния. Make up questions to which the following sentences would be the answers.

1. — ...... ?
— Тури́сты останови́лись в гости́нице «Москва́».
2. — ...... ?
— Эта гости́ница нахо́дится в це́нтре го́рода.
3. — ...... ?
— Ваш но́мер на тре́тьем этаже́.
4. — ...... ?
— Но́мер сто́ит два рубля́ в су́тки.
5. — ...... ?
— Ключ от ко́мнаты вы мо́жете взять у дежу́рной.
6. — ...... ?
— Мы пробу́дем здесь неде́лю.

XIV. Переведи́те на ру́сский язы́к. Translate into Russian.

1. Our group was given accommodation in the *Ukraina* hotel. We were met in the hall by the manager. We handed our passports to him and filled in the forms for visitors. He told us the numbers of our rooms.

2. My room is on the eighth flooi. I took the lift up to the eighth floor. The desk-clerk gave me the key to my room and said, "Will you please leave your key with me when you go out." She went with me and showed me my room.

3. The windows of my room overlook the river Moskva. From my window I can see streets, houses and the bridge over the Moskva. My room is large and warm.

4. We were told that we would have breakfast, dinner and supper in the restaurant which is on the ground floor of the hotel.

5. — Can you tell me whether you have any vacant rooms?
   — Yes, we have. You need a room for two?
   — Yes. I am with my wife.
   — Will you please fill in this form? Your room is on the second floor. You can take the lift. The desk-clerk will give you the key to your room.
   — Thank you.

XV. Соста́вьте диало́г ме́жду челове́ком, прие́хавшим в гости́ницу, и администра́тором. Make up a dialogue between a hotel guest and the hotel manager.

XVI. Опиши́те каку́ю-нибудь гости́ницу. Опиши́те но́мер, в кото́ром вы остана́вливались. Describe a hotel you know. Describe a room (in a hotel) where you have stayed.

XVII. Прочита́йте и перескажи́те. Read out the following and then paraphrase in your own words.

Оди́н челове́к впервы́е прие́хал в Пари́ж. На вокза́ле он взял такси́ и пое́хал в одну́ из гости́ниц. Он немно́го отдохну́л в своём но́мере, переоде́лся и пошёл осма́тривать Пари́ж. По пути́ он зашёл на телегра́ф и дал жене́ телегра́мму, в кото́рой сообщи́л ей свой пари́жский а́дрес.

В э́тот день он мно́го ходи́л по го́роду, был в музе́ях, заходи́л в магази́ны, а ве́чером пошёл в теа́тр. Когда́ спекта́кль ко́нчился и все вы́шли из теа́тра, наш знако́мый реши́л, что пора́ возвраща́ться в гости́ницу. Но тут он обнару́жил, что он не по́мнит ни а́дреса, ни назва́ния гости́ницы. Це́лый час он ходи́л по у́лицам, не зна́я, что ему́ де́лать. Наконе́ц он пошёл на телегра́ф и посла́л жене́ ещё одну́ телегра́мму: «Неме́дленно сообщи́ мне до востре́бования мой пари́жский а́дрес».

*   *   *

Испа́нский аристокра́т, гости́вший в Пари́же, одна́жды возврати́лся в гости́ницу, где он останови́лся, по́здно но́чью. Он позвони́л. Со́нный портье́ вы́глянул в окно́ и спроси́л:
— Кто там?
— Хуа́н Родри́гес Кара́мба-де-Пепе́то-и-Гонза́лес.
— Хорошо́, хорошо́,—сказа́л портье́,—входи́те. То́лько пусть после́дний из вас не забу́дет закры́ть дверь.

12

Разговор по телефону

Неде́лю наза́д мой друг — по профе́ссии он журнали́ст — верну́лся из туристи́ческой пое́здки в Англию. В э́ту суббо́ту он обеща́л прийти́ к нам рассказа́ть о свои́х впечатле́ниях, показа́ть фотогра́фии. Мы с жено́й пригласи́ли на э́тот ве́чер свои́х друзе́й. В пя́тницу у́тром я позвони́л Петро́вым (1). Я снял тру́бку, набра́л но́мер и услы́шал дли́нные гудки́. Никто́ не подходи́л к телефо́ну. Неуже́ли ещё спят? А мо́жет быть, уже́ ушли́ на рабо́ту? Наконе́ц я услы́шал:

— Я слу́шаю...

— Ли́за?

— Вы оши́блись, — отве́тил мне незнако́мый же́нский го́лос.

— Прости́те, — я положи́л тру́бку. Неуже́ли я непра́вильно набра́л но́мер? Я позвони́л ещё раз и на э́тот раз уда́чно.

— Ли́за? До́брое у́тро! Э́то говори́т Па́вел. Как у вас дела́? Всё хорошо́? У нас то́же ничего́, спаси́бо (2). Мари́на чу́вствует себя́ прекра́сно. Ли́за, в э́ту суббо́ту у нас бу́дет Никола́й. Он бу́дет расска́зывать о свое́й пое́здке. Приходи́те с Юрой часо́в в семь.

— Хорошо́. Спаси́бо. Па́вел, а мо́жно пригласи́ть одного́ на́шего това́рища? Он интересу́ется совреме́нным англи́йским теа́тром, и ему́ бы́ло бы о́чень интере́сно послу́шать об Англии (3).

— Коне́чно. Пригласи́ его́.

— Хорошо́, спаси́бо. Тогда́ я позвоню́ ему́ сего́дня.

— Ну, до за́втра.

Днём я позвони́л Ви́ктору на рабо́ту.

— Ви́ктор, здра́вствуй!

И услы́шал в тру́бке:

— Прости́те, вам кого́?

— Позови́те, пожа́луйста, Ви́ктора Ива́новича.

— Его́ нет. Он бу́дет че́рез час — полтора́. Что ему́ переда́ть?

— Ничего́, спаси́бо. Я позвоню́ ему́ ещё раз, попо́зже. Извини́те за беспоко́йство.

— Ничего́, пожа́луйста.

К ве́черу я пригласи́л всех. Оста́лось позвони́ть то́лько Алекса́ндру, моему́ ста́рому дру́гу ещё по институ́ту. К телефо́ну подошла́ Ва́ля, его́ сестра́.

— Алло́...

— Ва́ля? Здра́вствуй. Это говори́т Па́вел Андре́евич. Са́шу мо́жно?

— Его́ нет до́ма. Обеща́л прийти́ часо́в в де́сять. Ведь сего́дня футбо́л, на́ши игра́ют со сбо́рной А́нглии. Он с рабо́ты пое́хал пря́мо туда́. А что ему́ переда́ть?

— Ва́ля, скажи́ ему́, что́бы он позвони́л мне сего́дня (4). Как то́лько придёт домо́й, пусть сра́зу позвони́т мне. (5). Хорошо́? Не забу́дешь?

— Нет, обяза́тельно скажу́.

— Спаси́бо. Ну, а как твои́ дела́ в шко́ле? Всё отли́чно? Молоде́ц. Жела́ю успе́хов.

— Спаси́бо. До свида́нья.

КОММЕНТА́РИИ ● NOTES

(1) Я позвони́л Петро́вым.   I called up the Petrovs.

Surnames in the Plural (**Соколо́вы, Мали́нины, Нико́льские,** etc.) indicate husband and wife, or the whole family.
    Вы знако́мы с Бори́совыми?
    Вчера́ в теа́тре мы встре́тили Мака́ровых.

(2) Как у вас дела́? Всё хорошо́?	How are things with you? Everything is all right?
У нас то́же ничего́, спаси́бо.	We're all right, too, thank you.
Ничего́, спаси́бо.	All right, thank you.

Ничего́ (genitive of **ничто́**) is used as a negative pronoun, an adverb and a particle.

a) as a negative pronoun it has the meaning of 'nothing'.

— Что ему́ переда́ть?	— What shall I tell him?
— *Ничего́* (не передава́йте).	— Nothing.
— Вы слы́шали об э́том?	— Have you heard about this?

112

— Нет, я *ничего́* не слы́шал об э́том. — No, I haven't heard anything about it.

b) as an adverb it is equivalent to **дово́льно хорошо́** 'fairly good / well', 'so-so', 'not too bad / badly', 'all right'.

— Как у вас дела́? — How are things with you?
— *Ничего́*, спаси́бо. — All right, thank you.
— Как вы пожива́ете? — How are you?
— *Ничего́*, спаси́бо. — All right, thank you.

c) as a particle it is used with the meaning 'it doesn't matter', 'never mind', 'not at all'.

— Извини́те за беспоко́йство. — Excuse my troubling you.
— *Ничего́*, пожа́луйста. — Not at all. (That's all right.)
— Вам не тру́дно сде́лать э́то сего́дня? — Won't it be difficult for you to do it today?
— *Ничего́*, я успе́ю. — Not at all. I'll manage it.
(3) Ему́ бы́ло бы интере́сно послу́шать об А́нглии. It would be interesting for him to hear about England.

Note the use of the dative in this case.

Вам не ску́чно сиде́ть здесь?
Мне бы́ло прия́тно познако́миться с ва́ми.

The most common adverbs used in constructions with the infinitive:

интере́сно послу́шать
тру́дно рабо́тать
бо́льно вспомина́ть

по́здно ⎫
ра́но ⎬ говори́ть об э́том

легко́ ⎫
тяжело́ ⎬ расстава́ться

Смешно́ ссо́риться из-за э́того.
Остава́ться здесь опа́сно.
Жа́лко броса́ть э́ту рабо́ту.
Оби́дно слы́шать э́то.
(4) Скажи́ ему́, чтобы он позвони́л мне сего́дня. Tell him to ring me today.

Сравни́те ● *Compare*:

Я сказа́л, *что* Ви́ктор звони́л мне сего́дня. Я сказа́л, *чтобы* Ви́ктор позвони́л мне сего́дня.

| I said that Victor rang (had rung) me today. | I told them to tell Victor to ring me today. |

In the first sentence (with the conjunction **что**) we are told about an accomplished fact. The second (with **чтобы**) expresses an indirect request.

Сравните ● *Compare*:

Я сказа́л Ви́ктору: «Позвони́ мне».
Я сказа́л Ви́ктору, что́бы он позвони́л мне.

Clauses with **что́бы** are possible after verbs like **передава́ть, сообща́ть, де́лать, хоте́ть,** that is after verbs denoting requests, commands, wishes.

The verb in the **что́бы** clause is always in the past tense. The main and subordinate clauses always contain different subjects.

| *Мари́на* сказа́ла, что́бы я купи́л биле́ты в кино́. | Marina told me to buy tickets for the picture. |

Сравните ● *Compare*:

| *Мари́на* сказа́ла, что ку́пит биле́ты в кино́. | *Мари́на* сказа́ла, что биле́ты в кино́ ку́пит Со́ня. |
| Marina said that she would buy tickets for the picture. | Marina said that Sonya would buy tickets for the picture. |

Что́бы- clauses are also possible after such verbs as **проси́ть, сове́товать, разреша́ть, предлага́ть, тре́бовать, прика́зывать.**

| Преподава́тель *попроси́л* нас, *что́бы* мы принесли́ но́вые кни́ги. | The teacher asked us to bring our new books. |

The infinitive construction is, however, more common after these verbs: **попроси́л принести́, разреши́л взять** etc.

Преподава́тель *попроси́л* нас *принести́* но́вые кни́ги.
Мать *посове́товала* сы́ну *пое́хать* ле́том на юг.
Врач *запрети́л* мне *кури́ть*.
Я *жела́ю* вам ве́село *провести́* кани́кулы.

(5) Пусть он позвони́т мне. Let him phone me.

Apàrt from the imperative **позвони́ — позвони́те** addressed to the 2nd person, someone you are talking or writing to, commands may also be addressed:

1) to the 3rd person; this is done by means of **пусть**:

Пусть они́ приду́т.
(Скажи́те им, что́бы они́ пришли́.)
Пусть Мари́я ку́пит биле́ты.
(Скажи́те, что́бы Мари́я купи́ла биле́ты).

2) to the Ist and 2nd persons; this is done by means of **дава́йте** giving the statement a familiar inflection:

Дава́йте пойдём ве́чером в кино́.
Дава́йте позвони́м Смирно́вым.

ДИАЛОГИ ● DIALOGUES

I

— Вы не зна́ете, где здесь побли́зости телефо́н-автома́т?

— В магази́не, в сосе́днем до́ме.

— Помоги́те мне, пожа́луйста. Я иностра́нец и не зна́ю, как звони́ть по ва́шему телефо́ну.

— На́до опусти́ть двухкопе́ечную моне́ту, снять тру́бку и ждать гудка́, пото́м набра́ть ну́жный но́мер. Если по́сле э́того вы услы́шите коро́ткие ча́стые гудки́, э́то зна́чит, что но́мер за́нят. Если услы́шите дли́нные гудки́, жди́те отве́та.

— Спаси́бо.

II

— Алло́!

— Позови́те, пожа́луйста, Ни́ну.

— Подожди́те мину́ту, сейча́с она́ подойдёт. Ни́на, вас (про́сят) к телефо́ну.

III

— Ива́н Никола́евич? Это говори́т ваш студе́нт Игорь Гро́мов. Здра́вствуйте!

— Здра́вствуйте, Игорь.

— Извини́те за беспоко́йство. Я позвони́л вам, что́бы узна́ть, когда́ я могу́ прийти́ к вам на консульта́цию.

— За́втра я бу́ду в университе́те с оди́ннадцати до трёх. Мо́жете прийти́ в любо́е вре́мя.

— Хорошо́, я приду́ к оди́ннадцати.

— Договори́лись.

IV

— Бу́дьте добры́, позови́те к телефо́ну Игоря.
— Его́ нет до́ма.
— А когда́ он бу́дет?
— Ве́чером по́сле шести́ часо́в. Что ему́ переда́ть?
— Переда́йте, пожа́луйста, что звони́л Влади́мир. Пусть он позвони́т мне ве́чером.
— Хорошо́. Я скажу́ ему́.
— Спаси́бо. До свида́нья.

ЗАПОМНИТЕ ● MEMORIZE

звони́ть / позвони́ть *кому́-либо, куда́-либо*	to ring up, to phone someone, somewhere
Я позвони́л дру́гу.	I called up a friend.
Я позвони́л в институ́т.	I called up the institute.
Позови́те, пожа́луйста, к телефо́ну Ни́ну Ива́новну.	Fetch (ring for) Nina Ivanovna to the telephone.
Ва́лю, пожа́луйста.	May I speak to Valya, please?
Договори́лись.	Agreed.
Вы оши́блись.	
Вы не туда́ попа́ли.	You have dialled the wrong number.
Вы непра́вильно набра́ли но́мер.	
Что ему́ (ей) переда́ть?	What message can I give him (her)?
Скажи́те Игорю, что ему́ звони́л Влади́мир.	Tell Igor that Vladimir has rung him.
Скажи́те Игорю, что́бы он позвони́л Влади́миру.	Tell Igor to ring Vladimir.

УПРАЖНЕНИЯ ● EXERCISES

I. Отве́тьте на вопро́сы. Answer the following questions.

1. У вас до́ма есть телефо́н?
2. Како́й у вас но́мер телефо́на?
3. Вы ча́сто звони́те по телефо́ну?
4. Вам ча́сто прихо́дится звони́ть по телефо́ну?
5. Кому́ вы звони́ли сего́дня?
6. Куда́ вы звони́ли дру́гу — домо́й и́ли на рабо́ту?
7. Кто подошёл к телефо́ну, когда́ вы звони́ли дру́гу?
8. Э́тот телефо́н рабо́тает?
9. Почему́ вы положи́ли тру́бку?

10. Каки́е гудки́ слы́шали вы, когда́ набра́ли но́мер?
11. Где здесь побли́зости телефо́н-автома́т?

II. Отве́тьте на вопро́сы, поста́вив в ну́жной фо́рме слова́, стоя́щие спра́ва. Answer the following questions putting the words on the right into the required form.

1. С кем вы ре́дко ви́дитесь?
2. Кого́ вы давно́ не ви́дели?
3. У кого́ вы бы́ли в суббо́ту в гостя́х?
4. О ком вы говори́ли вчера́ ве́чером?
5. Кому́ вам на́до бы́ло позвони́ть сего́дня?
6. Кому́ вы позвони́ли сего́дня у́тром?
7. С кем вы говори́ли сего́дня по телефо́ну?
8. Кого́ вы пригласи́ли к себе́ в го́сти?
9. Кто до́лжен прийти́ к вам в воскресе́нье?

a) мой ста́рый друг Никола́й и его́ жена́
b) мои́ роди́тели и моя́ мла́дшая сестра́
c) Петро́вы

III. Из сле́дующих сочета́ний сде́лайте предложе́ния, выража́ющие про́сьбу. Make up sentences out of the following phrases according to the model.

Образе́ц. Model: дать биле́т — Да́йте, пожа́луйста, биле́т.

1. позва́ть к телефо́ну. 2. позвони́ть че́рез час. 3. переда́ть приве́т. 4. подожда́ть мину́ту. 5. приходи́ть в суббо́ту ве́чером.

IV. Вме́сто то́чек вста́вьте оди́н из да́нных ни́же глаго́лов в проше́дшем и́ли бу́дущем вре́мени. Fill in the blanks with the verbs listed below, putting them in the past or the future.

Вчера́ ве́чером, когда́ я ... домо́й, я реши́л позвони́ть свое́й знако́мой. Я ... в телефо́нную бу́дку и набра́л но́мер. «Позови́те, пожа́луйста, И́ру»,— попроси́л я. «Её нет до́ма». Это ... к телефо́ну Ири́на ма́ма. Я поздоро́вался с ней. «И́ра давно́ ...?» — спроси́л я. «Нет, совсе́м неда́вно, мину́т два́дцать наза́д. За ней ... её подру́га Ле́на, и они́ ... в кино́». «А вы не зна́ете, когда́ она́ ... домо́й?» «Она́ сказа́ла, что ... часо́в в де́вять»...

(*идти́, пойти́, войти́, подойти́, зайти́, прийти́, уйти́*)

V. Слова́ из ско́бок поста́вьте в ну́жной фо́рме. Put the words in brackets in the appropriate form.

Образе́ц. Model: (Я) гру́стно вспомина́ть об э́том.— *Мне гру́стно вспомина́ть об э́том.*

1. Я ду́маю, (вы) бу́дет ску́чно с э́тим челове́ком. 2. (Я) бы́ло неинтере́сно чита́ть э́ту статью́. 3. (Они́) тру́дно понима́ть друг дру́га. 4. (Ма́ша) интере́сно быва́ть с друзья́ми. 5. (Я) смешно́ вспомина́ть э́ту исто́рию.

VI. Вставьте вместо точек глаголы, данные ниже. Fill in the blanks with the appropriate verbs provided below.

1. Сегодня вечером я буду дома, ... мне, пожалуйста. 2. Это ошибка, вы неправильно ... номер. 3. Николая Петровича нет, ..., пожалуйста, позже. 4. Никто не ответил, и я ... трубку. 5. Чтобы позвонить, надо снять трубку, ... нужный номер и ждать гудка. 6. Не ... трубку, я сейчас узнаю, здесь ли Нина.

(*звонить — позвонить, класть — положить, набирать — набрать*)

VII. Вставьте вместо точек слова «пусть» или «давайте». Fill in the blanks with the word пусть or давайте.

1. ... поедем в воскресенье на дачу. ... они едут на машине, а мы поедем поездом. 2. ... позвоним Ире. ... Лида позвонит Ире. 3. Вы знаете, у нас в клубе идёт новый фильм, ... посмотрим его. ... Иван купит билеты для всех.

VIII. Поставьте глаголы, данные в скобках, в нужной форме. Put the verbs in brackets in the appropriate form.

1. Давайте (поехать) на выставку вместе. 2. Давайте (написать) Нине письмо. 3. Пусть это письмо (написать) Иван. 4. Давайте (взять) такси. 5. Пусть Сергей (взять) такси. 6. Давайте (попросить) преподавателя объяснить нам это. 7. Пусть Нина (попросить) преподавателя повторить это.

IX. Замените прямую речь косвенной, употребляя союз «чтобы». Replace the direct speech with indirect, using the conjunction чтобы.

Образец. Model: Мать сказала сыну: «Дай мне, пожалуйста, газету».—Мать сказала сыну, *чтобы* он дал ей газету.

1. Нина сказала мне: «Купи, пожалуйста, билеты в кино». 2. Я сказала сестре: «Приди сегодня в шесть часов вечера». 3. Мать написала вам в письме: «Пришлите мне свои фотографии». 4. Павел сказал Марине: «Позвони мне вечером». 5. Я сказал брату: «Подожди меня здесь». 6. Мой друг написал мне: «Пришли мне, пожалуйста, журнал «Радио». 7. Преподаватель сказал нам: «Повторите восьмой урок». 8. Товарищ сказал мне: «Обязательно прочитайте эту книгу».

X. Вместо точек вставьте союзы «что» или «чтобы». Fill in the blanks with the conjunction что or чтобы.

1. Преподаватель сказал нам, ... мы прочитали эту книгу. Он сказал, ... он может дать эту книгу одному из студентов. 2. Мать сказала сыну, ... он шёл гулять. Она сказала, ... её сына нет дома. Он пошёл гулять. 3. Я написал своим родителям, ... летом мы приедем к ним. Отец написал нам, ... летом мы приехали к ним. 4. Лида сказала мне, ... она звонила Петровым. Лида сказала мне, ... я позвонил Петровым. 5. Мы сказали друзьям, ... они приходили к нам в субботу. 6. Я позвонил домой и сказал жене, ... вечером у нас будут гости. Я попросил её, ... она приготовила ужин человек на восемь.

XI. Переведите на английский язык. Translate into English.

1. Мне надо позвонить домой. Где здесь поблизости телефон-автомат?
2. — Позовите, пожалуйста, Веру.
   — Её нет дома. Она будет после шести. Что передать ей?
   — Спасибо, ничего. Я позвоню ещё раз.
3. Позвоните мне завтра утром. Мой телефон 225-20-40.
4. Вчера я звонил тебе, но сначала телефон был занят, а позже никто не подходил к телефону.
5. — Попросите, пожалуйста, Ивана Николаевича.
   — Вы ошиблись.
   — Извините.

XII. Вместо точек вставьте «если» или «ли». Fill in the blanks with если or ли.

1. — Позвоните мне сегодня вечером.
   — Я не уверен, есть ... у меня ваш телефон.
   — Запишите: 229-60-99.
2. — Вы не можете принести мне журнал, о котором вы говорили?
   — Я не знаю, прочитала ... его жена. ... она прочитала, я принесу его завтра.
3. — ... у вас будет свободное время, приходите к нам сегодня вечером.
   — Спасибо, но я не знаю, будет ... муж свободен сегодня вечером.
4. — Алло, Виктор? ... ты увидишь сегодня Андрея, скажи ему, чтобы он позвонил нам.
   — Хорошо, скажу. Только я не знаю, увижу ... я его сегодня. ... увижу, обязательно скажу.

XIII. Составьте вопросы, на которые отвечали бы следующие предложения. Make up questions to which the following sentences would be the answers.

1. — ...... ?
   — Да, вам звонил брат.
2. — ...... ?
   — Он звонил полчаса назад.
3. — ...... ?
   — Нет, этот телефон не работает.
4. — ...... ?
   — Телефон гостиницы можно узнать в справочном бюро.
5. — ...... ?
   — Нет, у нас дома нет телефона.
6. — ...... ?
   — Позвоните по номеру 295-76-54.

XIV. Составьте рассказ или диалог, используя следующие выражения. Make up a story (or a dialogue) using the following expressions.

поговорить по телефону; попросите, пожалуйста, к телефону; простите, кто говорит?; никто не отвечает; телефон занят; его (её) нет дома; когда можно ему (ей) позвонить?; что ему (ей) передать?

XV. Переведите на русский язык. Translate into Russian.

1. When I got home my wife told me that my old friend Sergei had phoned me. He said he would call again.

2. — I wanted to phone you yesterday, but I didn't know your telephone number.
   — Write it down: 253-80-85. That is my home number.
3. — Can you give me a ring tomorrow morning, at about nine?
   — Yes, I can. What number should I ring?
   — 299-22-11.
4. — When can I give you a ring?
   — Any time after five (in the evening).
5. I rang you up yesterday, but nobody answered.
6. If anybody calls me, tell them that I'll be in after seven.
7. — Is that Valya?
   — No, Valya is not in.
   — Can you tell me when she will be in?
   — Wait a moment, please, I'll find out... Are you there? Valya will be in after twelve.
8. — Can I speak to Olga Ivanovna, please?
   — Olga Ivanovna speaking.
   — Good morning. This is your student Petrov speaking.
     I'm sorry to trouble you, but I've finished my work and would like to show it to you.
   — I'll be in the University tomorrow morning. Come and see me and bring your work along.
   — Thank you very much. Good-bye.

XVI. Прочита́йте и перескажи́те те́кст. Read the following and then paraphrase.

ТО́НКАЯ МЕСТЬ

Одна́жды среди́ но́чи в кварти́ре профе́ссора разда́лся телефо́нный звоно́к. Профе́ссор подошёл к телефо́ну, взял тру́бку и услы́шал серди́тый же́нский го́лос:

— Ва́ша соба́ка ла́ет и не даёт мне спать.

— А кто э́то говори́т?

Же́нщина назвала́ свою́ фами́лию. На сле́дующую ночь в тот же час в кварти́ре э́той же́нщины зазвони́л телефо́н.

— Я позвони́л, что́бы сказа́ть вам, что у меня́ нет соба́ки,— сказа́л в тру́бке го́лос профе́ссора.

ла́ять to bark

13

Визит врача

— Ты зна́ешь, где я была́ сего́дня?—спроси́ла меня́ Мари́на.—У Моро́зовых. Утром я принима́ла больны́х в поликли́нике, а по́сле двена́дцати пошла́ по вы́зовам (1). Пе́рвый больно́й—Игорь Моро́зов, де́вять лет. Негли́нная у́лица, 3. Звоню́ в кварти́ру. Открыва́ет дверь же́нщина. Смотрю́, а э́то Зо́я, жена́ Серге́я Моро́зова.

— Здра́вствуйте,—говорю́.— Где ваш больно́й?

А она́ мне: «Здра́вствуйте! Как хорошо́, что вы зашли́. Раздева́йтесь, проходи́те, сади́тесь. Как ва́ши дела́? Как Па́вел?»

Ви́жу, она́ не поняла́, что я тот са́мый врач, кото́рого они́ вызыва́ли из де́тской поликли́ники.

— Спаси́бо,—говорю́ я,—у нас всё хорошо́. Па́вел неда́вно е́здил в Ки́ев в командиро́вку. Ну, а где же ваш больно́й? Игорь Моро́зов?—спра́шиваю я и достаю́

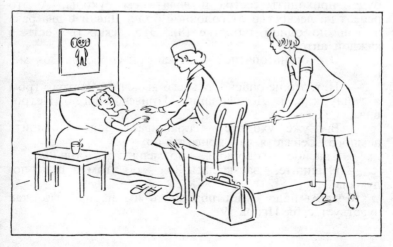

из портфе́ля хала́т и стетоско́п. Ви́дел бы ты её лицо́ (2), Па́вел!

— Так вы к Иго́рю (3) из поликли́ники? Как же я сра́зу не догада́лась?! Ведь муж говори́л мне, что вы де́тский врач. Вы рабо́таете у нас в райо́не? Пожа́луйста, проходи́те. Сын лежи́т в сосе́дней ко́мнате.

— Что с ним (4)? — спра́шиваю я.

— Я ду́маю, он простуди́лся. Вчера́ ве́чером он жа́ловался на головну́ю боль (5). А сего́дня у́тром сказа́л, что у него́ боли́т го́рло (6).

— А кака́я у него́ температу́ра?

— Вчера́ была́ 38,3 (три́дцать во́семь и три), сего́дня у́тром — 37,5 (три́дцать семь и пять).

— Ну, что же, сейча́с посмо́трим.

Я се́ла о́коло ма́льчика.

— Что у тебя́ боли́т, Игорь? — спроси́ла я его́.

— Голова́. И го́рло боли́т.

— Откро́й рот. Скажи́ «а-а-а...». Хорошо́, спаси́бо. Закро́й. Глота́ть бо́льно? Нет? А дыша́ть тру́дно?

— Дыша́ть тру́дно.

— На́сморк есть?

— Нет, на́сморка нет.

Я осмотре́ла ма́льчика, изме́рила температу́ру, прове́рила пульс.

— У Игоря воспале́ние лёгких (7), — сказа́ла я Зо́е. — Неде́ли две ему́ придётся полежа́ть в посте́ли. Я вы́пишу ему́ пеницилли́н. Вот реце́пт. Два ра́за в день к вам бу́дет приходи́ть сестра́ и де́лать ему́ уко́лы. А э́то реце́пт на лека́рство от головно́й бо́ли. Дава́йте два ра́за в день по одно́й табле́тке (8). Это лека́рство есть в ка́ждой апте́ке.

— Это о́чень опа́сно? — с трево́гой спроси́ла Зо́я меня́.

— Нет, э́то не опа́сно. Мы его́ вы́лечим. За́втра у́тром я зайду́ к вам. До свида́ния. Приве́т Серге́ю Петро́вичу.

— Вы уже́ ухо́дите? — спра́шивает Зо́я. — Посиди́те немно́го. Сейча́с я чай пригото́влю.

— Спаси́бо, — говорю́ я, — но меня́ ждут больны́е.

— Извини́те, — засмея́лась Зо́я, — об э́том я и не поду́мала...

Ве́чером на́до бу́дет позвони́ть им и спроси́ть, как чу́вствует себя́ Игорь (9).

КОММЕНТАРИИ

(1) Я пошла́ по вы́зовам.
вызыва́ть / вы́звать вра-
ча́

I visited patients at home.
to call the doctor

(2) Ви́дел бы ты её лицо́!

If only you had seen her
face!

(3) Так вы к Игорю?

Oh! So you've come to see
Igor?

(4) Что с ним?

What is wrong with him?

The verbs **случи́ться, произойти́, быть,** etc. are usually
omitted in such questions:

Что с ва́ми? (Вы больны́? Вам нехорошо́?)
Что с ма́льчиком? (Почему́ он не хо́дит в шко́лу?)

But in the past and future:

Что с ним *бы́ло?*
Что с ним тепе́рь *бу́дет?*

(5) Он жа́ловался на голов-
ну́ю боль.

He complained of a headache.

жа́ловаться /   **на** + *acc.*
пожа́ловаться   (*на кого? на
что?*)
+ *dat.* (*ко-
му?*)

to complain of somebody,
something to somebody

Де́вочка жа́луется на боль
в ноге́.

The girl complains of a pain
in the leg.

Мать жа́ловалась врачу́ на
бессо́нницу.

The mother complained of
insomnia to the doctor.

— На что вы жа́луетесь?

— What troubles you?

— У меня́ боли́т зуб.

— I have a toothache.

(6) У него́ боли́т го́рло.

He has a sore throat.

There are two verbs **боле́ть** in Russian:

1. **боле́ть / заболе́ть** у + *gen.* (*у кого?*) to hurt, to ache

It exists in the 3rd person only, singular and plural:
**(за)боли́т, (за)боля́т; (за)боле́л, -а, -о, -и; бу́дет (бу́дут)
боле́ть.**

— Что у вас боли́т?

— What's hurting (you)?

— У меня́ боля́т у́ши.

— I have an ear ache.

Не пей холо́дную во́ду —
у тебя́ заболи́т го́рло.

Don't drink cold water, you'll
get a sore throat.

123

It is used with names of parts of the body: **голова́, го́рло, у́ши, зу́бы, живо́т, желу́док, нога́, рука́, се́рдце, спина́,** etc.

2. **боле́ть / заболе́ть** + *instr* (*чем?*) to be ill

Singular	Plural
1. боле́ю	боле́ем
2. боле́ешь	боле́ете
3. боле́ет	боле́ют

— Чем вы боле́ли в де́тстве?	— What diseases did you have in your childhood?
— В де́тстве я боле́л дифтери́том, скарлати́ной, воспале́нием лёгких.	— In my childhood I had diphteria, scarlet fever, pneumonia.
Он боле́ет гри́ппом уже́ дней де́сять.	He has been ill with the 'flu for nearly ten days.

This verb is used when naming various illnesses. When talking of the symptoms of illnesses — **температу́ра, боль, на́сморк, ка́шель** — the construction **у меня́ (у тебя́,** etc.) + *nominative* is used.

У бра́та на́сморк, а у меня́ ка́шель.	My brother has a cold in the head and I have a cough.
— Кака́я у вас температу́ра?	— What is your temperature?
— Сего́дня у меня́ норма́льная температу́ра.	— My temperature is normal today.
(7) У И́горя воспале́ние лёгких.	Igor has pneumonia.

The construction **У меня́ (тебя́, него́,** etc.) + *nominative* is also possible with names of illnesses.

У бра́та грипп.	The brother has the 'flu.
У меня́ была́ маляри́я.	I had malaria.

Сравни́те:

Брат бо́лен гри́ппом.	The brother is ill with the 'flu.
Брат боле́л гри́ппом две неде́ли.	The brother was ill with the 'flu for a fortnight.
В де́тстве я боле́ла маляри́ей.	I had malaria in my childhood.
(8) Дава́йте... по одно́й табле́тке.	Give (him) one pill (at a time).

124

По + *numeral* + *noun* means 'so many ... each'.

a) The numeral **оди́н** preceded by **по** takes the dative:

Де́тям купи́ли *по одному́* карандашу́, *по одно́й* ру́чке и *по одному́* перу́.

b) All other numerals are used in the accusative.

Де́тям купи́ли *по семь* карандаше́й, *по две* ру́чки и *по де́сять* тетра́дей.

(The archaic **по семи́, по десяти́** are used rarely.)

(9) Как чу́вствует себя́ Игорь? — How does Igor feel?

Note the use of this verb:

1. **чу́вствовать / почу́вствовать** + *acc.* (*что?*) — to feel / to (begin to) feel something

Я почу́вствовал боль, сла́бость, хо́лод. — I felt pain, weakness, cold.

2. **чу́вствовать / почу́вствовать** себя́ + *adverb* (*как?*) — to feel / to (begin to) feel adverb (*how?*)

— Как вы себя́ чу́вствуете? — — How do you feel?

— Я чу́вствую себя́ отли́чно (хорошо́, пло́хо, прекра́сно). — — I feel wonderful (well, bad, fine).

ДИАЛОГИ

I

— Что у вас боли́т?

— Ничего́ не боли́т.

— А на что вы жа́луетесь?

— Я пло́хо сплю и бы́стро устаю́. У меня́ плохо́й аппети́т.

— Мо́жет быть, вы неда́вно чем-нибудь боле́ли?

— Нет, я уже́ давно́ ниче́м не боле́л.

— Ну что же, на́до сде́лать ана́лизы. Вот вам направле́ние в лаборато́рию. А пока́ я вы́пишу вам два реце́пта. Это реце́пт на лека́рство от бессо́нницы, а э́то на витами́ны. Приди́те ко мне че́рез два дня, когда́ бу́дут результа́ты ана́лизов.

— Хорошо́, спаси́бо.

II

— Здра́вствуйте, больно́й!
— Здра́вствуйте, до́ктор.
— Как вы себя́ чу́вствуете? Лу́чше?
— Спаси́бо. Лу́чше. Голова́ бо́льше не боли́т. Температу́ра пони́зилась.
— Продолжа́йте принима́ть лека́рства. И не встава́йте. Полежи́те ещё дня два-три. За́втра я зайду́ к вам по́сле обе́да.
— Спаси́бо.

III

У ЗУБНОГО ВРАЧА

— Пожа́луйста, сади́тесь в кре́сло. Откро́йте рот. Так. Како́й зуб вас беспоко́ит?
— Вот э́тот.
— Так. Шесто́й ни́жний сле́ва. Давно́ он боли́т?
— Нет, он на́чал боле́ть вчера́ ве́чером.
— Ну что же, посмо́трим, что с ним мо́жно сде́лать.

Мо́жет быть, мо́жно ещё вы́лечить, а возмо́жно, придётся его́ удали́ть.
— Мо́жет быть, мо́жно поста́вить пло́мбу?
— Да, мо́жно. Сего́дня я почи́щу зуб, положу́ в него́ лека́рство и поста́влю вре́менную пло́мбу.
— А-а-а!
— Что, бо́льно? Ну, вот и всё. На сего́дня дово́льно.
— Когда́ мне прийти́ к вам в сле́дующий раз?
— За́втра в два часа́.

ЗАПОМНИТЕ:

Что с ва́ми? Что у вас боли́т? }	What's the matter with you?
На что вы жа́луетесь?	What is your complaint?
принима́ть } лека́рство приня́ть	to take medicine

лека́рство от головно́й бо́ли	medicine for headache
сре́дство от бессо́нницы	remedy for insomnia
табле́тки от ка́шля	cough tablets
У меня́ грипп.	
Я боле́ю гри́ппом.	I have the 'flu.
Я бо́лен гри́ппом.	

УПРАЖНЕНИЯ

I. Отве́тьте на вопро́сы.

1. Как вы себя́ чу́вствуете?
2. Что вас беспоко́ит?
3. На что вы жа́луетесь?
4. Когда́ вы почу́вствовали себя́ пло́хо?
5. Кака́я у вас температу́ра?
6. Что у вас боли́т?
7. У вас боли́т го́рло?
8. У вас на́сморк?
9. Давно́ вы больны́?
10. Давно́ вы боле́ете?
11. Где вы лечи́лись ра́ньше?
12. Кто вас лечи́л ра́ньше?
13. Вы ча́сто боле́ете анги́ной?
14. Чем вы боле́ли в де́тстве?
15. Лежа́ли ли вы когда́-нибудь в больни́це?
16. Куда́ и к кому́ на́до обрати́ться, е́сли вы почу́вствовали себя́ пло́хо?
17. В каки́х слу́чаях вызыва́ют врача́ на́ дом?
18. В каки́х слу́чаях врач сове́тует больно́му лежа́ть в посте́ли?

II. Вме́сто то́чек вста́вьте ну́жный глаго́л.

1. С утра́ Ма́ша ... на головну́ю боль. 2. Ты бо́лен и до́лжен ... лека́рство от ка́шля. 3. Я ча́сто ... гри́ппом. 4. У него́ ... голова́. 5. Вы больны́? На что вы ...? 6. Врач ... мне реце́пт на лека́рство. 7. Како́й врач ... вас? 8. Больно́й ... на боль в нога́х. 9. Врач сове́тует ему́ ... витами́ны. 10. У него́ ... глаза́. 11. Чем ... ваш сын?

(*боле́ть (боли́т), боле́ть (боле́ет), бо́лен, лечи́ть, принима́ть, вы́писать, жа́ловаться*)

III. Переде́лайте сле́дующие предложе́ния, испо́льзуя констру́кции «у меня́, у него́, у вас + имени́тельный паде́ж».

Образе́ц: Я боле́ю анги́ной.— У меня́ анги́на.
Он боле́л анги́ной.— У него́ была́ анги́на.

1. Он боле́ет гри́ппом. 2. Давно́ она́ боле́ет гри́ппом? 3. Мой брат боле́л воспале́нием лёгких. 4. Де́ти не ходи́ли в шко́лу, так как боле́ли анги́ной.

IV. Замените личные предложения безличными, используя слова надо, нужно, можно, нельзя.

Образец: Вы должны принимать лекарство.— *Вам надо* принимать лекарство.

1. После операции вы должны лежать в постели. 2. Если у вас болят зубы, вы должны идти к врачу. 3. Сегодня холодно, она должна тепло одеться. 4. У него плохое здоровье, поэтому он не может заниматься спортом. 5. У меня хорошее сердце, и я могу ехать на юг. 6. У него плохое сердце, и он не может ехать на юг. 7. У моего отца плохое зрение, и он не может много читать. 8. Он должен лечить глаза. 9. Недавно ей сделали операцию, и теперь она не может много ходить.

V. Вставьте глаголы «болеть (болит)» и «болеть (болеет)» в нужной форме.

1. Мальчик часто .... 2. Он никогда не ... ангиной. 3. У меня ... голова. 4. У мальчика ... зубы. 5. На прошлой неделе я ... гриппом. 6. Что у вас ...? 7. Чем вы ...? 8. Дочь говорит, что у неё ... горло.

VI. Соедините предложения с помощью союзов, данных ниже.

Образец: Человек тяжело болен. Врач приходит домой.— Если человек тяжело болен, врач приходит домой.

1. У вас болит голова. Надо принять лекарство от головной боли. 2. Вы больны. Вы должны лежать в постели. 3. Я почувствовал себя плохо. Я пошёл к врачу. 4. Вам нельзя выходить на улицу. У вас грипп. 5. Николай не пришёл на работу. Он простудился и заболел. 6. Моей сестре нельзя ехать на юг. У неё плохое сердце. 7. Вы почувствуете себя хуже. Позвоните врачу. 8. Он почувствовал себя хуже. Он позвонил врачу.

(если, когда, так как, потому что)

VII. Ответьте на вопросы, поставив в нужной форме с нужным предлогом слова, данные справа.

Образец: Куда вы ездили летом? │ дача, друзья
Летом мы ездили *на дачу к друзьям.*

1. Куда он идёт?	поликлиника, зубной врач
2. Куда вы едете?	больница, моя больная подруга
3. Куда вы поедете летом?	деревня, мои родители
4. Куда мать ведёт сына?	кабинет, медицинская сестра
5. Куда вы обратились за помощью?	медицинский институт, известный профессор

VIII. Замените прямую речь косвенной.

Образец: Петя сказал: «Завтра я пойду к зубному врачу».
Петя сказал, что завтра он пойдёт к зубному врачу.

1. Вечером Нина сказала: «У меня болит голова». 2. Отец спросил сына: «Когда придёт врач?» 3. Сын ответил: «Врач придёт завтра». 4. Профессор сказал моей сестре: «Вы должны лечь в больницу». 5. Врач спросил меня: «Как вы себя чувствуете?» 6. Она сказала мне: «Через неделю вы сможете выйти на работу». 7. Мать сказала сыну: «Ты должен принимать это лекарство два раза в день».

IX. Соста́вьте вопро́сы, на кото́рые отвеча́ли бы сле́дующие предло-же́ния.

1. — ...... ?
   — Он заболе́л три дня наза́д.
2. — ...... ?
   — Утром у него́ была́ температу́ра 37,5.
3. — ...... ?
   — Сейча́с он чу́вствует себя́ хорошо́.
4. — ...... ?
   — Да, он принима́л лека́рство.
5. — ...... ?
   — У меня́ боли́т го́рло.
6. — ...... ?
   — Нет, я не была́ у врача́.

X. Расскажи́те по-ру́сски, как чу́вствует себя́ челове́к, е́сли он просту-ди́лся, и как бы вы его́ лечи́ли.

XI. Переведи́те на ру́сский язы́к.

1. — How do you feel?
   — Very well, thank you.
   — They say you were ill.
   — Yes, I was.
   — Were you in hospital?
   — No, I was at home.
2. — You look ill. You ought to go and see the doctor.
   — I saw the doctor yesterday.
   — What did he say?
   — He said I've got to stay in bed and take some medicine.
   — Why aren't you in bed then?
   — I've been at the chemist's.
3. My father often has a headache. The doctor prescribed some medicine for his headache. My father says the medicine helps.
4. — I've not seen Nikolai for a long time. What's the matter with him?
   — He's not at work now. They say he caught cold, and is in bed.
5. — Your sister's been ill?
   — Yes, she had an operation and was in hospital for a month.
   — How is she now?
   — She is better, thanks. She is home again (*lit.* already). The doctor said she could go back to work in a week's time.
6. — What's the matter?
   — I've got a bad cold and a headache.
   — What's your temperature?
   — This morning I had a temperature of 37.7°C(99°F).
7. The doctor took the patient's temperature and examined him.
8. The doctor prescribed me some medicine. He said that I've got to take one tablet a day before dinner.
9. Vladimir has got a toothache but he's afraid of going to the dentist.
10. — Marya Ivanovna says she's lost her appetite (*lit.* complains of a bad appetite).
    — Has she? I haven't noticed.

XII. Прочита́йте расска́з и перескажи́те его́.

Оди́н молодо́й челове́к по́здно встава́л по утра́м и ча́сто опа́здывал на рабо́ту. Он обрати́лся к врачу́.

— На что жа́луетесь? — спроси́л ю́ношу врач.

— Ве́чером я не могу́ до́лго усну́ть, а у́тром сплю так кре́пко, что ча́сто опа́здываю на рабо́ту.

— Хорошо́, — сказа́л врач, — я дам вам лека́рство. Принима́йте его́ по одно́й табле́тке пе́ред сном.

Врач написа́л реце́пт на лека́рство, и ю́ноша побежа́л в апте́ку. Ве́чером ю́ноша при́нял его́ и лёг спать. Просну́вшись, он уви́дел, что ещё ра́но. Придя́ на рабо́ту, молодо́й челове́к сказа́л:

— Чуде́сное лека́рство! Я спал как уби́тый! И ви́дите, я пришёл на рабо́ту во́время.

— Поздравля́ем, — отве́тили ему́, — но где вы бы́ли вчера́?

14

Спорт, или идеальная семья

В семье Моро́зовых о́чень лю́бят спорт. Доста́точно сказа́ть, что Серге́й и Зо́я впервы́е встре́тились на те́ннисном ко́рте (1), когда́ они́ ещё учи́лись в институ́те. Это бы́ло оди́ннадцать лет наза́д. Сейча́с у них семья́, дво́е сынове́й, у ка́ждого своя́ рабо́та, но занима́ться спо́ртом они́ продолжа́ют.

Серге́й уже́ лет пятна́дцать игра́ет в волейбо́л (2). Кро́ме того́, он лю́бит пла́вание. Кру́глый год три ра́за в неде́лю он хо́дит в бассе́йн. Его́ люби́мый стиль — брасс.

Зо́я игра́ет в те́ннис. Когда́ она́ была́ студе́нткой, она́ получи́ла зва́ние ма́стера спо́рта по те́ннису (3).

Их ста́рший сын, девятиле́тний Игорь, хорошо́ пла́вает, хо́дит на лы́жах и ката́ется на конька́х. Но бо́льше всего́ он, коне́чно, лю́бит футбо́л. С утра́ до ве́чера он гото́в гоня́ть по двору́ мяч. Игорь зна́ет назва́ния всех футбо́льных кома́нд и смо́трит по телеви́зору все соревнова́ния по футбо́лу. Он боле́ет за кома́нду «Спарта́к» (4), ра́дуется, когда́ кома́нда выи́грывает, и расстра́ивается, когда́ она́ прои́грывает. Когда́ Игоря спра́шивают, кем он хо́чет стать, когда́ вы́растет, он отвеча́ет: «Капита́ном футбо́льной кома́нды».

Мла́дший сын Моро́зовых, Ви́тя, ещё не хо́дит в шко́лу, но уже́ занима́ется спо́ртом. Два ра́за в неде́лю де́душка во́дит его́ в шко́лу фигу́рного ката́ния. Пока́ де́душка чита́ет в газе́тах но́вости, Ви́тя вме́сте с други́ми дошко́льниками у́чится ката́ться на фигу́рных конька́х.

Он на́чал занима́ться неда́вно, но у́чится с больши́м интере́сом и уже́ мечта́ет стать чемпио́ном ми́ра по фигу́рному ката́нию. «Плох солда́т, кото́рый не мечта́ет стать генера́лом»,— подде́рживает его́ де́душка.

Де́душка Моро́зов — то́же большо́й люби́тель спо́рта. Он хоро́ший шахмати́ст. Его́ гла́вный проти́вник — Серге́й. Ве́чером они́ до́лго сидя́т за ша́хматной доско́й. Де́душка — стра́стный боле́льщик. Ле́том он не пропуска́ет соревнова́ний по футбо́лу, зимо́й — по хокке́ю. Так же, как и И́горь, он боле́ет за спарта́ковцев. Как люби́тель ша́хмат, он следи́т за все́ми соревнова́ниями, турни́рами и чемпиона́тами по ша́хматам.

Зо́я лю́бит повторя́ть слова́: «В здоро́вом те́ле здоро́вый дух».

Утром все чле́ны семьи́ де́лают заря́дку; зимо́й ка́ждое воскресе́нье все Моро́зовы хо́дят на лы́жах.

(1) Серге́й и Зо́я встре́ти-
лись на те́ннисном ко́р-
те.

Sergei and Zoya met on the
tennis-court.

The following nouns describe places where people play
games, etc.:

стадио́н	stadium
футбо́льное по́ле стадио́на	football field
волейбо́льная ⎫ баскетбо́льная ⎬ площа́дка	volley-ball ⎫ basket-ball ⎬ court
те́ннисный корт	tennis-court
гимнасти́ческий зал	gymnasium
(пла́вательный) бассе́йн	swimming-pool
като́к	skating-rink

(2) Серге́й игра́ет в волей-
бо́л.

Sergei plays volley-ball.

Игра́ть is used with the prepositions **на** and **в**.

1) It is used with **в** when speaking of games:

игра́ть *в* футбо́л
    — *в* волейбо́л
    — *в* те́ннис
    — *в* ша́хматы
    — *в* пинг-по́нг

2) It is used with **на** when speaking of musical instru-
ments:

игра́ть *на* роя́ле
— *на* скри́пке
— *на* гита́ре
— *на* трубе́

(3) зва́ние ма́стера спо́рта по те́ннису | the title of Master of Sports in tennis

After a) **турни́р, чемпиона́т, соревнова́ния, трениро́вка, матч**; b) **чемпио́н, чемпио́нка, ма́стер спо́рта, тре́нер, по** + *dative* is used.

Ивано́в—ма́стер спо́рта *по конька́м*. | Ivanov is a master of sports in skating.
Кто стал чемпио́ном ми́ра *по ша́хматам* в э́том году́? | Who is the chess champion this year?
Сего́дня начина́ются соревнова́ния *по гимна́стике*. | Today the gymnastics competitions begin.
(4) Он боле́ет за кома́нду «Спарта́к». | He supports the "Spartak" team.

Боле́ть *за кого́, за что* means 'to be a fan or supporter of a given team'. With this meaning it is only used in the imperfective.

За каку́ю кома́нду вы боле́ете? | What team do you support?

ДИАЛОГИ

I

— Apóśле́днее вре́мя я пло́хо себя́ чу́вствую, ча́сто боли́т голова́, я бы́стро устаю́.
— А вы де́лаете у́тром заря́дку?

— Нет, я несколько раз начинал делать, но потом бросал.

— Напрасно. Утренняя гимнастика очень помогает. Она укрепляет не только мышцы, но и нервную систему. Я уже двадцать лет ежедневно делаю зарядку. Чувствую себя прекрасно.

— Вы делаете гимнастику по радио (1)?

— Нет, я делаю более сложный комплекс упражнений, но вам надо начать с простых.

II

— Вы занимаетесь спортом?

— Да, занимаюсь.

— Какими видами?

— Зимой я хожу на лыжах, летом катаюсь на велосипеде и круглый год плаваю.

— И у вас на всё хватает времени?

— Не всегда. Ведь я учусь в институте. В бассейн я хожу два раза в неделю, по утрам. На лыжах катаюсь только по воскресеньям.

— Давно вы занимаетесь спортом?

— Давно, с детства.

III

— Сергей, здравствуй! Ты на стадион?

— Да, сегодня наши играют с датчанами.

— Ты был на прошлогоднем матче «СССР — Дания»?

— Да. Тогда соревнования кончились победой сборной команды СССР.

— А мне казалось, что выиграли датские футболисты.

— Нет, я помню точно, счёт был 2:0 (два — ноль).

— Говорят, сегодня играет сильный состав, игра должна быть интересной.

КОММЕНТАРИИ

(1) гимнастика по радио   morning exercises broadcast on the radio

ЗАПОМНИТЕ:

де́лать у́треннюю заря́дку — у́треннюю гимна́стику	to do one's morning exercises
выи́грывать / вы́играть ⎰ матч, встре́чу про́игрывать / проигра́ть ⎱ (со счё́том...)	to win ⎰ a match (with a to lose ⎱ score of...)
сыгра́ть вничью́	to draw
занима́ться спо́ртом	to go in for sport
Каки́м ви́дом спо́рта вы занима́етесь?	What kind of sport do you go in for?
Како́й счёт?	What is the score?
Как (с каки́м счё́том) ко́нчилась игра́?	What was the final score?
Игра́ ко́нчилась со счё́том...	The final score was...

УПРАЖНЕНИЯ

I. Отве́тьте на вопро́сы.

1. Вы давно́ занима́етесь спо́ртом?
2. Каки́м ви́дом спо́рта вы занима́етесь?
3. Вы игра́ете в футбо́л?
4. В како́й кома́нде вы игра́ете в футбо́л?
5. Вы лю́бите игра́ть в ша́хматы?
6. С кем вы обы́чно игра́ете в ша́хматы?
7. Кто ещё в ва́шей семье́ занима́ется спо́ртом?
8. Вы уме́ете пла́вать?
9. Каки́м сти́лем вы пла́ваете? (кроль, брасс)
10. Вы уме́ете ката́ться на конька́х?
11. Каки́е ви́ды спо́рта популя́рны в ва́шей стране́?
12. Како́й вид спо́рта са́мый популя́рный в ва́шей стране́?
13. Где прохо́дят соревнова́ния по футбо́лу, по гимна́стике, по пла́ванию?
14. Где прохо́дят трениро́вки по бо́ксу, по гимна́стике, по пла́ванию?
15. Вы боле́ете за каку́ю-нибудь кома́нду?
16. За каку́ю кома́нду вы боле́ете?

II. Слова́, стоя́щие спра́ва, поста́вьте в ну́жной фо́рме.

1. Ни́на всегда́ была́	хоро́шая спортсме́нка
2. Неда́вно она́ ста́ла	чемпио́нка го́рода по гимна́стике
3. Вы занима́етесь ... ?	спорт
4. Да, я занима́юсь	лы́жи и пла́вание
5. В ю́ности я увлека́лся	футбо́л и велосипе́д
6. Тепе́рь я увлека́юсь	велосипе́д и ша́хматы

136

III. Слова́, стоя́щие спра́ва, поста́вьте в ну́жной фо́рме с ну́жным предло́гом.

1. Смирно́в — ма́стер спо́рта	бокс
2. Кто чемпио́н ми́ра ... среди́ же́нщин?	те́ннис
3. Ива́н Ильи́ч — наш тре́нер	волейбо́л
4. Где прохо́дят ва́ши трениро́вки ... ?	гимна́стика
5. За́втра во Дворце́ спо́рта состоя́тся соревнова́ния	насто́льный те́ннис
6. Кто стал чемпио́ном ми́ра ... ?	ша́хматы
7. Я быва́ю на всех соревнова́ниях	гимна́стика, пла́вание и фигу́рное ката́ние

IV. Вме́сто то́чек вста́вьте глаго́лы «игра́ть», «сыгра́ть», «проигра́ть», «вы́играть».

Вчера́ я был на стадио́не, ... кома́нды «Дина́мо» и «Спарта́к». Дина́мовцы ... пло́хо и ... со счётом 1 : 3. «Спарта́к» опя́ть ... встре́чу. Я ду́маю, сейча́с э́то лу́чшая на́ша кома́нда. В э́том соревнова́нии она́ ... о́чень хорошо́: спарта́ковцы ... семь встреч, ... одну́ встре́чу и два ра́за ... вничью́.

V. Вме́сто то́чек вста́вьте глаго́лы, да́нные в ско́бках, в ну́жной фо́рме.

1. а) Вы уме́ете ... ? Каки́м сти́лем вы ... ? Я то́же ... кро́лем. б) Смотри́те, как краси́во они́ ... ! Кто ... пе́рвым? По-мо́ему, пе́рвым ... Кузнецо́в. в) — Вы хоти́те ... к тому́ бе́регу? — Нет, я бу́ду ... здесь. (плыть — пла́вать)

2. а) — Вы ... на лы́жах? — Нет, я никогда́ не ... на лы́жах, но я хочу́ научи́ться ... на лы́жах. б) — Вы ча́сто ... в бассе́йн? — Я ... в бассе́йн два ра́за в неде́лю. — Когда́ вы ... в сле́дующий раз? — Я ... за́втра. — Е́сли у вас есть вре́мя, ... вме́сте. в) — Куда́ вы ... ? — Мы ... на като́к. — А вы то́же ... на като́к? — Нет, я ... на като́к в суббо́ту. (ходи́ть — идти́ / пойти́)

3. а) — Куда́ вы ... ? — Я ... на вокза́л: опа́здываю на по́езд. б) — Кто ... пе́рвой? — Пе́рвой ... Пано́ва. Краси́во ..., пра́вда? Сего́дня она́ ... сто ме́тров, но она́ ... и на больши́е диста́нции. (бе́гать — бежа́ть)

VI. Слова́, стоя́щие спра́ва, поста́вьте в ну́жной фо́рме с ну́жным предло́гом.

игра́ть	пиани́но, волейбо́л, футбо́л, хокке́й, роя́ль, пинг-по́нг, скри́пка, ша́хматы, гита́ра, те́ннис, труба́
ката́ться	лы́жи, коньки́, ло́дка, велосипе́д

VII. Соедини́те предложе́ния, замени́в местоиме́ние она́ сою́зным сло́вом кото́рый в ну́жной фо́рме с ну́жным предло́гом.

Лео́нов игра́ет в кома́нде.	Она́ в про́шлом году́ е́здила в Болга́рию.
	В ней ра́ньше игра́л мой брат.
	В ней тре́нером был мой брат.
	Её сейча́с трениру́ет Бело́в.
	С ней неда́вно игра́ла на́ша кома́нда.
	О ней мно́го писа́ли в газе́те «Сове́тский спорт».

VIII. Замени́те прямую речь ко́свенной.

1. Тре́нер спроси́л меня́:

«Каки́м спо́ртом вы занима́лись ра́ньше?»
«Когда́ вы на́чали игра́ть в футбо́л?»
«В како́й кома́нде вы игра́ли ра́ньше?»

2. Я отве́тил ему́:

«Я занима́лся бо́ксом».
«Я на́чал игра́ть в футбо́л семь лет наза́д».
«Я игра́л в футбо́л и в хокке́й в кома́нде «Зени́т».

3. Я спроси́л ма́льчика:

«Ты лю́бишь спорт?»
«Ты занима́ешься спо́ртом?»
«Ты ката́ешься на лы́жах?»

4. Врач сказа́л Серге́ю:

«Занима́йтесь спо́ртом».
«Бро́сьте кури́ть».
«Де́лайте у́треннюю гимна́стику».

IX. Соста́вьте вопро́сы, на кото́рые отвеча́ли бы сле́дующие предложе́ния.

1. — ...... ?
— Да, я давно́ занима́юсь спо́ртом.
2. — ...... ?
— Я игра́ю в те́ннис.
3. — ...... ?
— Мой друг игра́ет в футбо́л.
4. — ...... ?
Он игра́ет в на́шей университе́тской кома́нде.
5. — ...... ?
— Да, я был на вчера́шнем ма́тче.
6. — ...... ?
— Вы́играла кома́нда «Спарта́к».
7. — ...... ?
— Игра́ ко́нчилась со счётом 3 : 1.

X. Соста́вьте расска́з, испо́льзуя сле́дующие слова́ и выраже́ния:

занима́ться спо́ртом, де́лать у́треннюю гимна́стику, увлека́ться футбо́лом (велосипе́дом), боле́ть за кома́нду, вы́играть (проигра́ть) со счётом, футбо́льный матч, уме́ть ката́ться на конька́х, смотре́ть соревнова́ния по телеви́зору.

XI. Переведи́те на ру́сский язы́к.

1. My brother has been keen on sport ever since childhood. He goes skiing and skating. He likes swimming best of all. He goes to the swimming-pool all the year round. I like swimming too. Sometimes I go to the pool with him.
2. Nina is good at tennis. She won the competition last year and became national tennis champion.
3. — Do you go in for sport?
— No, I don't now. When I was young I used to play football and volley-ball.
4. — Do you go in for gymnastics?
— Yes, I do. I'm very keen on (*lit.* like) gymnastics. I think this is the best kind of sport (there is).

138

5. — Do your children do physical exercises in the morning?
   — Yes, they do. Every morning.
   — And do you?
   — No, I gave it up long ago.
6. — Do you often go to the skating-rink?
   — No, not often, once a week, sometimes twice a week.
7. I went to the stadium yesterday. *Dynamo* and *Arsenal* were playing. It was a very interesting match. The final score was 1 : 0. The English team won.
8. I see you support *Dynamo*. I do too.
9. — Do you like playing football?
   — No, I don't. But I enjoy watching football on TV.

15

В театре

Сего́дня мы идём в Большо́й теа́тр на «Евге́ния Оне́гина» (1). Как всегда́, я немно́го волну́юсь, хотя́ мы ча́сто быва́ем в теа́тре.

Пе́ред теа́тром, как обы́чно, больша́я толпа́.

— У вас нет ли́шнего биле́та?—спра́шивают нас со всех сторо́н.

Мы вхо́дим в теа́тр, раздева́емся в гардеро́бе и прохо́дим в зал. На́ши места́ в парте́ре, в тре́тьем ряду́. Мы сади́мся и смо́трим програ́мму. Па́ртию Татья́ны сего́дня исполня́ет Со́фья Петро́ва, молода́я, о́чень тала́нтливая певи́ца. Евге́ния Оне́гина поёт Михаи́л Ле́бедев. Неда́вно мы слы́шали его́ (2) в «Пи́ковой да́ме».

Постепе́нно собира́ется пу́блика. В орке́стре настра́ивают инструме́нты. Звени́т после́дний звоно́к, в за́ле га́снет свет и наступа́ет тишина́.

Звучи́т увертю́ра. Поднима́ется за́навес, и в за́ле сра́зу же раздаю́тся гро́мкие аплодисме́нты, хотя́ на сце́не никого́ нет: э́то зри́тели оцени́ли прекра́сные декора́ции, кото́рые перено́сят нас в сад ста́рой ру́сской уса́дьбы.

Сюда́, в семью́ провинциа́льной поме́щицы, приво́зит Ле́нский своего́ сосе́да и дру́га, го́стя из Петербу́рга Евге́ния Оне́гина. Здесь впервы́е Оне́гин встреча́ет Татья́ну. Любо́вь провинциа́льной де́вушки не волну́ет, не тро́гает его́. Татья́на страда́ет, ви́дя хо́лодность Оне́гина...

Во вре́мя антра́кта мы выхо́дим в фойе́. Здесь на стена́х вися́т портре́ты компози́торов, дирижёров, арти́стов. В одно́м из за́лов фойе́ больша́я фотовы́ставка расска́зывает об исто́рии теа́тра, о его́ наибо́лее интере́сных постано́вках.

Сце́на прохо́дит за сце́ной. С волне́нием следя́т зри́тели за де́йствием. Бал у Ла́риных, ссо́ра Оне́гина с Ле́нским, дуэ́ль и ги́бель молодо́го поэ́та...

Вот и после́дняя сце́на — после́дняя встре́ча Оне́гина с Татья́ной.

«Сча́стье бы́ло так возмо́жно, так бли́зко...», — поёт Оне́гин.

Конча́ется спекта́кль. Зри́те- ли до́лго аплоди́руют и не́сколь- ко раз вызыва́ют арти́стов на сце́ну.

Мы выхо́дим из теа́тра и ос- тана́вливаемся у афи́ши. Что идёт в Большо́м теа́тре в сле́ду- ющую суббо́ту? Бале́т Про- ко́фьева «Роме́о и Джулье́тта». И хотя́ мы с Па́влом не раз ви́- дели э́тот бале́т, мы реша́ем по- смотре́ть его́ ещё раз — ещё раз послу́шать волну́ющую му́зыку Проко́фьева, посмотре́ть пре- кра́сно поста́вленные та́нцы, по- любова́ться замеча́тельным ис- ку́сством мастеро́в ру́сского ба- ле́та.

КОММЕНТАРИИ

(1) Мы идём на «Евге́ния Оне́гина».	We are going to see "Euge- ne Onegin".
(2) Мы слы́шали его́...	We heard him...

Distinguish between **слы́шать** and **слу́шать**.

Я сижу́ и *слу́шаю* ра́дио.	I am sitting and listening to the radio.
Я сижу́ и *слы́шу* шум ма- ши́н на у́лице.	I am sitting down and can hear the noise of the traf- fic in the street.
Вы *слы́шали* э́ту но́вость?	Have you heard the news?
Вы *слы́шали* э́того певца́?	Have you heard this singer?
Мы внима́тельно *слу́шали* его́ расска́з.	We listened to his story at- tentively.

There is a similar distinction between **ви́деть** and **смот- ре́ть**. **Слы́шать** and **ви́деть** denote:

a) the ability to hear and to see;
b) a statement of fact.

Слу́шать and **смотре́ть** denote a purposive act. Speaking of films and plays you can say either **ви́дел** or **смотре́л**.

ДИАЛОГИ

I

— Ни́на, ты свобо́дна ве́чером в э́ту пя́тницу?

— Да, свобо́дна.

— Ты не хо́чешь пойти́ в Ма́лый теа́тр на спекта́кль «Гроза́»?

— У тебя́ уже́ есть биле́ты?

— Нет, но я заказа́л два биле́та ещё неде́лю наза́д.

— А что э́то за вещь (1)? Ты что́-нибудь слы́шал о ней?

— Это пье́са Остро́вского. Я слы́шал ра́зные мне́ния о спекта́кле — одни́ хва́лят, други́е руга́ют.

— Ну, что же, я пойду́.

— Тогда́ я зайду́ за тобо́й в пя́тницу без че́тверти шесть. Хорошо́?

— Хорошо́.

II

— Что сто́ит посмотре́ть сейча́с в теа́трах Москвы́ (2)?

— А что вас интересу́ет — о́пера, бале́т, дра́ма, опере́тта?

— Я люблю́ бале́т, но пре́жде всего́ мне хоте́лось бы посмотре́ть что́-нибудь в драмати́ческом теа́тре.

— Сейча́с в Москве́ есть что посмотре́ть (3). Очень интере́сно поста́влена «Меде́я» в теа́тре и́мени Маяко́вского. В теа́тре и́мени Вахта́нгова сове́тую посмотре́ть «Ирку́тскую исто́рию» Арбу́зова. В э́том спекта́кле всё хорошо́: и сама́ пье́са, и постано́вка, и игра́ арти́стов.

— Скажи́те, пожа́луйста, а ку́кольный теа́тр Образцо́ва сейча́с в Москве́?

— Да, неда́вно теа́тр верну́лся с гастро́лей. Посмотри́те у них «Необыкнове́нный конце́рт». Вы полу́чите огро́мное удово́льствие.

— А биле́ты доста́ть тру́дно (4)?

— Вообще́ москвичи́ — больши́е люби́тели теа́тра, но ле́том, в конце́ сезо́на, я ду́маю, мо́жно купи́ть биле́ты на любу́ю вещь, попа́сть в любо́й теа́тр (5).

142

III

— У вас есть биле́ты на «Бори́са Годуно́ва»?

— Есть два биле́та.

— На како́й день?

— На воскресе́нье, на у́тро.

— Нет, э́то не подойдёт. А что идёт в Большо́м в воскресе́нье ве́чером?

— Бале́т «Лебеди́ное о́зеро».

— Биле́ты есть?

— Сейча́с посмотрю́. Да, есть два биле́та, но не в парте́р, а в бельэта́ж. Это неплохи́е места́: пе́рвый ряд, середи́на. Возьмёте?

— Да, возьму́.

IV

— Скажи́те, где здесь ближа́йший кинотеа́тр?

— Здесь два кинотеа́тра: «Худо́жественный» и «Нау́ка и зна́ние».

— Вы не зна́ете, что идёт там сего́дня?

— В «Нау́ке и зна́нии» обы́чно иду́т документа́льные и нау́чно-популя́рные кинофи́льмы.

— А что идёт в «Худо́жественном»?

— Не зна́ю. Посмотри́те в афи́ше. Она́ ря́дом с ва́ми.

— Здесь напи́сано, что там иду́т два фи́льма: «Мо-

сква — любо́вь моя́» (пе́рвая и втора́я се́рия) и «Серёжа». Как э́то поня́ть?

— Это зна́чит, что у́тром идёт оди́н фильм, а ве́че-
ром — друго́й. А иногда́ фи́льмы иду́т че́рез сеа́нс.

— Да, да, пра́вильно, здесь ука́зано, что в 15 и 17 ча-
со́в идёт «Серёжа», а в 12 и в 19 — «Москва́ — любо́вь
моя́». Пожа́луй, сейча́с я зайду́ в ка́ссу и возьму́ биле́ты
на после́дний сеа́нс.

КОММЕНТАРИИ

(1) А что э́то за вещь?	What kind of a play (*lit.* thing) is it?
Что э́то за кни́га?	What kind of a book is it?
Что он за челове́к?	What kind of a person is he?
(2) Что сто́ит посмотре́ть в теа́трах Москвы́?	What is worth seeing in the Moscow theatres?

Сто́ить meaning 'to be worth' only has the following
forms:

сто́ит — не сто́ит (present)
сто́ило — не сто́ило (past)

After **сто́ить** the infinitive (perfective or imperfective)
is used; after a negative verb — **не сто́ит, не сто́ило** —
the imperfective infinitive is used.

Сравни́те:

Сто́ит *посмотре́ть* э́тот фильм.	Не сто́ит *смотре́ть* э́тот фильм.
This film is worth seeing.	This film is not worth seeing.
Сто́ило *купи́ть* э́ту вещь.	Не сто́ило *покупа́ть* э́ту вещь.
This thing was worth buying.	This thing was not worth buying.
(3) Есть что посмотре́ть.	There is something worth seeing.

The antonymous construction is **не́чего смотре́ть, не́куда**
..., **не́где** ..., **не́ о ком** ..., **не́зачем** ..., etc.

Сравни́те:

Не́чего смотре́ть.	*Есть что* смотре́ть.
There is nothing to see.	There is something worth seeing.

Не́куда пойти́.
There is nowhere to go.

Есть куда́ пойти́.
There is a place worth going to.

Не́где посиде́ть споко́йно.
There is no place where you can sit in peace.

Есть где посиде́ть споко́йно.
There is a place where you can sit in peace.

Не́ о чем говори́ть.
There is nothing to speak about.

Есть о чём говори́ть.
There is something to speak about.

(4) А биле́ты доста́ть тру́дно?
And is it difficult to get tickets?

доставáть / достáть + *acc.* (*что?*) to get something
Купи́ть биле́ты (кни́гу) is a simple operation that presents no difficulty, while **доста́ть биле́ты (кни́гу)** means to obtain them with some difficulty.

Где вы доста́ли э́ту кни́гу? (Это о́чень ре́дкая кни́га.)
Where did you get this book? (This is a very rare book.)

Я ду́маю, мы не доста́нем биле́тов — сего́дня премье́ра.
I don't think we'll manage to get tickets as it's the premiére tonight.

(5) Мо́жно попа́сть в любо́й теа́тр.
You can get into any theatre.

попа́сть в теа́тр (на конце́рт)
to get into the theatre (concert) (in spite of difficulties in getting tickets)

Как ты попа́л на э́тот спекта́кль, ведь все биле́ты бы́ли давно́ про́даны?
How did you manage to get to this show when all the tickets were sold out a long time ago?

Я хочу́ пойти́ в Большо́й теа́тр, но говоря́т, туда́ тру́дно попа́сть (тру́дно доста́ть биле́ты).
I want to go to the Bolshoi Theatre but they say it is hard to get in (to get tickets).

Compare one more meaning of **попа́сть** on p. 92.

ЗАПОМНИТЕ:

Вы ви́дели э́тот фильм, э́ту пье́су?
Have you seen this film, this play?

Вы слу́шали э́ту о́перу?
Have you heard this opera?

Что идёт сегодня в Большом театре?	What's on at the Bolshoi Theatre today?
В каком театре идёт эта пьеса?	Where (in what theatre) is this play being shown?
Кто играет (роль) Гамлета?	Who plays Hamlet?
Что это за вещь (пьеса, опера)?	What kind of a play (an opera) is it?
Эту вещь стоит посмотреть.	It's worth seeing.
Не стоит смотреть эту вещь.	It's not worth seeing.
Где достать билеты на «Чайку»?	Where can I get tickets for *The Seagull*?
У вас есть билеты на «Жизель»?	Have you any tickets for *Giselle*?
Где наши места?	Where are our seats?
Дайте, пожалуйста, программу.	Can I have a programme, please.
Как вам понравился этот балет?	How did you like this ballet?
У вас нет лишнего билета?	Have you an extra ticket? (Have you got a spare ticket?)

УПРАЖНЕНИЯ

I. Ответьте на вопросы.

А. 1. Вы любите театр?
2. Вы любите ходить в театр?
3. Вы часто ходите в театр?
4. Вы часто бываете в театре?
5. Что вы любите больше — оперу, балет или драму?
6. Какая ваша любимая опера?
7. Какая ваша любимая пьеса?
8. Какие пьесы вам больше нравятся — классические или современные?
9. Какие театры есть в вашем городе?
10. Что интересного идёт в театрах вашего города в этом сезоне?
11. Что стоит посмотреть в ваших театрах?
12. Что идёт сегодня в оперном театре?
13. Какие театры были на гастролях в вашем городе в этом году?
14. Где вы предпочитаете сидеть в театре?
15. Кто ваш любимый оперный певец?
16. Вы видели русский балет?
Б. 17. Вы часто бываете в кино?
18. Что вы предпочитаете — смотреть фильмы по телевизору или в кинотеатре?

146

19. Какой фильм нравится вам больше всего?
20. Кто ваш любимый киноартист?
21. Кто ваша любимая киноактриса?

II. Поставьте глаголы в настоящем времени.

1. Петров хорошо пел. 2. Эту пьесу критиковали в печати. 3. В этом театре шла «Анна Каренина». 4. Зрители долго аплодировали. 5. Во всех кассах продавали билеты на эту пьесу. 6. Обычно я брал два билета в театр.

III. Закончите предложения. Слова, стоящие справа, употребите в нужном падеже и с нужным предлогом.

1. Сегодня мы идём	театр, балет «Золушка»
2. Вы были вчера ... ?	консерватория, концерт
3. Наши места	партер, пятый ряд
4. Где можно купить билеты ... ?	Большой театр, опера «Борис Годунов».
5. У вас есть билеты ... ?	воскресенье, вечер

IV. Вставьте глаголы с частицей «-ся» или без неё.

1. Эта опера ... сегодня впервые. Кто ... роль Бориса? Оркестр ... увертюру. (исполнять — исполняться) 2. Когда артист ... свою арию, в зале раздались аплодисменты. Спектакль ... в десять часов. (кончить — кончиться) 3. Во время антракта мы ... со своими друзьями. Я ... её сегодня на концерте. (встретить — встретиться) 4. Мы не могли пойти в театр и ... билеты в кассу. Мы ... из театра поздно. (вернуть — вернуться)

V. Дайте отрицательные ответы на следующие вопросы.

Образец: — У вас есть лишний билет? — Нет, у меня нет лишнего билета.

1. У вас есть новый учебник?
2. У вас есть старший брат?
3. У вас есть сегодняшняя газета?
4. У него есть англо-русский словарь?
5. У вас есть книги этого писателя?
6. У ваших соседей есть дети?
7. В вашем городе есть оперный театр?
8. В этом театре есть хорошие певцы?
9. В гостинице есть свободные номера?

VI. Вместо точек вставьте нужный глагол.

А. слышать — слушать

1. Вчера мы ... оперу «Иван Сусанин». 2. Вы ... новость? 3. Каждое утро я ... радио. 4. Надо внимательно ... профессора. 5. Надо говорить громче — он плохо ... 6. Я ничего не ... об этом и ничего не знаю.

В. видеть / увидеть — смотреть / посмотреть

1. — Вы ... нового преподавателя? — Нет, я не ... его. 2. Я услышал шум и ... в окно, но на улице никого не было. 3. Он носит очки, так как с детства плохо ... . 4. Вчера на факультете я ... знакомое лицо. Я долго ... на этого человека, но так и не вспомнил,

где я его .... 5. Вчера́ мы ходи́ли ... но́вый фильм. 6. Вы уже́
... э́тот фильм?

VII. Соедини́те предложе́ния сою́зом «хотя́».

1. Пье́са нам не понра́вилась. Я люблю́ э́того а́втора. 2. Ар-
ти́ст Ермако́в игра́ет о́чень хорошо́. Он неда́вно пришёл на сце́ну.
3. Конце́рт ко́нчился по́здно. Мы реши́ли идти́ домо́й пешко́м. 4. Я
реши́л посмотре́ть «Меде́ю». (Я) ви́дел её ра́ньше. 5. Я не по́мню
э́тот рома́н. (Я) чита́л его́ неда́вно. 6. Мой това́рищ пло́хо говори́т
по-ру́сски. Он изуча́ет ру́сский язы́к уже́ не́сколько лет. 7. Мой
това́рищ изуча́ет ру́сский язы́к всего́ не́сколько ме́сяцев. Он не-
пло́хо говори́т по-ру́сски.

VIII. Соста́вьте вопро́сы, на кото́рые отвеча́ли бы сле́дующие предло-
же́ния.

1. — ...... ?
   — Нет, мы хо́дим в теа́тр не о́чень ча́сто.
2. — ...... ?
   — Вчера́ мы бы́ли в Большо́м теа́тре.
3. — ...... ?
   — Мы смотре́ли «Лебеди́ное о́зеро».
4. — ...... ?
   — Да, о́чень понра́вился.
5. — ...... ?
   — Спекта́кль начина́ется в семь часо́в.
6. — ...... ?
   — Нет, не опозда́ем.
7. — ...... ?
   — На́ши места́ в пя́том ряду́.

IX. Переведи́те на ру́сский язы́к.

1. When I was in Moscow I saw *Swan Lake* at the Bolshoi Theatre.
2. I like ballet best of all. I've seen all the ballets at the Bolshoi
   Theatre.
3. We'd wanted to see this play, but could not get tickets.
4. — What's on at the Art Theatre today?
   — Chekhov's *Three Sisters.*
   — I saw that play last year.
5. — When is the opening night of Tolstoy's play *The Living Corpse*?
   — On the twentieth of March.
   — They say it's hard to get tickets for this play.
   — Yes, that's true.
6. Anya, are you free on Saturday? I want to ask (*lit.* invite) you
   (to come) to the ballet *The Sleeping Beauty* at the Bolshoi Theatre.
7. — Have you got any tickets for *The Seagull*?
   — I've got tickets for the evening performance on the seventh
   of January.
   — Give me two tickets, please.
8. — Have you any spare tickets?
   — Yes, I've got one.
   — I need two.
9. — Where are our seats?
   — In the stalls, sixth row.
   — Where are Lida and Victor's seats? (*lit.* Lida and Victor sitting?)
   — In Box No. 3.

10. — When do performances begin in Moscow theatres?
    — Matinées at 12 and evening performances at 7.

X. Расскажи́те об одно́м из спекта́клей, кото́рый вы ви́дели в после́днее вре́мя.

XI. Соста́вьте диало́ги
   а) ме́жду челове́ком, жела́ющим пойти́ в теа́тр, и касси́ром.
   б) ме́жду двумя́ люби́телями теа́тра.

XII. Прочита́йте и перескажи́те.

ВЕСЁЛАЯ ПЬЕСА

Верну́вшись домо́й, ма́льчик рассказа́л отцу́, что у них в шко́ле был о́чень интере́сный спекта́кль. Все ро́ли исполня́ли са́ми шко́льники. На спекта́кле бы́ло мно́го роди́телей.

— Пье́са им о́чень понра́вилась,— сказа́л ма́льчик,— хотя́, я ду́маю, они́ ви́дели её ра́ньше.

— Почему́ ты ду́маешь, что спекта́кль им понра́вился?

— Ты бы ви́дел, как они́ смея́лись,— с го́рдостью отве́тил сын.

— А кака́я была́ пье́са? — спроси́л оте́ц.

— «Га́млет»,— отве́тил сын.

XIII. Прочита́йте расска́з.

СМОТРЕ́ТЬ И ВИ́ДЕТЬ

Иностра́нцы, изуча́ющие ру́сский язы́к, не всегда́ понима́ют ра́зницу ме́жду глаго́лами «смотре́ть» и «ви́деть». И вот одна́жды преподава́тель ру́сского языка́ рассказа́л свои́м студе́нтам таку́ю исто́рию.

Вчера́ ве́чером мы с до́чкой возвраща́лись из госте́й. Мы стоя́ли на остано́вке и жда́ли авто́буса.

— Посмотри́, посмотри́,— сказа́ла до́чка и показа́ла на фона́рь на противополо́жной стороне́ у́лицы. Я посмотре́л и ничего́ осо́бенного не уви́дел, дом, ми́мо кото́рого я проходи́л мно́го раз, де́рево... Я пожа́л плеча́ми.

— Да посмотри́ же! — говори́ла до́чка. Я посмотре́л и уви́дел. За день на де́реве распусти́лись листо́чки. Фона́рь, кото́рый стоя́л ря́дом с де́ревом, освети́л совсе́м молоду́ю листву́, и де́рево свети́лось тепе́рь среди́ ночно́й темноты́ зелёным све́том. Мы смотре́ли на э́то все, а уви́дела то́лько она́. Вы по́няли тепе́рь, чем отлича́ются глаго́лы «смотре́ть» и «ви́деть»?

— Я по́нял,— сказа́л оди́н из студе́нтов,— «Смо́трят» взро́слые, а «ви́дят» де́ти.

— А я ду́маю, что «ви́деть» — э́то зна́чит «удивля́ться»,— сказа́л друго́й.

— А по-мо́ему, ви́деть — это зна́чит «смотре́ть» и «замеча́ть»,— сказа́л тре́тий.

Так постепе́нно студе́нты подошли́ к понима́нию ра́зницы в значе́нии э́тих слов.

возвраща́ться из госте́й *colloq.*	to return from a visit
Я пожа́л плеча́ми.	I shrugged my shoulders.
распусти́лись	opened

16

Летний отдых

Скоро лето. Вы уже решили, где вы будете отдыхать (1)? Поедете на юг или всё лето будете жить на даче? Ещё не решили?

А мы думаем провести свой отпуск (2) в Прибалтике. В прошлом году там отдыхали мои родители. Зимой отец перенёс тяжёлую болезнь, и врачи советовали ему отдохнуть в санатории. Санаторий им очень понравился. Он расположен на самом берегу Балтийского моря, в большом сосновом парке. Родители так много рассказывали о Прибалтике, что и нам захотелось побывать там. Захотелось полежать на прекрасных пляжах, подышать здоровым сосновым воздухом, посмотреть старинные литовские города. Мы поедем туда на своей

маши́не, бу́дем остана́вливаться в пансиона́тах и жить по не́сколько дней в одно́м ме́сте. В тако́е путеше́ствие на маши́не мы отправля́емся впервы́е. До сих пор ка́ждое ле́то мы проводи́ли в туристи́ческих похо́дах. Мы бы́ли на Алта́е, на Кавка́зе, в Карпа́тах, в Крыму́. После́днее ле́то мы провели́ на Кавка́зе, в путеше́ствии по Вое́нно-Грузи́нской доро́ге. Мы броди́ли по гора́м, поднима́лись на ледники́, любова́лись сне́жными верши́нами, го́рными ре́ками и озёрами. Вечера́ми мы сиде́ли у костра́, пе́ли тури́стские пе́сни. Иногда́ ходи́ли в ла́герь альпини́стов потанцева́ть, посмотре́ть фильм. Пото́м мы спусти́лись с гор, вы́шли на побере́жье Чёрного мо́ря и две неде́ли жи́ли в ма́леньком куро́ртном городке́ Но́вом Афо́не. Там с утра́ до ве́чера мы бы́ли на мо́ре — купа́лись, ката́лись на ло́дке, загора́ли на пля́же, игра́ли в волейбо́л. И о́чень скуча́ли без гор, пала́ток и рюкзако́в... Мы хорошо́ отдохну́ли тем ле́том — попра́вились, загоре́ли, набрали́сь сил на це́лый год.

Я ду́маю, что в бу́дущем году́ мы опя́ть пое́дем на Кавка́з и́ли в Крым.

На́ши роди́тели собира́ются отдыха́ть э́тим ле́том на Во́лге. Они́ уже́ заказа́ли биле́ты на теплохо́д, кото́рый идёт по маршру́ту Москва́ — Астрахань — Москва́. Им хо́чется навести́ть те места́, где роди́лся и провёл своё де́тство мой оте́ц. Теплохо́д идёт от Москвы́ до Астрахани де́сять су́ток. Он остана́вливается во всех кру́пных во́лжских города́х — в Го́рьком, в Каза́ни, в Улья́новске, в Волгогра́де — и стои́т там не́сколько часо́в, пока́ пассажи́ры осма́тривают го́род. Говоря́т, что така́я пое́здка на теплохо́де — исключи́тельно интере́сный, прия́тный и поле́зный о́тдых.

КОММЕНТАРИИ

(1) Где вы бу́дете отдыха́ть? — Where will you spend your holidays?

'To be on holiday' is the second meaning of the verb **отдыха́ть.** The main meaning is 'to rest, to have a rest'.

По́сле обе́да мы *отдыха́ем.* — After dinner we have a rest.
Отдохни́ немно́го — у тебя́ уста́лый вид. — You have to rest a little — you look tired.

(2) Мы ду́маем провести́ свой о́тпуск... — We intend to spend our holidays...

проводи́ть / провести́ о́т- пуск	to spend one's holidays
быть в о́тпуске	to be on leave, on holiday
идти́ в о́тпуск	to go on leave

Кани́кулы indicates holidays (vacation) for students and schoolchildren. Holidays of working people are expressed by **о́тпуск.**

ДИАЛОГИ

I

— Где вы ду́маете отдыха́ть в э́том году́?

— Я реши́л провести́ свой о́тпуск на ю́ге, в Ялте. Я купи́л путёвку в дом о́тдыха. Бу́ду купа́ться, загора́ть, броди́ть по гора́м.

— Вы е́дете туда́ впервы́е? Я не́сколько раз быва́л в Ялте (1). Это чуде́сный куро́ртный го́род. В како́м ме́сяце вы пое́дете туда́?

— Я бу́ду там с середи́ны ию́ля до конца́ а́вгуста.

— Прекра́сный сезо́н! Обы́чно в Крыму́ в э́то вре́мя стои́т хоро́шая пого́да, мо́ре споко́йное. И о́чень мно́го фру́ктов. Вы хорошо́ отдохнёте там.

II

— Тебя́ совсе́м не ви́дно. Где ты пропада́ешь?

— Мы бы́ли на Кавка́зе. Мы прое́хали на маши́не

152

по маршру́ту Москва́ — Тбили́си — Со́чи — Москва́. Путе-
ше́ствие бы́ло о́чень интере́сным.

— А ско́лько дней продолжа́лась ва́ша пое́здка?

— Ме́сяц. Неде́лю мы бы́ли в гора́х, неде́лю в пути́
и две неде́ли жи́ли на берегу́ Чёрного мо́ря, недалеко́
от Со́чи. А ты уже́ отдыха́л?

— Нет ещё. Мы с дру́гом че́рез два дня уезжа́ем
в Карпа́ты.

— В дом о́тдыха?

— Нет, в тури́стический похо́д. Снача́ла немно́го
побро́дим по леса́м и гора́м, а пото́м побыва́ем во
Льво́ве и Ужгороде.

— Ну, что ж, счастли́вого пути́!

III

— Здра́вствуй, Игорь! Говоря́т, ты собира́ешься идти́
в о́тпуск? (2) Почему́ ты реши́л отдыха́ть зимо́й?

— Я пое́ду на две неде́ли на спорти́вную ба́зу. Хочу́
походи́ть на лы́жах.

— А пото́м всё ле́то бу́дешь рабо́тать?

— Нет, зимо́й я испо́льзую то́лько полови́ну своего́
о́тпуска — две неде́ли. А други́е две неде́ли бу́ду отды-
ха́ть ле́том — пое́ду к роди́телям на Во́лгу.

IV

— Где вы бу́дете отдыха́ть в э́том году́?

— В до́ме о́тдыха в Со́чи.

— Вы пое́дете оди́н и́ли с жено́й?

— С жено́й.

— Это, наве́рное, сто́ит до́рого?

— Нет, мы пла́тим то́лько три́дцать проце́нтов сто́и-
мости путёвок, остально́е опла́чивает профсою́з.

— Путёвки на две неде́ли?

— Нет, на два́дцать четы́ре дня.

V

— Куда́ вы отправля́ете ле́том ва́ших дете́й?

— На ме́сяц в пионе́рский ла́герь и на ме́сяц к мои́м
роди́телям в дере́вню. А где прово́дит кани́кулы ваш
сын?

— Обы́чно ле́том он живёт у ба́бушки на да́че,
недалеко́ от Москвы́. Но в э́том году́ он хо́чет пое́хать
в ла́герь.

— Ну, и что же?

— Коне́чно, мы отпра́вим его́ в ла́герь. Он уже́ большо́й ма́льчик, и ему́ интере́сно быть с други́ми детьми́.

КОММЕНТАРИИ

(1) Я не́сколько раз быва́л в Ялте.	I've been to Yalta several times.

Быва́ть is a frequentative form of **быть** 'to be, to visit', etc.

Мы ча́сто *быва́ли* в э́той семье́.	We often visited this family.
Он *быва́л* у нас.	He used to visit (to come to see) us.
(2) Ты собира́ешься идти́ в о́тпуск?	Are you going on holiday?

Собира́ться + *infinitive* means 'to be going to, to be about to'.

Он *собира́ется поступа́ть* в университе́т.	He is about to begin (to enter) University.
Я *собира́юсь написа́ть* об э́том статьёй.	I am about to write an article about this.

УПРАЖНЕНИЯ

I. Отве́тьте на вопро́сы.

1. Когда́ вы обы́чно отдыха́ете — ле́том и́ли зимо́й?
2. Где вы обы́чно проводите свой о́тпуск?
3. Где вы отдыха́ли в про́шлом году́?
4. Вы отдыха́ете оди́н и́ли с семьёй?
5. Вы лю́бите туристи́ческие похо́ды?
6. Что вы предпочита́ете — отдыха́ть на одно́м ме́сте и́ли путеше́ствовать?
7. Когда́ вы собира́етесь пойти́ в о́тпуск в э́том году́?
8. У вас большо́й о́тпуск?
9. Где вы ду́маете отдыха́ть в э́том году́?
10. Где прово́дят ле́то ва́ши де́ти?

II. Отве́тьте на вопро́сы, поста́вив слова́, стоя́щие спра́ва, в ну́жной фо́рме с ну́жным предло́гом.

1. Куда́ вы е́здили ле́том?	на́ши роди́тели, Приба́лтика
2. Где отдыха́ют ва́ши де́ти?	пионе́рский ла́герь, бе́рег Чёрного мо́ря
3. С кем вы бы́ли в про́шлом году́ на Кавка́зе?	мои́ колле́ги, мои́ друзья́

154

4. Кому́ вы расска́зывали о пое́здке в Крым?	все мои́ друзья́ и знако́мые
5. Где отдыха́ла в э́том году́ ва́ша семья́?	ма́ленький куро́ртный городо́к Но́вый Афо́н
6. Куда́ вы хоти́те пое́хать в бу́дущем году́?	Во́лга и́ли Украи́на

III. Зако́нчите предложе́ния, вста́вив предло́г там, где э́то необходи́мо.

1. Мы пое́дем в санато́рий .... Мы бу́дем жить в санато́рии	ме́сяц
2. Зо́я отпра́вила дете́й в дере́вню .... Де́ти бу́дут жить в дере́вне	всё ле́то
3. Мы про́жили на ю́ге .... Мы е́здили на юг	два ме́сяца
4. Я взял кни́гу .... Я чита́л кни́гу	три дня
5. Мой друг уе́хал в Ки́ев .... Мой друг был в Ки́еве	неде́ля
6. Э́тот студе́нт бу́дет учи́ться в университе́те .... Э́тот студе́нт прие́хал в университе́т	три го́да

IV. Вме́сто то́чек вста́вьте глаго́лы, подходя́щие по смы́слу.

1. Де́ти лю́бят ... в мо́ре. 2. Мы ... всё ле́то на Чёрном мо́ре. 3. В э́том году́ мы ... провести́ о́тпуск на Во́лге. 4. Вы лю́бите ... на ло́дке? 5. Он хорошо́ ... и стал совсе́м чёрным. 6. Где вы обы́чно ... свой о́тпуск?

(проводи́ть, провести́, купа́ться, загора́ть, собира́ться, ката́ться)

V. Замени́те прямую́ речь ко́свенной.

1. Па́вел спроси́л меня́: «Где вы бу́дете отдыха́ть ле́том?» 2. Я отве́тил: «Мы собира́емся пое́хать в Крым». 3. Па́вел сказа́л: «Мы то́же пое́дем на юг». 4. «В како́м ме́сте вы бу́дете отдыха́ть?» — спроси́л я. 5. «Мы хоти́м пое́хать в Со́чи», — отве́тил он. 6. «Мы бу́дем жить недалеко́ от вас», — сказа́л я.

VI. Вме́сто то́чек вста́вьте глаго́л ну́жного ви́да.

1. Мы до́лго ..., куда́ мы пое́дем ле́том. Мы ... пое́хать в э́том году́ в Болга́рию. (реша́ть — реши́ть) 2. Две неде́ли мы ... в дере́вне. Мы хорошо́ ... и верну́лись в го́род с но́выми си́лами. (отдыха́ть — отдохну́ть) 3. В санато́рии я ... не́сколько пи́сем из до́ма. Раз в неде́лю мы ходи́ли на по́чту и ... там пи́сьма. (получа́ть — получи́ть) 4. У́тром мы ... и пошли́ за́втракать. У́тром мы ... и шли за́втракать. (купа́ться — искупа́ться) 5. Я уже́ ... ве́щи и ... их в чемода́н. Когда́ я ... ве́щи и ... их в чемода́н, вошла́ ма́ма и спроси́ла меня́: «Ты всё ещё не гото́в?» (собира́ть — собра́ть, скла́дывать — сложи́ть) 6. Вчера́ мы бы́ли на вокза́ле — ... друзе́й в Крым. Вчера́ мы ... на́ших друзе́й в Крым. Че́рез неде́лю и мы пое́дем туда́. (провожа́ть — проводи́ть) 7. Когда́ тури́сты ... на верши́ну горы́, им пришло́сь не́сколько раз остана́вливаться для о́тды-

ха. Когда́ тури́сты ... на верши́ну горы́, вдали́ они́ уви́дели мо́ре. (поднима́ться — подня́ться)

VII. Напиши́те предложе́ния, антоними́чные да́нным.

Образе́ц: Мать *вошла́* в ко́мнату.— Мать *вы́шла* из ко́мнаты.

1. На́ши сосе́ди неда́вно уе́хали на Украи́ну. 2. Он ушёл и́з дому ра́но у́тром. 3. Маши́на отъе́хала от на́шего до́ма. 4. Кто́-то вошёл в дом. 5. Они́ уе́хали в санато́рий. 6. Ма́льчик подошёл к окну́. 7. Они́ прие́хали к нам ве́чером. 8. Я вы́шел из ваго́на.

VIII. Замени́те предложе́ния с дееприча́стными оборо́тами сло́жными предложе́ниями. Сою́зы для вста́вки даны́ ни́же.

Образе́ц: *Верну́вшись домо́й*, я нашёл на столе́ письмо́.— *Когда́ я верну́лся домо́й*, я нашёл на столе́ письмо́.

1. Посмотре́в на часы́, я уви́дел, что пора́ е́хать на вокза́л. 2. Подня́вшись на́ гору, тури́сты реши́ли отдохну́ть. 3. Уезжа́я в о́тпуск, я обеща́л ча́сто писа́ть домо́й. 4. Отдыха́я на ю́ге, я продолжа́л занима́ться там ру́сским языко́м. 5. Не зна́я ру́сского языка́, она́ не поняла́, о чём мы говори́ли. 6. Слу́шая переда́чи на ру́сском языке́, я стара́юсь поня́ть всё, что говори́т ди́ктор. 7. Изучи́в ру́сский язы́к, он реши́л заня́ться по́льским. 8. Попроща́вшись с друзья́ми, мы вы́шли на у́лицу. 9. Выходя́ из университе́та, я обы́чно встреча́ю э́того челове́ка. 10. Позвони́в на вокза́л, я узна́л, когда́ отхо́дит по́езд на Ленингра́д.

(когда́; по́сле того́, как; и; так как)

IX. Вме́сто то́чек вста́вьте дееприча́стия соверше́нного и́ли несоверше́нного ви́да.

1. ..., де́ти гро́мко смея́лись.	купа́ясь
..., де́ти вы́шли на бе́рег.	искупа́вшись
2. ..., мы говори́ли о свои́х дела́х.	обе́дая
..., мы вы́шли в сад.	пообе́дав
3. ..., тури́сты продолжа́ли свой путь	отдыха́я
..., я не мог забы́ть о свое́й рабо́те.	отдохну́в
4. ... домо́й, я узна́л, что ко мне приходи́л мой това́рищ.	возвраща́ясь
... домо́й, я встре́тил своего́ това́рища.	возврати́вшись
5. ... на берегу́ мо́ря, мы смотре́ли на купа́ющихся.	си́дя
... на берегу́ мо́ря, мы пошли́ ката́ться на ло́дке.	посиде́в
6. ... письмо́ сы́на, мать отдала́ его́ отцу́.	чита́я
... письмо́ сы́на, мать улыба́лась.	прочита́в

X. Соста́вьте вопро́сы, на кото́рые отвеча́ли бы сле́дующие предложе́ния.

1. — ...... ?
— Обы́чно мы прово́дим свой о́тпуск в дере́вне.
2. — ...... ?
— В про́шлом году́ мы отдыха́ли в Крыму́.
3. — ...... ?
— Мы жи́ли в Крыму́ полтора́ ме́сяца.

4. — ...... ?
   — А роди́тели — на Во́лге.
5. — ...... ?
   — В э́том году́ мы пое́дем на Кавка́з.
6. — ...... ?
   — У меня́ о́тпуск в а́вгусте.
7. — ...... ?
   — Да, де́ти пое́дут в пионе́рский ла́герь.

XI. Переведи́те на ру́сский язы́к.

1. — Where did you go for your summer holidays?
   — We went to the Crimea.
   — Did you have a good holiday?
   — Yes, a very good holiday.
2. Last year we spent our holiday in the South, at Yalta.
3. — This summer we want to go to the Baltic. We've never been there.
   They say there are wonderful beaches and that it's not as hot as
   in the South.
   — If the weather is fine you can have a good holiday there.
4. We usually spend the summer in the mountains. We like walking.
5. — You are going to a sanatorium, are you?
   — Yes, I've had an operation recently and now the doctors are
   sending me to a sanatorium.
6. — Where are your children going in the summer?
   — My eldest son — he's a student — is going to a mountaineering
   camp. He's a mountaineer and goes to the Caucasus every year.
   My youngest son is going to a Pioneer camp.
   — But won't he be lonely at camp?
   — No, he's a very lively boy and he always has lots of friends
   wherever he is.
7. — We've not made up our minds where we are going for our holidays
   this year.
   — When is your holiday?
   — In August.
   — It's nice to go to the South in August, to Moldavia, for example.
8. This year we're not going anywhere, we are going to stay at our
   dacha near Moscow.
9. We're going to Bulgaria for two weeks in August, the rest of the
   time we'll be in Moscow.

XII. Расскажи́те, где и как вы отдыха́ли про́шлым ле́том.

17

Средства сообщения

Несколько лет назад мой друг Володя Петров, окончив горный институт, уехал работать на Север. Писал он редко, и мы знали о нём только то, что он жив и здоров. Мы знали, что он много работает и что работа у него интересная. И вот он снова появился в Москве.

— Сколько лет, сколько зим (1)!—встречали его друзья.—Давно тебя не было видно в Москве.

— А что делать геологу в столице?—спрашивал Володя.—Всего две недели я в Москве, а меня уже назад, в тайгу тянет (2).

Как-то вечером, сидя у нас дома, Володя рассказал нам, как он ехал в Москву.

— Из Берёзовки, где работает наша геологическая партия, до Дудинки, морского и речного порта, около трёхсот километров. Утром я сел в поезд и через несколько часов был уже в Дудинке. Моим соседом по купе оказался весёлый, разговорчивый старик (3). Он называл себя местным, хотя прожил в этих краях всего несколько лет. Сейчас он ехал в Красноярск к своей дочери. В Дудинке мне надо было ехать на аэродром, а ему—на речной вокзал. Когда мы стали прощаться, он спросил меня:

— А почему ты не хочешь поехать до Красноярска теплоходом, посмотреть Енисей? Ты никогда не видел этой реки (4)? Ну, сынок, значит, ты ещё не видел настоящей красоты.

И старик—его звали Иваном Романовичем—убедил меня. Мы вместе отправились на речной вокзал. Посмотрели расписание: теплоход отходил через три часа. Мы взяли билеты и пошли обедать.

На пристань мы вернулись за двадцать минут до отплытия теплохода. Огромный белый теплоход «Михайл Лермонтов» уже стоял у пристани. Мы нашли свою каюту, положили вещи и вышли на палубу. Скоро теплоход дал последний гудок и медленно отошёл от пристани. Началось наше трёхдневное путешествие. Иван Романович был прав: я не уставал любоваться суровой и могучей красотой Енисея, его берегов. Стояла прекрасная погода, и бо́льшую часть времени мы проводили на палубе. Мимо плыла тайга, большие сёла и маленькие деревни, а я всё смотрел вокруг и слушал рассказы Ивана Романовича об этих местах и о замечательных людях, которые живут и работают здесь. Я был очень благодарен ему за это путешествие.

В Красноярске мы расстались. Иван Романович поехал к дочери, а я—в аэропорт. Там я узнал, что самолёт на Москву летит через несколько часов. Я был рад этому, так как мне хотелось посмотреть город.

Наконец я в самолёте. Огромный ИЛ-62 поднялся и стал набирать высоту. Через десять минут мы уже летели над облаками. Вышла бортпроводница и предложила нам чай, бутерброды, конфеты, а также свежие газеты и журналы. Самолёт летел со скоростью тысяча километров в час, и время прошло незаметно. Но в Москве нас ждала неприятность: была гроза, и в течение часа аэродром не мог принять нас. Наконец гроза кончилась, тучи разошлись, и наш самолёт приземлился на родной московской земле.

КОММЕНТАРИИ

(1) Ско́лько лет, ско́лько зим! — I haven't seen you for ages.

This is a friendly, slightly familiar greeting. In full it would be: Ско́лько лет, ско́лько зим мы не ви́делись!

(2) Меня́ наза́д, в тайгу́ тя́нет. — I am anxious to return to the taiga.

(3) Мои́м сосе́дом по купе́ оказа́лся весёлый разгово́рчивый стари́к. — My fellow-traveller was (turned out to be) a cheerful talkative old man.

Сравни́те:

Весёлый, разгово́рчивый стари́к оказа́лся мои́м сосе́дом по купе́. — The cheerful talkative old man was travelling in the same compartment.

The difference in meaning between these two sentences is conveyed by the difference in the word order; the new, unknown factor being placed last in the sentence.

Пе́рвым лётчиком-космона́втом стал Ю́рий Гага́рин. — The first spaceman was Yuri Gagarin.

Ю́рий Гага́рин стал пе́рвым лётчиком-космона́втом. — Yuri Gagarin was (became) the first spaceman.

These sentences are answers to different questions:

Кто стал пе́рвым лётчиком-космона́втом?
Кем стал Ю́рий Гага́рин?

(4) Ты никогда́ не ви́дел э́той реки́? — Haven't you ever seen this river?

In Russian, as distinct from English, in addition to negative pronouns and adverbs — **никто́, никогда́, нигде́, никому́, ни о чём**, etc. — the verb must be preceded by **не**; there is, in fact, a "double" negation.

Я *никогда́ не* лета́л на самолёте. — I've *never* travelled by plane.

Мы *никуда́ не* е́здили ле́том. — We *didn't go anywhere* this summer.

Он *никому́ не* говори́л об э́том. — He *didn't* tell *anyone* about this.

Ни with pronouns and adverbs does not replace the negative, it merely emphasizes it.

If a preposition is involved, it is preceded by **ни**.

— *У кого́* вы мо́жете спро-си́ть об э́том?	— Whom can you ask about this?
— Я *ни у кого́* не могу́ спроси́ть об э́том.	— I can't ask anyone about this.

ДИАЛОГИ

I

— Я слы́шал, вы е́дете в Оде́ссу?
— Да, я до́лжен пое́хать туда́ по дела́м.
— Вы пое́дете по́ездом и́ли полети́те самолётом?
— Пое́ду по́ездом. Я уже́ купи́л биле́т.
— Когда́ вы е́дете?
— За́втра в де́вять часо́в ве́чера.
— Ско́лько часо́в идёт по́езд до Оде́ссы?
— Два́дцать во́семь часо́в.
— И надо́лго вы е́дете?
— На неде́лю.
— Счастли́вого пути́!
— Спаси́бо. До свида́ния.

II

— Да́йте, пожа́луйста, оди́н биле́т до Каза́ни.
— На како́е число́?
— На послеза́втра, на 26 ма́рта.
— Како́й ваго́н?
— Купи́рованный. Если мо́жно, да́йте ни́жнее ме́сто. Ско́лько вре́мени идёт по́езд до Каза́ни?
— Восемна́дцать часо́в. Вот ваш биле́т.
— Спаси́бо.

III

— Това́рищ проводни́к, э́то деся́тый ваго́н?
— Да. Покажи́те, пожа́луйста, ва́ши биле́ты. Проходи́те. Ва́ше купе́ тре́тье от вхо́да.
— Скажи́те, пожа́луйста, наш по́езд отправля́ется ро́вно в семь?

— Да, по́езд отхо́дит то́чно по расписа́нию. А в чём де́ло?

— Я хоте́л бы сходи́ть в буфе́т.

— Вы не успе́ете до отхо́да по́езда. Че́рез пятна́дцать мину́т я принесу́ чай. Или, е́сли хоти́те, мо́жете пойти́ в ваго́н-рестора́н и там поу́жинать.

IV

— Алло́, э́то Ка́тя?

— Да, э́то я.

— Здра́вствуй, Ка́тя. Это говори́т Па́вел. Ты зна́ешь, что за́втра уезжа́ет Воло́дя?

— Да, зна́ю.

— Ты прие́дешь на вокза́л провожа́ть его́?

— Прие́ду. То́лько я не зна́ю то́чно, како́й по́езд и когда́ отхо́дит.

— По́езд № 52 (но́мер пятьдеся́т два) Москва́—Новосиби́рск, шесто́й ваго́н. Отхо́дит в 17.45 (в семна́дцать со́рок пять). Не опа́здывай, пожа́луйста.

— Постара́юсь. До свида́ния.

— До за́втра.

ЗАПОМНИТЕ:

Я жив и здоро́в.	I am safe and sound. (*lit.* I am alive and well).
Все мы жи́вы и здоро́вы.	We are all quite well.
Когда́ отхо́дит (отправля́ется) по́езд, теплохо́д?	When does the train (or steamer) leave?
Когда́ отправля́ется самолёт?	When does the plane take off (leave)?
Я ничего́ не зна́ю.	I don't know anything.
Он нигде́ не́ был.	He hasn't been anywhere.
Мы ни с кем не говори́ли.	We didn't speak to anyone.
Она́ никого́ не ви́дела.	She didn't see anyone.

УПРАЖНЕНИЯ

I. Отве́тьте на вопро́сы.

1. Вам ча́сто прихо́дится е́здить?
2. Како́й вид тра́нспорта вы предпочита́ете: по́езд, теплохо́д и́ли самолёт?
3. Каки́м ви́дом тра́нспорта по́льзуетесь вы, когда́ е́дете по дела́м?

4. Каки́м ви́дом тра́нспорта по́льзуетесь вы, когда́ е́дете отдыха́ть?
5. Вы лета́ли на самолёте?
6. Куда́ вы лета́ли после́дний раз?
7. Вам ча́сто прихо́дится лета́ть на самолёте?
8. Как вы себя́ чу́вствуете в самолёте?
9. Ско́лько часо́в лети́т самолёт от Ло́ндона до Москвы́?
10. Вы ча́сто е́здите на по́езде?
11. С како́й ско́ростью хо́дят поезда́ в ва́шей стране́?
12. Ско́лько часо́в идёт по́езд от Ло́ндона до Манче́стера?
13. Где покупа́ют биле́ты на по́езд, на самолёт, на теплохо́д?
14. Как и куда́ вы е́здили после́дний раз?

II. Проспряга́йте сле́дующие глаго́лы:

е́хать, е́здить, идти́, лете́ть

**III. Вме́сто то́чек вста́вьте оди́н из да́нных в ско́бках глаго́лов в про-
ше́дшем вре́мени.**

1. В э́том году́ я ... в Сиби́рь. По доро́ге, когда́ я ... туда́,
я ви́дел мно́го интере́сного. (е́хать — е́здить) 2. В про́шлом ме́сяце
мы ... в Минск. Когда́ мы ... обра́тно, была́ плоха́я пого́да. (лете́ть —
лета́ть) 3. Когда́ я рабо́тал в институ́те, я всегда́ ... на рабо́ту
пешко́м. Вчера́, когда́ я ... домо́й, я встре́тил знако́мого. (идти́ —
ходи́ть) 4. Неда́вно мой оте́ц ... в Болга́рию. Туда́ он лете́л самолётом, а обра́тно ... на по́езде. (е́хать — е́здить)

**IV. В сле́дующих предложе́ниях глаго́л «быть» замени́те одни́м из
глаго́лов движе́ния, да́нных в ско́бках. Не забу́дьте измени́ть
паде́ж существи́тельных.**

Образе́ц: Мы *бы́ли* в *Крыму́.* (е́хать — е́здить) — Мы *е́здили* в
Крым.

1. Вчера́ мы бы́ли в теа́тре. (идти́ — ходи́ть) 2. В про́шлом году́
мы бы́ли на Кавка́зе. (е́хать — е́здить) 3. На про́шлой неде́ле он был
в Ленингра́де. (лете́ть — лета́ть) 4. Неда́вно мой брат был в Ве́нгрии.
(е́хать — е́здить) 5. Мы ча́сто быва́ем на стадио́не. (идти́ — ходи́ть)
6. — Где вы бы́ли? — Мы бы́ли в библиоте́ке. (идти́ — ходи́ть) 7. Он
никогда́ не́ был в Сиби́ри. (е́хать — е́здить)

V. Вме́сто то́чек вста́вьте подходя́щий по смы́слу глаго́л движе́ния.

Ка́ждый год на́ша семья́ ... на юг. В про́шлом году́ мы ...
на Кавка́з. Туда́ мы ... по́ездом, обра́тно ... самолётом. Когда́
мы ... туда́, в по́езде бы́ло о́чень жа́рко и на ка́ждой ста́нции мы
... из ваго́на подыша́ть све́жим во́здухом. На одно́й ста́нции, где
впервы́е ря́дом с желе́зной доро́гой мы уви́дели мо́ре, по́езд стоя́л
два́дцать мину́т. Все пассажи́ры ... из ваго́нов и ... купа́ться. Че́рез
пятна́дцать мину́т машини́ст дал свисто́к (сигна́л), а ещё че́рез пять
мину́т мы ... да́льше. На Кавка́зе мы жи́ли в Сухуми́, но мы ча́сто
... и в други́е города́.

**VI. Вме́сто то́чек вста́вьте подходя́щие глаго́лы движе́ния с ну́жной
приста́вкой.**

В суббо́ту ве́чером мы ... из до́ма, се́ли в авто́бус и ... на
вокза́л. Мы хоте́ли успе́ть на по́езд 19.05, но опозда́ли. Когда́
мы ... к ка́ссам, бы́ло уже́ шесть мину́т восьмо́го и по́езд то́лько
что ... . Сле́дующий по́езд ... в 19.15. Мы купи́ли биле́ты и ...

11*

на перро́н. Электри́чка уже́ стоя́ла у платфо́рмы. Мы ... в ваго́н, размести́ли свои́ ве́щи и удо́бно размести́лись са́ми.

До ста́нции «Тури́ст» по́езд ... о́коло ча́са. Когда́ мы ... из ваго́на, бы́ло ещё светло́. У дежу́рного по ста́нции мы спроси́ли, как ... к дере́вне Петро́вке. Он объясни́л нам, как ... , и мы ... Мы ... три часа́. За э́то вре́мя мы ... приблизи́тельно де́сять киломе́тров. В полови́не двена́дцатого, когда́ бы́ло уже́ совсе́м темно́, мы ... в дере́вню.

VII. Да́йте отрица́тельные отве́ты на сле́дующие вопро́сы.

Образе́ц: Куда́ ты е́здил ле́том? — Я никуда́ не е́здил ле́том.

1. Куда́ вы пое́дете сего́дня ве́чером? 2. К кому́ вы пойдёте в воскресе́нье? 3. Когда́ ты ви́дел э́того челове́ка? 4. Когда́ вы бы́ли в Крыму́? 5. Кому́ вы пи́шете письмо́? 6. Кому́ вы расска́зывали об э́том? 7. Кого́ он ждёт? 8. У кого́ есть тако́й уче́бник? 9. У кого́ из вас есть маши́на? 10. С кем вы говори́те по-ру́сски?

VIII. Вста́вьте вме́сто то́чек отрица́тельные местоиме́ния и наре́чия.

1. Я ... не мог найти́ ваш а́дрес. 2. В э́то воскресе́нье мы ... не пое́дем. 3. Он ... не перепи́сывается. 4. Я ... не чита́л об э́том. 5. Этот челове́к ... не интересу́ется. 6. Этот мальчи́шка ... не бои́тся. 7. Вам сего́дня ... не звони́л. 8. Он ... не́ был в Москве́. 9. Пожа́луйста, ... не говори́те об э́том.

IX. Отве́тьте на сле́дующие вопро́сы.

А. *Образе́ц*: Кто был ва́шим пе́рвым учи́телем? — Мои́м пе́рвым учи́телем был студе́нт университе́та.

1. Кто был ва́шим сосе́дом, когда́ вы жи́ли в дере́вне? 2. Кто был ва́шим дру́гом в шко́ле? 3. Кто был ва́шим учи́телем ру́сского языка́? 4. Кто был дире́ктором шко́лы, в кото́рой вы учи́лись?

Б. *Образе́ц*: Кем бу́дет ваш друг? — Мой друг бу́дет учи́телем ру́сского языка́.

1. Кем был в мо́лодости ваш оте́ц? 2. Кем был ваш де́душка? 3. Кем был ваш друг? 4. Кем вы бу́дете по́сле оконча́ния университе́та? 5. Кем хо́чет быть ва́ша сестра́? 6. Кем бу́дет ваш брат?

X. В сле́дующих предложе́ниях замени́те прямýю речь ко́свенной.

1. Я спроси́л дежу́рного: «Когда́ прихо́дит по́езд из Ки́ева?» Он отве́тил: «По́езд из Ки́ева прихо́дит в де́вять часо́в утра́». 2. Ни́на спроси́ла милиционе́ра: «Как пройти́ на Ленингра́дский вокза́л?» Милиционе́р отве́тил: «Пешко́м идти́ далеко́, на́до сесть на седьмо́й трамва́й». 3. Я спроси́л сосе́да по купе́: «Когда́ отхо́дит наш по́езд?» 4. Сосе́д по купе́ спроси́л меня́: «Вы не хоти́те пойти́ в ваго́н-рестора́н поу́жинать?» 5. В письме́ мой друг спра́шивал меня́: «Когда́ ты прие́дешь к нам?» Я отве́тил ему́: «Я прие́ду к вам в конце́ ме́сяца». 6. На платфо́рме проводни́ца попроси́ла нас: «Покажи́те ва́ши биле́ты». 7. На вокза́ле незнако́мый челове́к попроси́л нас: «Пожа́луйста, помоги́те мне найти́ спра́вочное бюро́».

XI. Соста́вьте вопро́сы, на кото́рые отвеча́ли бы сле́дующие предложе́ния.

1. — ...... ?
— От Москвы́ до Ленингра́да по́езд идёт шесть часо́в.

164

2. — ...... ?
   — Биле́т от Москвы́ до Ленингра́да сто́ит де́вять рубле́й.
3. — ...... ?
   — Наш по́езд отхо́дит в оди́ннадцать часо́в.
4. — ...... ?
   — Да, мы бу́дем в Ленингра́де в пять часо́в утра́.
5. — ...... ?
   — Э́тот по́езд стои́т в Росто́ве пять мину́т.
6. — ...... ?
   — Ва́ше ме́сто в деся́том купе́.

XII. Переведи́те на ру́сский язы́к.

1. I'm going to Leningrad tomorrow. The train leaves at 9.15.
2. — How long does the journey from Moscow to Leningrad take?
   — Six hours.
3. Give me two tickets to Minsk for the 27th, please.
4. — When are you going to Kiev?
   — The day after tomorrow.
   — Are you going by train or by air?
   — I'm going by air.
   — How long is it to Kiev by air?
   — I don't know exactly. I think it's one or one and a half hours.
5. My parents are going to the Crimea tomorrow. We are going to the station to see them off.
6. When the train arrived (at the station) I saw my brother on the platform. He'd come to meet me.
7. — Attendant, where are our seats, please?
   — Your seats are in compartment five.
8. — How long does the train stop at this station?
   — Five minutes.
9. The diesel stops at Sochi for three hours. You can go down to the beach and have a look at the town.
10. — How do you feel in an aeroplane?
    — All right.
11. The plane landed. The door opened and the passengers started going down the steps. There was my friend.

XIII. Расскажи́те, куда́ и как (каки́м ви́дом тра́нспорта) вы е́здили после́дний раз.

XIV. Соста́вьте диало́г ме́жду двумя́ знако́мыми, оди́н из кото́рых собира́ется куда́-нибудь е́хать.

XV. Прочита́йте и расскажи́те текст.

По́езд останови́лся на ма́ленькой ста́нции. Пассажи́р посмотре́л в окно́ и уви́дел же́нщину, кото́рая продава́ла бу́лочки. Она́ стоя́ла дово́льно далеко́ от ваго́на, и пассажи́р не хоте́л идти́ за бу́лочками сам. Ви́димо, он боя́лся отста́ть от по́езда. Он позва́л ма́льчика, кото́рый гуля́л по платфо́рме, и спроси́л его́, ско́лько сто́ит бу́лочка.

— Де́сять копе́ек,—отве́тил ма́льчик.

Мужчи́на дал ма́льчику два́дцать копе́ек и сказа́л:

— Возьми́ два́дцать копе́ек и купи́ две бу́лочки—одну́ мне, а другу́ю—себе́.

Че́рез мину́ту ма́льчик верну́лся. Он с аппети́том ел бу́лочку. Ма́льчик по́дал пассажи́ру де́сять копе́ек и сказа́л:

— К сожале́нию, там была́ то́лько одна́ бу́лочка.

18

Московский государственный университет

Мой брат Николай у́чится на физи́ческом факульте́те МГУ. Сейча́с он студе́нт четвёртого ку́рса. Одна́жды он пригласи́л нас с Мари́ной в клуб университе́та на студе́нческий ве́чер (1). Мы пришли́ в университе́т за час до нача́ла ве́чера. Мари́на никогда́ не была́ в высо́тном зда́нии университе́та на Ле́нинских гора́х, и Никола́й обеща́л показа́ть нам его́.

Брат встре́тил нас у гла́вного вхо́да. Как настоя́щий экскурсово́д, он на́чал свой расска́з об университе́те с его́ исто́рии:

— Моско́вский госуда́рственный университе́т был откры́т 27 апре́ля 1755 го́да. Его́ основа́телем был вели́кий ру́сский учёный Михаи́л Васи́льевич Ломоно́сов. Вы зна́ете, что наш университе́т но́сит и́мя Ломоно́сова. Снача́ла в университе́те бы́ло три факульте́та: медици́нский, юриди́ческий и филосо́фский. С да́вних

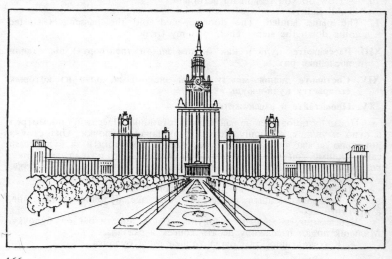

пор университе́т был це́нтром ру́сской нау́ки и культу́ры. Здесь учи́лись Ге́рцен, Бели́нский, Ле́рмонтов, Турге́нев.

Сейча́с в университе́те шестна́дцать факульте́тов: физи́ческий, хими́ческий, меха́нико-математи́ческий, факульте́т вычисли́тельной матема́тики и киберне́тики, биологи́ческий, факульте́т почвове́дения, геологи́ческий, географи́ческий, истори́ческий, филосо́фский, филологи́ческий, юриди́ческий, экономи́ческий, факульте́т журнали́стики, факульте́т психоло́гии, подготови́тельный факульте́т для иностра́нных гра́ждан и институ́т стран А́зии и А́фрики.

Здесь, в высо́тном зда́нии на Ле́нинских гора́х, у́чатся студе́нты есте́ственных факульте́тов. Ря́дом постро́ены но́вые зда́ния для гуманита́рных факульте́тов (2).

На скоростно́м ли́фте мы подняли́сь на два́дцать четвёртый эта́ж и вы́шли на балко́н. Вокру́г гла́вного ко́рпуса, в кото́ром мы находи́лись, раски́нулся университе́тский городо́к: зда́ния факульте́тов, ботани́ческий сад, спорти́вные площа́дки, обсервато́рия. В я́сную пого́ду отсю́да, с са́мой высо́кой то́чки Москвы́, открыва́ется прекра́сный вид на го́род.

Мы спусти́лись вниз, на шесто́й эта́ж. Никола́й повёл нас в оди́н из двадцати́ двух чита́льных за́лов библиоте́-

ки. В за́лах занима́ются студе́нты, аспира́нты, преподава́тели и профессора́. Библиоте́ка университе́та — одна́ из богате́йших библиоте́к Сове́тского Сою́за. В её фо́ндах о́коло семи́ миллио́нов томо́в.

Из библиоте́ки мы пошли́ в общежи́тие. Никола́й показа́л нам, в каки́х ко́мнатах живу́т студе́нты. В небольшо́й, но удо́бной и све́тлой ко́мнате стои́т пи́сьменный стол, ма́ленький обе́денный стол, кни́жный шкаф, дива́н. На ка́ждом этаже́ есть ку́хни, где студе́нты мо́гут гото́вить обе́д. Но студе́нты ре́дко гото́вят до́ма. В зда́нии университе́та не́сколько столо́вых, магази́н, по́чта, телегра́ф, парикма́херская, поликли́ника.

— Если студе́нт бои́тся моро́зов, он мо́жет всю зи́му прожи́ть в зда́нии, не выходя́ на у́лицу, — пошути́л я.

— У вас есть таки́е студе́нты? — пове́рила Мари́на.

— Коне́чно, нет, — оби́делся Никола́й. — Почти́ все на́ши студе́нты занима́ются спо́ртом. Пойдёмте, я покажу́ вам гимнасти́ческий зал и бассе́йн, а пото́м мы пойдём в клуб.

Когда́ мы пришли́ в клуб, зал был уже́ по́лон. Мы нашли́ свобо́дные места́, се́ли, и Никола́й рассказа́л нам немно́го о клу́бе.

В клу́бе, и́ли в До́ме культу́ры, как его́ называ́ют, рабо́тает о́коло тридцати́ кружко́в худо́жественной самоде́ятельности (3); студе́нты пою́т в хо́ре, танцу́ют, игра́ют в орке́стре; у них есть свой студе́нческий теа́тр. Зри́тельный зал клу́ба вмеща́ет восемьсо́т зри́телей. Почти́ ка́ждый день здесь мо́жно посмотре́ть что́-нибудь интере́сное: спекта́кль, но́вый фильм, конце́рт.

В тот ве́чер в клу́бе была́ встре́ча студе́нтов МГУ со студе́нтами Ленингра́дского университе́та. В за́ле пога́с свет, на сце́ну вы́шел студе́нт, и начался́ конце́рт. Так зако́нчилась на́ша экску́рсия по Моско́вскому университе́ту.

КОММЕНТАРИИ

(1) студе́нческий ве́чер   student evening

Ве́чер is used in the sense of a literary evening or social gathering.

| За́втра у нас в клу́бе бу́дет *ве́чер*. | Tomorrow there will be a social evening at our club. |

Вчера́ мы бы́ли на *ве́чере* в университе́те.	Last night we were at a concert in the university.
(2) гуманита́рные факульте́ты	arts faculties
гуманита́рные нау́ки	arts
есте́ственные факульте́ты	science faculties
есте́ственные нау́ки	natural sciences
(3) кружо́к худо́жественной самоде́ятельности	student amateur societies which organize concerts and literary evenings, where students themselves perform
худо́жественная самоде́ятельность	amateur cultural activities

ДИАЛОГИ

I

— Вы у́читесь в МГУ?

— Да.

— На како́м факульте́те?

— На физи́ческом.

— На како́м ку́рсе?

— На пя́том.

— Ско́лько лет у́чатся в университе́те?

— Пять лет.

— Зна́чит, вы ско́ро ко́нчите университе́т?

— Да, в э́том году́. Че́рез два ме́сяца я бу́ду защища́ть дипло́м, пото́м сдава́ть госуда́рственные экза́мены. И по́сле всего́ э́того я получу́ дипло́м об оконча́нии университе́та.

II

— Вы студе́нт?

— Да, я студе́нт.

— А где вы у́читесь?

— Я учу́сь в Моско́вском университе́те, на истори́ческом факульте́те.

— Я ви́жу, вы не москви́ч (1).

— Да, я поля́к и до про́шлого го́да жил у себя́ на ро́дине, в По́льше.

— Скóлько врéмени вы живёте в Москвé?

— Ужé семь мéсяцев.

— Вы хорошó говорите по-рýсски. Вы давнó изучáете рýсский язы́к?

— До приéзда в Совéтский Сою́з я почти́ не знал рýсского языкá. Я умéл тóлько читáть по-рýсски. А сейчáс я свобóдно говорю́, слýшаю лéкции на рýсском языкé и чéрез два мéсяца бýду сдавáть экзáмены по истóрии и литератýре вмéсте с рýсскими студéнтами.

— Какие предмéты вы изучáете сейчáс?

— Истóрию, литератýру, филосóфию, рýсский язы́к. Крóме рýсского, я изучáю ещё и чéшский язы́к, так как хочý специализи́роваться по истóрии славя́нских стран.

III

— Здрáвствуй, Ви́ктор!

— Здрáвствуй, Джон! Как твои́ делá?

— Спаси́бо, хорошó. У нас сейчáс сéссия (2). Я ужé сдал три экзáмена. Зáвтра сдаю́ послéдний (3).

— Как сдаёшь?

— Покá всё на «отли́чно».

— А что сдаёшь зáвтра?

— Математику.

— Ну, ни пýха ни перá (4)!

IV

— Ни́на, где рабóтает ваш брат?

— Игорь? Он сейчáс не рабóтает. В прóшлом годý он поступи́л в аспирантýру.

— Он экономи́ст?

— Да, он кóнчил экономи́ческий факультéт. Сейчáс он пи́шет диссертáцию. Игорь óчень мнóго рабóтает. Я увéрена, что он успéшно защити́т её.

— Он получáет стипéндию?

— Конéчно.

— Какáя у негó стипéндия?

— Сто рублéй.

КОММЕНТАРИИ

(1) — Я ви́жу, вы не москви́ч.	— I see you are not a Muscovite.
— Да, я поля́к.	— No, I am not, I am a Pole.

170

When the question is in the negative (form), answers such as the following may be given:

— Вы не москви́ч?
1. — *Нет*, я не москви́ч.   — No, I am not.
2. — *Да*, я не москви́ч.   — No, I am not.
3. — *Нет*, я москви́ч.   — Yes, I am.

In answer (1) the fact (of being a Muscovite) is negated. In answers (2), (3) the supposition made in the question is negated or confirmed.

2. Да, (you are right) я не москви́ч.
3. Нет, (you are wrong) я москви́ч.

When the question contains a negation there must be some negation in the answers. The answer to the question **Вы не москви́ч?** cannot be **Да, я москви́ч.**

— Вы никогда́ не́ были в Москве́?	— You have never been to Moscow?
— *Нет*, никогда́ не́ был.	— No, never.
— *Да*, никогда́ не́ был.	— No, never.
— *Нет*, был в про́шлом году́.	— Yes, I have. I was there last year.
— Вы не говори́те по-ру́сски?	— You don't speak Russian?
— *Нет*, не говорю́.	— No, I don't.
— *Да*, не говорю́.	— No, I don't.
— *Нет*, говорю́.	— Yes, I do.

(2) У нас сейча́с се́ссия.   It is now exam time.
(3) За́втра сдаю́ после́дний (экза́мен).   Tomorrow I shall take my last examination.

после-
after

In Russian the present tense is often used loosely for the future:

За́втра *сдаю́*.   instead of   За́втра *бу́ду сдава́ть*.
Вы *идёте* в суббо́ту на ве́чер?   instead of   Вы *пойдёте* в суббо́ту на ве́чер?
Вы *е́дете* в Ленингра́д за́втра и́ли послеза́втра?   instead of   Вы *пое́дете* в Ленингра́д за́втра и́ли послеза́втра?

(4) Ни пу́ха ни пера́!   Good luck!

(answer) — к чёрту

ЗАПОМНИТЕ:

учи́ться в университе́те	to study at the University
— на факульте́те	at the faculty
— на пе́рвом ку́рсе	in the first year
поступа́ть } в университе́т поступи́ть }	to enter (to begin) University
конча́ть } университе́т ко́нчить }	to graduate from the University
сдава́ть } экза́мен сдать }	to take } an examination to pass }
защища́ть } дипло́м, защити́ть } диссерта́цию	to be examined on a diploma, a degree thesis

УПРАЖНЕНИЯ

I. Отве́тьте на вопро́сы.

А.
1. Когда́ был осно́ван Моско́вский университе́т?
2. Ско́лько факульте́тов в Моско́вском университе́те?
3. Где нахо́дится но́вое зда́ние Моско́вского университе́та?
4. Каки́е факульте́ты называ́ются гуманита́рными?
5. Каки́е факульте́ты называ́ются есте́ственными?
6. Где занима́ются студе́нты?
7. Где они́ слу́шают ле́кции?
8. Где отдыха́ют студе́нты?
9. Где они́ занима́ются спо́ртом?
10. Где живу́т студе́нты-москвичи́?

Б.
1. В како́м университе́те вы у́читесь?
2. Когда́ был осно́ван ваш университе́т?
3. Каки́е факульте́ты есть в ва́шем университе́те?
4. На како́м факульте́те вы у́читесь?
5. Кака́я у вас специа́льность?
6. Каки́е предме́ты вы изуча́ете?
7. Кем вы бу́дете по́сле оконча́ния университе́та?
8. Где бы вы хоте́ли рабо́тать по́сле оконча́ния университе́та?

II. Переде́лайте предложе́ния, замени́в вы́деленные слова́ сочета́нием «оди́н из + роди́тельный паде́ж».

Образе́ц: Это *наш преподава́тель*.—Это *оди́н из на́ших преподава́телей.*

1. В университе́те я встре́тил *своего́ знако́мого*. 2. В за́ле я уви́дел *на́шего студе́нта*. 3. Я вспо́мнил *о своём това́рище*. 4. Джон — *англи́йский студе́нт*, обуча́ющийся в Моско́вском университе́те. 5. На́ша библиоте́ка — *са́мая больша́я и бога́тая университе́тская библиоте́ка*. 6. Ко мне подошёл *оди́н преподава́тель*. 7. Я взял в библиоте́ке *но́вую кни́гу*.

172

III. Замените активные конструкции пассивными.

Образец: Московский университет *основал* М. В. Ломоносов.—
Московский университет *основан* М. В. Ломоносовым.

1. Это здание построили двести лет назад. 2. В нашем районе скоро откроют новую библиотеку. 3. Все студенты сдали экзамены. 4. В лаборатории всё приготовили для занятий. 5. На собрании объявили, что экзамены начнутся 25 мая. 6. Письмо послали только вчера.

IV. Вместо точек вставьте местоимение «свой» или другие притяжательные местоимения.

1. В ... университете шестнадцать факультетов. 2. Студенты любят ... университет. Студенты — патриоты ... университета. 3. Аспирант показал профессору ... диссертацию. Профессору понравилась ... диссертация. 4. Лектор заинтересовал нас ... докладом. Я внимательно слушал ... доклад. После ... доклада лектор отвечал на ... вопросы. 5. Я взял книгу у ... товарища. Я потерял ... книгу. 6. Профессор Громов прекрасно знает ... специальность и очень интересно читает лекции. На ... лекциях всегда много народу.

V. Вместо точек вставьте глаголы в нужной форме. Перескажите текст.

Вчера в Москву ... делегация английских преподавателей русского языка. Сегодня утром делегаты ... в Московский университет. Они ... туда на автобусе. Автобус ... к главному входу. Все ... из автобуса. Многие начали фотографировать здание университета. Когда делегаты ... в здание, к ним ... молодая девушка. «Вы преподаватели из Англии? Я ваш экскурсовод».

(*ехать, поехать, приехать, подъехать, войти, выйти, подойти*)

VI. Замените сложные предложения простыми.

Образец: До того как я приехал в Лондон, я жил в Бристоле.—
До приезда в Лондон я жил в Бристоле.

1. До того как я поступил в университет, я работал на заводе. 2. Я никогда не говорил по-русски, до того как встретил вас. 3. Он стал работать в библиотеке, после того как окончил школу. 4. После того как я окончу университет, я буду работать преподавателем. 5. Я много слышал о вас ещё до того, как познакомился с вами. 6. До того как начнутся экзамены, осталось две недели. 7. После того как вы поужинаете, приходите в клуб.

VII. Вставьте союз «что» или «чтобы».

1. Я знаю, ... завтра у вас экзамен. 2. Я думаю, ... мы хорошо сдадим этот экзамен. 3. Я хочу, ... наши студенты хорошо сдали этот экзамен. 4. Вы знаете, ... сегодня у нас не будет лекции по биохимии? 5. Вы думаете, ... наш преподаватель заболел? 6. Мы заметили, ... на последнем занятии наш преподаватель плохо себя чувствовал. 7. Мы хотим, ... завтра у нас было занятие по биохимии. 8. Мне кажется, ... я уже читал эту книгу. 9. Мне хочется, ... вы прочитали эту книгу.

VIII. Замените прямую речь косвенной.

1. Преподаватель сказал нам: «Завтра мы начнём изучать но-

вую тéму». Оди́н студéнт спроси́л: «Каку́ю тéму мы начнём изу-
ча́ть?» 2. Студéнтка попроси́ла преподава́теля: «Объясни́те, пожа́-
луйста, э́то пра́вило ещё раз». 3. Преподава́тель спроси́л: «Когда́
у вас бы́ло послéднее заня́тие по ру́сскому языку́?» Мы отвéтили:
«В про́шлую пя́тницу». 4. Профéссор сказа́л нам: «Обяза́тельно про-
чита́йте э́ту кни́гу». 5. Мой сосéд спроси́л меня́: «Ты по́нял послéд-
нюю лéкцию?» 6. Оди́н студéнт спроси́л меня́: «Вы всё по́няли в
послéдней лéкции?» 7. В общежи́тии я спроси́л: «Мне нет письма́?»
Дежу́рный отвéтил: «Вам есть письмо́». 8. В письмé мой друг пи́шет:
«Мне о́чень хо́чется приéхать в Москву́».

IX. Прочита́йте да́ты:

а) 27 апрéля 1755 го́да; 14 ию́ля 1789 го́да; 7 ноября́ 1917 го́-
да; 1 января́ 1930 го́да; 18 ма́рта 1942 го́да; 12 апрéля 1961 го́да.
б) 10/II—1830 г.; 15/IV—1924 г.; 31/VII—1951 г.; 2/IX—1893 г.;
23/XII—1755 г.; 6/VI—1986 г.

X. Соста́вьте вопро́сы, на кото́рые отвеча́ли бы слéдующие предложé-
ния.

1. — ...... ?
— Моско́вский университéт был осно́ван Ломоно́совым.
2. — ...... ?
— В высо́тном зда́нии у́чатся студéнты естéственных факультéтов.
3. — ...... ?
— Мой брат у́чится на филосо́фском факультéте.
4. — ...... ?
— Да, он получа́ет стипéндию.
5. — ...... ?
— Послеза́втра мы сдаём экза́мен по исто́рии.
6. — ...... ?
— Обы́чно я занима́юсь в библиотéке университéта.
7. — ...... ?
— По́сле оконча́ния университéта я бу́ду преподава́телем ру́сского
языка́.

XI. Переведи́те на ру́сский язы́к.

1. There are six faculties in our university. I'm in the history faculty.
I'm reading (*lit.* studying) Russian history. When I leave the university,
I'm going to teach history.
2. My brother is a second year student (*lit.* in his second year)
at the university. He's doing Russian language and literature. He
wants to be a teacher.
3. — Are you a student or are you working?
— I'm studying.
— Where?
— At the university.
4. There are students from 80 countries at Moscow University.
5. A university course lasts five years (*lit.* They study for five years
at the university).
6. — What subjects do students take in their first year in the Arts
Faculty?
— History, Old Russian Literature and History of the Russian
Language.
7. This student works very hard.

174

8. — Where do you like to work, at home or in the library?
   — I like working in the library.
9. Our students are fond of sports. Some play football or volleyball, others do gymnastics, others go swimming.
10. There are amateur societies in the students' union (*lit.* university club). I'm a member of the Dramatic Society.
11. — I've not seen you for a long time.
   — We've got exams.
   — How are you getting on?
   — All right, so far.
   — How many exams have you done?
   — Three.
   — How many more are there?
   — One.
   — What are you doing after the exams?
   — I'm going home to my parents.

XII. Расскажи́те о ва́шем университе́те.

XIII. Соста́вьте диало́г ме́жду студе́нтами, сдаю́щими экза́мены.

XIV. Прочита́йте и расскажи́те шу́тки.

Оди́н челове́к прие́хал в го́род навести́ть сы́на, кото́рый учи́лся в университе́те. Он подошёл к до́му, где жил его́ сын, и позвони́л. Дверь откры́ла пожила́я же́нщина, хозя́йка кварти́ры.
— Здесь живёт студе́нт Джон Смит?
— Он студе́нт? А я ду́мала, что он ночно́й сто́рож,—отве́тила хозя́йка.

* * *

— У меня́ сего́дня экза́мен, а я ничего́ не зна́ю.
— О чём же ты ду́мал вчера́?
— Вчера́ я ду́мал о том, что за́втра у меня́ экза́мен, а я ничего́ не зна́ю.

* * *

Оди́н профе́ссор отдыха́л на берегу́ мо́ря. Одна́жды он реши́л поката́ться на ло́дке. Си́дя в ло́дке, он заговори́л с матро́сом.
— Скажи́, мой друг,—спроси́л он,—ты хорошо́ зна́ешь фи́зику?
— Извини́те,—сказа́л матро́с,—я не зна́ю фи́зики.
— Несча́стный,—воскли́кнул профе́ссор,—ты потеря́л треть жи́зни.

Че́рез не́сколько мину́т профе́ссор спроси́л:
— Но ты, наве́рное, хорошо́ зна́ешь астроно́мию?
— Нет,—отве́тил матро́с,—я никогда́ не изуча́л астроно́мии.
— Несча́стный,—повтори́л профе́ссор,—ты потеря́л две тре́ти свое́й жи́зни.
В э́то вре́мя подня́лся си́льный ве́тер и ло́дка ста́ла тону́ть.
— Вы уме́ете пла́вать?—спроси́л матро́с профе́ссора.
— Нет, не уме́ю,—жа́лобно простона́л профе́ссор.
— Держи́тесь за меня́, да кре́пче. Ина́че вы потеря́ете три тре́ти свое́й жи́зни сра́зу.

175

19

Экскурсия по Москве

Дороги́е чита́тели!

Предлага́ем вам соверши́ть небольшу́ю экску́рсию по Москве́. Предста́вьте себе́, что мы с ва́ми нахо́димся в са́мом це́нтре Москвы́ — на Кра́сной пло́щади. Пе́ред на́ми Кремль — стари́нная кре́пость, окружённая стено́й с высо́кими ба́шнями. В Кремле́ заседа́ет Верхо́вный Сове́т СССР и РСФСР, во Дворце́ съе́здов собира́ются съе́зды Коммунисти́ческой па́ртии Сове́тского Сою́за, прохо́дят всесою́зные совеща́ния рабо́тников промы́шленности, се́льского хозя́йства, нау́ки и культу́ры.

Нале́во от нас — храм Васи́лия Блаже́нного, па́мятник ру́сской архитекту́ры XVI ве́ка. Напра́во — Истори́ческий музе́й. Пе́ред Кремлёвской стено́й — Мавзоле́й В. И. Ле́нина. Ты́сячи москвиче́й и госте́й Москвы́ прихо́дят сюда́, что́бы почти́ть па́мять вели́кого челове́ка и вождя́.

Отсю́да по ти́хим у́лицам Замоскворе́чья и широ́кому Ле́нинскому проспе́кту мы с ва́ми пое́дем на Ле-

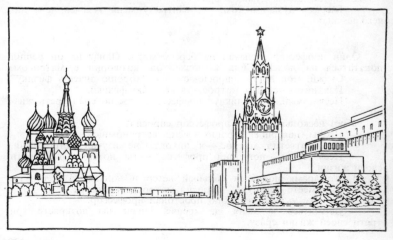

нинские го́ры. В 1953 году́ здесь бы́ло постро́ено огро́мное зда́ние Моско́вского госуда́рственного университе́та. С балко́на два́дцать четвёртого этажа́ открыва́ется прекра́сная панора́ма Москвы́. Внизу́, пря́мо пе́ред на́ми, Лужники́ — Центра́льный стадио́н и́мени В. И. Ле́нина. Э́то це́лый ко́мплекс спорти́вных сооруже́ний: стадио́н на сто ты́сяч челове́к, Дворе́ц спо́рта, бассе́йн, деся́тки спорти́вных площа́док. Сюда́ на соревнова́ния и дру́жеские спорти́вные встре́чи ча́сто приезжа́ют спортсме́ны из ра́зных концо́в Сове́тского Сою́за и други́х стран ми́ра.

Немно́го праве́е стадио́на вы ви́дите двухъя́русный мост че́рез Москву́-реку́ для пешехо́дов, автотра́нспорта и метро́. За мосто́м вдоль Москвы́-реки́ тя́нется сплошна́я зелёная полоса́ Па́рка культу́ры и о́тдыха и́мени Го́рького. Спра́ва от университе́та вы ви́дите кварта́лы больши́х жилы́х домо́в. Э́то но́вый райо́н Москвы́, вы́росший на ю́го-за́паде за после́дние пятна́дцать-шестна́дцать лет. С Ле́нинских гор по на́бережной Москвы́-реки́ мы прое́дем к гости́нице «Украи́на». Э́то одно́ из высо́тных зда́ний Москвы́. Зате́м мы выезжа́ем на Садо́вое кольцо́, широ́кой ле́нтой опоя́сывающее центра́льную часть го́рода. Отсю́да начина́ется проспе́кт Кали́нина, у́лица но́вых совреме́нных магази́нов, кафе́, рестора́нов.

Мы е́дем по кольцу́ ми́мо высо́тного жило́го до́ма на пло́щади Восста́ния, До́ма-музе́я Че́хова, Конце́ртного за́ла и́мени Чайко́вского.

На пло́щади Маяко́вского мы повора́чиваем напра́во и выезжа́ем на центра́льную у́лицу Москвы́ — у́лицу Го́рького. Мы е́дем к це́нтру го́рода. Сле́ва остаётся па́мятник Пу́шкину, па́мятник основа́телю Москвы́ — кня́зю Ю́рию Долгору́кому, спра́ва — Музе́й Револю́ции, зда́ние Моско́вского Сове́та, Центра́льный телегра́ф. Мелька́ют витри́ны магази́нов, назва́ния кинотеа́тров, гости́ниц, рестора́нов, кафе́.

Впереди́ видны́ ба́шни Кремля́. Авто́бус повора́чивает нале́во — на пло́щадь Свердло́ва. Здесь мы выхо́дим из авто́буса и остана́вливаемся пе́ред зда́нием, кото́рое, наве́рное, уже́ знако́мо вам. Э́то Большо́й теа́тр — го́рдость москвиче́й, теа́тр, заслу́женно по́льзующийся сла́вой не то́лько в на́шей стране́, но и за рубежо́м. На э́той же пло́щади нахо́дится Ма́лый теа́тр и Центра́льный де́тский теа́тр.

Напро́тив Большо́го теа́тра, в скве́ре, стои́т па́мятник Ка́рлу Ма́рксу. А немно́го да́льше, на пло́щади Револю́ции, нахо́дится зда́ние, в кото́ром стреми́тся побыва́ть ка́ждый, кто приезжа́ет в Москву́. Это Музе́й Влади́мира Ильича́ Ле́нина.

На́ша экску́рсия подхо́дит к концу́. Коне́чно, мы с ва́ми ви́дели лишь небольшу́ю часть из того́ интере́сного, что сто́ит посмотре́ть в Москве́. Одни́х музе́ев в Москве́ бо́лее восьми́десяти, среди́ них Третья́ковская галере́я, Музе́й изобрази́тельных иску́сств и́мени Пу́шкина, Дом-музе́й Льва Толсто́го, Политехни́ческий музе́й, Музе́й исто́рии и реконстру́кции Москвы́. Но са́мое интере́сное в Москве́ — э́то москвичи́, энерги́чные, жизнера́достные и гостеприи́мные лю́ди. В э́том вы мо́жете убеди́ться са́ми. Приезжа́йте в Москву́ — посмотри́те го́род, познако́мьтесь с москвича́ми, поговори́те с ни́ми по-ру́сски.

Appendix

КАК МЫ ГОВОРИМ В РАЗНЫХ СЛУЧАЯХ
WHAT WE SAY ON DIFFERENT OCCASIONS

При встрече мы говорим:

Доброе утро!
Добрый день!
Добрый вечер!
Здравствуй(те)!
Очень рад(а) вас видеть!
Сколько лет, сколько зим!
Какая приятная встреча!

On meeting people we say:

Good morning!
Good afternoon!
Good evening!
How do you do!
I am very glad to see you.
I haven't seen you for ages!
How wonderful to meet you!

При расставании мы говорим:

До свидания!
До завтра (до вечера, до субботы, до следующей недели).
До скорой встречи.
Надеюсь, скоро увидимся.
Всего хорошего.
Привет всем.
Передайте привет всем знакомым.
Привет и наилучшие пожелания вашей семье.
Счастливого пути!
Приятного путешествия!
Спокойной ночи!

When taking leave we say:

Good-bye!
Till tomorrow (tonight, Saturday, next week).

See you soon.
Hope to see you soon.
All the best.
My regards to all.
My regards to all our friends.

Remember me to your family.
I wish you a happy journey!
A happy journey to you!
Good night!

Когда мы хотим кого-нибудь поздравить, мы говорим:

Поздравляю вас с праздником (с днём рождения, с Новым годом)!
С праздником!

When we want to congratulate a person we say:

Congratulations on the occasion (of your birthday, of the New Year)!
Season's greetings!

С днём рожде́ния!

С Но́вым го́дом!

Поздравля́ю вас ... и жела́ю вам успе́хов в рабо́те (учёбе) и сча́стья.

Жела́ю успе́хов во всём и сча́стья!

При знако́мстве мы гово́рим:

Вы не знако́мы?

Познако́мьтесь.

Разреши́те предста́вить вам...

Разреши́те предста́вить вас...

Очень рад познако́миться с ва́ми.

Если мы хоти́м обрати́ться с про́сьбой, мы говори́м:

Скажи́те, пожа́луйста...

Бу́дьте добры́...

Не ска́жете ли вы... ?

Вы не ска́жете мне... ?

Разреши́те спроси́ть вас... ?

Мо́жно спроси́ть вас... ?

Мо́жно вас попроси́ть... ?

Если мы хоти́м попроси́ть извине́ния, мы говори́м:

Прости́те, пожа́луйста.

Извини́те, пожа́луйста.

Прошу́ прости́ть меня́.

Прошу́ извине́ния.

В отве́т на извине́ние мы говори́м:

Ничего́, пожа́луйста.

Ничего́, не беспоко́йтесь.

Пустяки́, ничего́ стра́шного.

Many happy returns of the day!

A Happy New Year to you!

Congratulations on ... , and I wish you success in your work (studies) and happiness.

I wish you every success and happiness!

When introducing people, we say:

Have you met before?

May I introduce ... to you?

May I introduce you to ... ?

I am pleased to meet you.

When we want to ask a person for a favour we say:

Please tell me ...

Will you be so kind as ... ?

Would you kindly tell me ... ?

Can you tell me ... ?

Would you mind telling me ... ?

May I ask you ... ?

May I ask you ... ?

When we want to apologize we say:

I am sorry.

Excuse me.

I beg your pardon.

In reply to an apology we say:

Don't mention it.

It's all right.

It doesn't matter.

Если мы хотим поблагодарить кого-нибудь, мы говорим:	When we want to express our gratitude we say:
Спасибо.	Thanks.
Большое (огромное) спасибо.	Thank you very much indeed.
Благодарю вас.	Thank you.
Я вам очень благодарен (благодарна).	I am very grateful to you.
Я вам так благодарен (благодарна).	I am so grateful to you.
Я вам очень признателен (признательна).	I am extremely grateful to you.

В ответ на благодарность мы говорим:	In reply to an expression of gratitude we say:
Пожалуйста.	It's all right.
Не стоит (говорить об этом).	Don't mention it.

Если мы хотим выразить наше согласие, мы говорим:	When we want to express our agreement we say:
Да.	Yes.
Хорошо.	All right.
Да, конечно.	Yes, of course.
Разумеется.	Certainly.
Думаю, что это так.	I think so.
По-моему, вы правы.	I think you are right.
Я с вами вполне согласен (согласна).	I quite agree with you.
Совершенно верно.	Quite right.
Без сомнения.	Undoubtedly.

Если мы хотим выразить несогласие, мы говорим:	When we want to express disagreement we say:
Я не согласен (согласна) с вами.	I can't agree with you.
Боюсь, что вы не правы.	I am afraid you are wrong.
К сожалению, я не могу согласиться с вами.	I am sorry, but I can't agree with you.
Я думаю иначе.	I think differently.
Нет, я не могу.	No, I can't.
Спасибо, я не хочу.	Thank you, but I don't want (that).

181

Мы о́чень ча́сто задаём сле́дующие вопро́сы:	We very often ask these questions:
Что э́то?	What is that?
Что с ва́ми?	What is the matter with you?
Что случи́лось?	What has happened?
Что э́то зна́чит?	What does that mean?
Что но́вого?	What is the news?
Прости́те, что вы сказа́ли? ⎫ Как вы сказа́ли? ⎭	I beg your pardon (I didn't catch what you said).
Что вы име́ете в виду́?	What do you mean?
Что бы вы хоте́ли (купи́ть, заказа́ть)?	What would you like (to buy, to order)?
Что идёт (в кино́, в теа́тре)?	What is on (at the cinema, at the theatre)?
Что сего́дня в програ́мме?	What is on the programme?
Кто э́то?	Who is that (he, she)?
Кто э́тот челове́к?	Who is that person?
Кто э́то был? ⎫ Кто приходи́л? ⎭	Who was that?
Кто вам сказа́л об э́том?	Who told you that?
Как вас зову́т? ⎫ Как ва́ше и́мя? ⎭	What is your name?
Как пожива́ете?	How are you getting on?
Как дела́?	How are things?
Как вы себя́ чу́вствуете? ⎫ Как (ва́ше) здоро́вье? ⎭	How are you?
Как семья́?	How are your family?
Как де́ти?	How are your children?
Как вы провели́ пра́здники (кани́кулы)?	How did you spend the holiday (vacation)?
Как называ́ется э́та кни́га (э́тот фильм, э́та у́лица)?	What is the title of that book? What is the name of this film (of this street)?
Как вам нра́вится... ?	How do you like ... ?
Как по-ру́сски... ?	What is the Russian for ... ?
Как прое́хать... ? ⎫ Как пройти́... ? ⎬ Как дое́хать до... ? ⎭	How do I get to ... ?
Как до́лго вы жда́ли нас?	How long have you been waiting for us?
Как ча́сто вы хо́дите в теа́тр?	How often do you go to the theatre?
Ско́лько раз вы бы́ли в Сове́тском Сою́зе?	How many times did you visit the Soviet Union?

182

Ско́лько сто́ит... ?	How much is ... ?
Ско́лько вам биле́тов?	How many tickets do you need?
Ско́лько лет ва́шему сы́ну (ва́шей до́чери)?	How old is your son (daughter)?
Како́й сего́дня день (неде́ли)?	What day of the week is today?
Како́е сего́дня число́?	What is today's date?
Кото́рый час?	What time is it?
Кака́я ра́зница ме́жду... ?	What is the difference between ... ?
Кака́я э́то остано́вка?	What stop is this?
В чём де́ло?	What is the matter?
О чём идёт речь?	What is it all about?

VOCABULARY

Abbreviations

А, а

a *conj.* while, and; but
авиапо́чт|а *f* airmail; (**посыла́ть**) ~**ой** send by airmail
авто́бусн|ый, -ая, -ое; -ые bus; ~**ая остано́вка** bus stop
автомаши́на *f or* **маши́на** *f* motorcar
авторÝчка *f* (*gen. pl.* авторÝчек) fountain-pen
адреса́т *m* addressee
англи́йск|ий, -ая, -ое; -ие English; ~ **язы́к** English
англича́нин *m* (*pl.* англича́не, англича́н) Englishman
апте́ка *f* chemist's (shop); drugstore
арти́ст *m* actor
арти́стка *f* (*gen. pl.* арти́сток) actress
аспира́нт *m* post-graduate (student)
аспиранту́ра *f* post-graduate course
аудито́рия *f* room, lecture-hall
афи́ша *f* poster, playbill

Б, б

ба́бушка *f* (*gen. pl.* ба́бушек) grandmother, granny
бакале́я *f* grocery
балери́на *f* ballet-dancer
бандеро́ль *f* book and small parcel post; **посыла́ть** ~**ю** send by book-post
ба́нка *f* (*gen. pl.* ба́нок) jar; tin
бассе́йн *m* swimming-pool
ба́шня *f* (*gen. pl.* ба́шен) tower
бе́гать *I imp.* run
бе́дн|ый, -ая, -ое; -ые poor
бежа́ть *imp.* (бегу́, бежи́шь... бегу́т) run
бе́жев|ый, -ая, -ое; -ые beige
без *prep.* (+ *gen.*) without
бе́л|ый, -ая, -ое; -ые white
бельё *n* linen; underclothes
бе́рег *m* (*prep.* о бе́реге, на берегу́; *pl.* берега́) bank; shore; coast
бесе́довать *I imp.* (бесе́дую, бесе́дуешь) talk

184

беспоко́ить II *imp.* worry, trouble, disturb

беспоко́йство *n* anxiety, uneasiness, trouble

бессо́нница *f* sleeplessness

биле́т *m* ticket; card

биологи́ческий: ~ **факульте́т** biology faculty

бифште́кс *m* beefsteak

благода́рен, благода́рн|а, -о; -ы *short adj.* grateful

благодари́ть II *imp.* thank

благодаря́ *prep.* (+ *dat.*) thanks to

бланк *m* form

блестя́щ|ий, -ая, -ее; -ие brilliant

ближа́йш|ий, -ая, -ее; -ие nearest, next

бли́же (*comp. of* **бли́зкий & бли́зко**) nearer

бли́зко near, close

блокно́т *m* notebook

блю́до *n* dish; course

богате́йш|ий, -ая, -ее; -ие very rich

бога́т|ый, -ая, -ое; -ые rich; ~ **вы́бор** wide choice

бо́др|ый, -ая, -ое; -ые cheerful; brisk

бока́л *m* glass

болга́рск|ий, -ая, -ое; -ие Bulgarian

бо́лее more

боле́льщик *m* fan

бо́лен, больн|а́; -ы *short adj.* ill; **я** ~ I am ill

боле́ть[1] II *imp.* (боли́т, боля́т; *3rd pers. only*) hurt, ache, be sore; **у меня́ боли́т голова́** I have a headache

боле́ть[2] I *imp.* чем (боле́ю, боле́ешь) be ill; be down (with); *за кого́* support (a team or sportsman) enthusiastically

боль *f* pain; **головна́я** ~ headache

больни́ца *f* hospital

бо́льно *predic. impers.* it is painful; **мне** ~ it hurts me

больн|о́й, -а́я, -о́е; -ы́е sick; sore

больно́й *m* sick person

бо́льше (*comp. of* **большо́й & мно́го**) bigger, larger; more

бо́льш|ий, -ая, -ее; -ие (*comp. of* **большо́й**) greater; ~**ая часть** the greater / most part

больш|о́й, -а́я, -о́е; -и́е big, large; great

бортпроводни́ца *f* stewardess

борщ *m* (*gen.* борща́) borshch (*beetroot and cabbage soup*)

борьба́ *f* struggle; fight

ботани́ческ|ий, -ая, -ое; -ие botanical

боти́нки *pl.* (*sing.* боти́нок *m*) boots

боя́ться II *imp.* be afraid

брат *m* (*pl.* бра́тья, бра́тьев) brother

брать I *imp.* (беру́, берёшь; *past* брал, -о, -и, брала́) take

бри́ться I *imp.* (бре́юсь, бре́ешься) shave

броди́ть II *imp.* (брожу́, бро́дишь) wander

броса́ть I *imp.* throw; give up

брю́ки *only pl.* (*gen.* брюк) trousers

бу́дничн|ый, -ая, -ое; -ые everyday, prosaic

бу́дущее *n* future

бу́дущ|ий, -ая, -ее; -ие future

бу́лочка *f* (*gen. pl.* бу́лочек) roll, bun

бу́лочная [-шн-] *f* baker's

бульо́н *m* broth

бума́га *f* paper

бума́жник *m* wallet

бу́сы *only pl.* (*gen.* бус) beads

бутербро́д *m* sandwich

буты́лка *f* (*gen. pl.* буты́лок) bottle

быва́ть I *imp.* be, visit, stay; happen

бы́стро quickly; fast

быть *imp.* (*present* есть *is usually omitted*; *fut.* бу́ду, бу́дешь, бу́дут; *past* был, -о, -и, была́) be; **В ко́мнате бы́ло мно́го сту́льев.** There were many chairs in the room. **У меня́ была́ кни́га.** I had a book.

бюро́ *n* (*not decl.*) bureau, office; ~ **обслу́живания** service bureau

В, в

в, во *prep.* (+ *prepos. & acc.*) in, into; to, at

ва́жн|ый, -ая, -ое; -ые important

ва́нная *f* bathroom

варён|ый, -ая, -ое; -ые boiled

вдвоём two (together)

вдоль *prep.* (+ *gen.*) along

вдруг suddenly

ведь *particle* you see, you know

везти́ I *impers.* (везёт; везло́) be lucky; **ему́ везёт** he is lucky

век *m* (*pl.* века́) century, age

веле́ть II *imp. & p.* order

вели́к, велик|а́, -о́, -и́ (*short adj.*) too big, too large

вели́к|ий, -ая, -ое; -ие great

велосипе́д *m* bicycle; **ката́ться на ~е** cycle

велосипеди́ст *m* cyclist

ве́рить II *imp.* believe

ве́рно right, correctly; **это ~** it is true

верну́ться I *p* (верну́сь, вернёшься) return, come back

Верхо́вный Сове́т the Supreme Soviet

вес *m* weight

ве́село *adv.* gaily, merrily; **мне ~** *predic. impers.* I am enjoying myself

весёл|ый, -ая, -ое; -ые merry, gay

весе́нн|ий, -яя, -ее; -ие spring

весна́ *f* spring

весно́й in spring

вести́ I *imp.* (веду́, ведёшь... веду́т; *past* вёл, вел|а́, -о́, -и́) lead

весь, вся, всё; все all, whole; **всё** everything; **все** everybody; all

ве́тер *m* (*gen.* ве́тра) wind

ве́чер *m* (*pl.* вечера́) evening; evening party; social gathering

ве́чером in the evening; **сего́дня ~** this evening, tonight

вещь *f* (*gen. pl.* веще́й) thing

взве́сить II *p* (взве́шу, взве́сишь) weigh

взять I *p* (возьму́, возьмёшь; *past* взял, -о, -и, взяла́) take

вид[1] *m* sight, view; look, aspect

вид[2] *m* kind, sort

ви́деть II *imp.* (ви́жу, ви́дишь) see

ви́деться II *imp.* (ви́жусь, ви́дишься) *с кем* see each other

ви́дно *predic. impers.* one can see

ви́лка *f* (*gen. pl.* ви́лок) fork

виногра́д *m* vine, grapes

висе́ть II *imp.* (вишу́, виси́шь) hang

витри́на *f* shop window

вкус *m* taste

вку́сно *predic. impers.:* **это ~** it's tasty

вку́сн|ый, -ая, -ое; -ые tasty

вме́сте together

вме́сто *prep.* (+ *gen.*) instead of, in place of

вмеща́ть I *imp.* contain, hold; seat

вне́шн|ий, -яя, -ее; -ие outward, external

вниз (*куда́?*) down, downwards

внизу́ (*где́?*) below

внима́ние *n* attention, notice

внима́тельно attentively, carefully

вничью́: сыгра́ть ~ draw

внук *m* grandson

вну́тренн|ий, -яя, -ее; -ие inside, interior, inner

внутри́ (*где́?*) *adv. & prep.* (+ *gen.*) inside, in

внутрь (*куда́?*) *adv. & prep.* (+ *gen.*) inside, in (to)

вну́чка *f* (*gen. pl.* вну́чек) granddaughter

во вре́мя *prep.* (+ *gen.*) during

во́время in time

вода́ *f* (*acc.* во́ду; *pl.* во́ды) water

води́ть II *imp.* (вожу́, во́дишь) lead, conduct

водопрово́д *m* water-main, running water

вождь *m* (*gen.* вождя́) leader

возвраща́ться I *imp.* return

во́здух *m* air; **на ~е** in the open air

война́ *f* (*pl.* во́йны) war

войти́ I *p* (войду́, войдёшь; *past* вошёл, вошл|а́, -о́, -и́) enter

вокза́л *m* railway-station

вокру́г *adv. & prep.* (+ *gen.*) round, around

волне́ние *n* agitation

волнова́ться I *imp.* (волну́юсь, волну́ешься) be agitated; be nervous

волну́ющ|ий, -ая, -ее; -ие exciting, moving

вообще́ in general

вопро́с *m* question

воспале́ние *n* inflammation; **~ лёгких** pneumonia

восто́к *m* east

восто́чн|ый, -ая, -ое; -ые east, eastern; oriental

впервы́е for the first time

вперёд (*куда́?*) forward

впереди́ (*где́?*) in front, before

впечатле́ние *n* impression

врата́рь *m* (*gen.* вратаря́) goalkeeper

врач *m* (*gen.* врача́) physician, doctor

вре́менн|ый, -ая, -ое; -ые temporary

вре́мя *n* (*gen.* вре́мени, *instr.* вре́менем; *pl.* времена́, времён, времена́м *etc.*) time

вруча́ть *I imp.* hand in

всегда́ always

всего́ [-во-] in all, all together; only; **всего́ хоро́шего** good-bye

всеми́рн|ый, -ая, -ое; -ые world, world-wide

всё-таки nevertheless

вско́ре soon

вспо́мнить *II p* remember

встава́ть *I imp.* (встаю́, встаёшь) get up, rise

встать *I p* (вста́ну, вста́нешь) get up, rise

встре́ча *f* meeting; reception; welcome; match

встреча́ть *I imp.* meet, receive; greet; welcome

встреча́ться *I imp.* meet

всю́ду everywhere

в тече́ние *prep.* (+ *gen.*) in the course of; during

втор|о́й, -а́я, -о́е; -ы́е second; ∼о́е блю́до *or* второ́е second course

втроём three (together)

вход *m* entrance

входи́ть *II imp.* (вхожу́, вхо́дишь) enter

вчера́ yesterday

вчера́шн|ий, -яя, -ее; -ие yesterday's

выбира́ть *I imp.* choose

вы́бор *m* choice; **большо́й** ∼ **това́ров** large variety of goods

вы́брать *I p* (вы́беру, вы́берешь) choose

выдаю́щ|ийся, -аяся, -ееся; -иеся outstanding

вы́ехать *I p* (вы́еду, вы́едешь) go out, leave

вы́зов *m* call

вызыва́ть *I imp.* call, send for; ∼ **врача́ на́ дом** call the doctor, send for the doctor

выи́грывать *I imp.* win, gain

вы́лечить *II p* cure

вы́писать *I p* (вы́пишу, вы́пишешь); ∼ **реце́пт** write out a prescription

вы́пить *I p* (вы́пью, вы́пьешь) drink

выполня́ть *I imp.* carry out, fulfil

выража́ть *I imp.* express

выраже́ние *n* expression

вы́расти *I p* (вы́расту, вы́растешь; *past* вы́рос, -ла, -ло, -ли) grow

высо́к|ий, -ая, -ое; -ие high; tall

высоко́ high

высота́ *f* (*pl.* высо́ты) height

высо́тн|ый, -ая, -ое; -ые multistoreyed

вы́ставка *f* (*gen. pl.* вы́ставок) exhibition

вы́сш|ий, -ая, -ее; -ие higher, highest; superior

выходи́ть *II imp.* (выхожу́, выхо́дишь) go out; open on (to)

Г, г

газе́та *f* newspaper

газе́тн|ый, -ая, -ое; -ые: ∼ **кио́ск** news-stand

галантере́я *f* haberdashery

га́лстук *m* tie

гардеро́б *m* cloak-room; wardrobe

гарни́р *m* garnish

га́снуть *I imp.* (га́снет; *past* гас, -ла, -ло; -ли) go out, die out

гастро́ли *pl.* (*gen. pl.* гастро́лей) tour

гастроно́м *m* foodstore

где where

географи́ческ|ий, -ая, -ое; -ие geographic(al)

геологи́ческ|ий, -ая, -ое; -ие geological

геро́й *m* (*gen.* геро́я; *pl.* геро́и) hero

ги́бель *f* death

глава́[1] *m* (*pl.* гла́вы) head, chief

глава́[2] *f* (*pl.* гла́вы) chapter

гла́вн|ый, -ая, -ое; -ые main; ∼ым о́бразом chiefly, mainly

гла́дк|ий, -ая, -ое; -ие smooth

глаз *m* (*prepos.* о гла́зе, в глазу́; *pl.* глаза́, глаз, глаза́м, *etc.*) eye

глота́ть *I imp.* swallow

глубо́к|ий, -ая, -ое; -ие deep

глу́п|ый, -ая, -ое; -ые foolish, stupid

гляде́ть *II imp.* (гляжу́, гляди́шь) look (at)

говори́ть *II imp.* speak; say, tell

год *m* (*prepos.* о го́де, в году́; *pl.* го́ды, года́, *gen. pl.* лет) year

гол *m* (*pl.* го́лы, голо́в) goal

голова́ f (acc. го́лову; pl. го́ловы, голо́в, голова́м, etc.) head

головн|о́й, -а́я, -о́е; -ы́е: ~ а́я боль headache

голо́дн|ый, -ая, -ое; -ые hungry

го́лос m (pl. голоса́) voice

голуб|о́й, -а́я, -о́е; -ы́е light-blue

гора́ f (acc. го́ру; pl. го́ры) mountain; Ле́нинские го́ры Lenin Hills

горди́ться II imp. (горжу́сь, горди́шься) чем be proud (of)

го́рдость f pride

горе́ть II imp. burn

го́рло n throat

го́рничная f chambermaid

го́рн|ый, -ая, -ое; -ые mountain; mining; ~ институ́т Mining Institute

го́род m (pl. города́) city, town

городск|о́й, -а́я, -о́е; -и́е city, town

го́рьк|ий, -ая, -ое; -ие bitter

горя́ч|ий, -ая, -ее; -ие hot; ardent, passionate

гостеприи́мн|ый, -ая, -ое; -ые hospitable

гости́ница f hotel

гость m (pl. го́сти, госте́й, гостя́м) guest, visitor

госуда́рственн|ый, -ая, -ое; -ые state

госуда́рство n state

гото́в, -а, -о; -ы (short form of **гото́вый**) ready

гото́вить II imp. (гото́влю, гото́вишь) prepare, make ready; cook

гото́виться II imp. (гото́влюсь, гото́вишься) get / make ready

гото́в|ый, -ая, -ое; -ые ready, ready-made, finished

граждани́н m (pl. гра́ждане, гра́ждан) citizen

гражда́нка f (gen. pl. гражда́нок) citizen

грамма́тика f grammar

грани́ца f border; за ~ у (куда́?), за ~ей (где?) abroad; из-за ~ы (отку́да?) from abroad

греть I imp. warm, heat

гриб m (gen. гриба́) mushroom

грипп m influenza

гроза́ f (pl. гро́зы) thunderstorm

гро́мк|ий, -ая, -ое; -ие loud

гро́мче (compr. of **гро́мкий** & **гро́мко**) louder

гру́б|ый, -ая, -ое; -ые rough; rude

грузи́нск|ий, -ая, -ое; -ие Georgian

гру́стн|ый, -ая, -ое; -ые sad

гря́зно predic. impers. (it is) dirty; (it is) muddy

гудо́к m (gen. гудка́) whistle; horn; buzz

гуля́ть I imp. go for a walk

гуманита́рн|ый, -ая, -ое; -ые humanitarian; ~ ые нау́ки arts

густ|о́й, -а́я, -о́е; -ы́е thick, dense

Д, д

да yes

дава́йте particle let us; ~ игра́ть let us play

дава́ть I imp. (даю́, даёшь) give; let

давно́ for a long time, long ago

да́же even

далёк|ий, -ая, -ое; -ие distant, remote; far

далеко́ far off, far (from)

да́льше compr. of **далёкий** & **далеко́** farther, further; adv. further; then

да́мск|ий, -ая, -ое; -ие ladies'

да́нн|ый, -ая, -ое; -ые part. given; present

дари́ть II imp. (дарю́, да́ришь) give as a gift

да́ром for nothing; in vain

дать p (дам, дашь, даст, дади́м, дади́те, даду́т; past дал, -о, -и, дала́) give; let

да́ча f summer house

дверь f (gen. pl. двере́й) door

дви́гаться I imp. move

движе́ние n motion; traffic

дво́е two (together)

двор m (gen. двора́) courtyard

дворе́ц: Дворе́ц съе́здов the Palace of Congresses

де́вочка f (gen. pl. де́вочек) (little) girl

де́вушка f (gen. pl. де́вушек) girl

дед m grandfather

де́душка m (gen. pl. де́душек) grandfather, grandpa

дежу́рн|ый, -ая, -ое; -ые on duty

де́йствие n action; act

действи́тельно really, indeed

декора́ции only pl. scenery

де́лать I imp. make, do

делега́т m delegate

делега́ция f delegation

де́л|о *n* (*pl.* дела́) matter; deed; business; **В чём ~ ?** What is the matter?; **по ~а́м** on business; **Как ~а́?** How are things?

демисезо́нн|ый, -ая, -ое; -ые spring / autumn (overcoat)

де́нежн|ый, -ая, -ое; -ые money; **~ перево́д** money order, postal order

день *m* (*gen.* дня) day

де́ньги *only pl.* (*gen. pl.* де́нег) money

дере́вня *f* (*gen. pl.* дереве́нь) village, country

де́рево *n* (*pl.* дере́вья) tree

деревя́нн|ый, -ая, -ое; -ые wooden

держа́ть *II imp.* (держу́, де́ржишь) hold; keep

деся́ток *m* (*gen.* деся́тка) ten

де́ти *pl.* (*sing.* ребёнок) children

де́тск|ий, -ая, -ое; -ие child's, children's; **~ сад** kindergarten

де́тство *n* childhood

дешёв|ый, -ая, -ое; -ые cheap

де́ятель *m*: **госуда́рственный ~** statesman

джаз *m* jazz-band

джем *m* jam

диа́гноз *m* diagnosis; **ста́вить ~** diagnose

дива́н *m* divan, sofa

дирижёр *m* conductor

диссерта́ция *f* thesis, dissertation

дли́нн|ый, -ая, -ое; -ые long

для *prep.* (+ *gen.*) for; to

дневн|о́й, -а́я, -о́е; -ы́е: **~ спекта́кль** matinée

днём in the day-time, in the afternoon

до *prep.* (+ *gen.*) to; till; before

добива́ться *I imp. чего́* obtain, achieve

добр, -а́; -ы́ (*short form of* до́брый) kind, good; **бу́дьте добры́** Will you be so kind as ...?

до́бр|ый, -ая, -ое; -ые kind, good

дово́лен, дово́льн|а, -о; -ы (*short form of* дово́льный) *чем* content, pleased

дово́льно rather; enough

до востре́бования poste restante

догада́ться *I p* guess

догова́риваться *I imp.* come to an agreement

дое́хать *I p* (дое́ду, дое́дешь) reach a place, arrive

дождли́в|ый, -ая, -ое; -ые rainy, wet

дождь *m* (*gen.* дождя́) rain; **идёт ~** it rains

дойти́ *I p* (дойду́, дойдёшь; *past* дошёл, дошл|а́, -о́; -и́) reach a place (on foot)

докла́д *m* report

до́ктор *m* (*pl.* доктора́) doctor

документа́льн|ый, -ая, -ое; -ые documentary

до́лг|ий, -ая, -ое; -ие long

до́лго (for) a long time

до́лжен, должн|а́, -о́; -ы́ *short adj.* must, have to; **я ~** (+ *inf.*) I must; owe; **Он ~ мне три рубля́.** He owes me three roubles.

дом *m* (*pl.* дома́) house; home

до́ма (*где*?) at home

дома́шн|ий, -яя, -ее; -ие home, house, domestic

домо́й (*куда́*?) home

дописа́ть *I p* (допишу́, допи́шешь) finish writing

доро́га *f* road

дорог|о́й, -а́я, -о́е; -и́е dear; expensive; valuable

до свида́ния good-bye

доска́ *f* (*acc.* до́ску; *pl.* до́ски, досо́к, доска́м, *etc.*) board; **ша́хматная ~** chess-board

достава́ть *I imp.* (достаю́, достаёшь) take out; get, obtain

доставля́ть *I imp.* deliver, supply

доста́точно sufficiently; enough

доста́ть *I p* (доста́ну, доста́нешь) take out; get, obtain

достига́ть *I imp.* reach; achieve

доходи́ть *II imp.* (дохожу́, дохо́дишь) reach a place (on foot)

до́чка *f* (*gen. pl.* до́чек) *colloq.* (little) daughter

дочь *f* (*gen., dat., prepos.* до́чери; *pl.* до́чери, дочере́й, дочеря́м, дочерьми́, о дочеря́х) daughter

дошко́льник *m* child under school age

дре́вн|ий, -яя, -ее; -ие ancient

друг[1] *m* (*pl.* друзья́, друзе́й, друзья́м, *etc.*) friend

друг[2]: **~ дру́га** each other, one another

друг|о́й, -а́я, -о́е; -и́е another; other; different

дру́жба *f* friendship

189

дру́жеск|ий, -ая, -ое; -ие friendly

дружи́ть II *imp.* (дружу́, дру́жишь) *с кем* be on friendly terms (with)

дру́жн|ый, -ая, -ое; -ые friendly; harmonious; united

ду́мать I *imp.* think

дупло́ *n* cavity

духи́ *only pl.* perfume

душ *m* shower

душ|а́ *f* (*acc.* ду́шу; *pl.* ду́ши) soul; мне э́то не по ~é I don't like it

дыша́ть II *imp.* (дышу́, ды́шишь) breathe

дя́дя *m* uncle

Е, е

еда́ *f* food; meal

еди́нственн|ый, -ая, -ое; -ые only

ежего́дно yearly

ежедне́вно daily

е́здить II *imp.* (е́зжу, е́здишь) go; ride; drive; travel

е́ле hardly

е́сли *conj.* if

есте́ственн|ый, -ая, -ое; -ые natural

есть[1] (ем, ешь, ест, еди́м, еди́те, едя́т; *past* ел, е́ла, е́ли) eat

есть[2] (*present of* быть) is, are

е́хать I *imp.* (е́ду, е́дешь) go; ride; drive; travel

ещё still, some more, again; ~ раз once more; ~ не... not yet

Ж, ж

жа́дн|ый, -ая, -ое; -ые greedy

жале́ть I *imp.* feel sorry, pity; regret

жа́лко *predic. impers.*: мне ~, что... I'm sorry that...

жа́ловаться I *imp.* (жа́луюсь, жа́луешься) *на что* complain of

жаль *predic. impers.* it is a pity; мне ~, что ... I'm sorry that...

жа́рен|ый, -ая, -ое; -ые fried, roasted

жа́рк|ий, -ая, -ое; -ие hot

жа́рко *predic. impers.* it is hot

ждать I *imp.* (жду, ждёшь; *past* ждал, -о, -и, ждала́) *кого́, что or чего́* wait for, expect

же *particle* then, indeed; всё ~ yet

жела́ние *n* wish

жела́тельно *predic. impers.* it is desirable

жела́ть I *imp. чего́* wish

желе́зн|ый, -ая, -ое; -ые iron; ~ая доро́га railway

жёлт|ый, -ая, -ое; -ые yellow

желу́док *m* (*gen.* желу́дка) stomach

жена́ *f* (*pl.* жёны) wife

жена́т|ый, -ые married

жени́ться II *p & imp* (женю́сь, же́нишься) *на ком* marry

же́нск|ий, -ая, -ое; -ие female; feminine

же́нщина *f* woman

жёстк|ий, -ая, -ое; -ие hard

жив, -о, -ы, жива́ (*short form of* живо́й) alive; living; ~ и здоро́в safe and sound

жив|о́й, -а́я, -о́е; -ы́е alive

жи́вопись *f* painting

живо́т *m* (*gen.* живота́) stomach

жизнера́достн|ый, -ая, -ое; -ые cheerful, joyful

жизнь *f* life

жил|о́й, -а́я, -о́е; -ы́е dwelling

жи́рн|ый, -ая, -ое; -ые fat, rich

жи́тель *m* inhabitant

жить I *imp.* (живу́, живёшь; *past* жил, -о, -и, жила́) live

журна́л *m* magazine, periodical, journal

журнали́стика: факульте́т журнали́стики journalism faculty

З, з

за *prep.* (+ *acc.*) (*куда́?*) behind; ~ два дня *до чего́* two days before... (+ *instr.*) (*где?*) behind, over, at; after; идти́, посыла́ть ~ кем, чем go, send for

заби́ть I *p* (забью́, забьёшь): ~ гол score a goal

заблуди́ться II *p* (заблужу́сь, заблу́дишься) lose one's way

заболе́ть I *p* (заболе́ю, заболе́ешь) fall ill

забо́титься II *imp.* (забо́чусь, забо́тишься) *о ком, о чём* take care

забо́тлив|ый, -ая, -ое; -ые thoughtful, careful

забыва́ть I *imp.* forget

забы́ть I *p* (забу́ду, забу́дешь) forget

заведе́ние *n*; уче́бное ~ educational establishment

заверну́ть *I p* (заверну́, завернёшь) wrap up

завёртывать *I imp.* wrap up

заво́д *m* plant, works

за́втра tomorrow

за́втрак *m* breakfast

за́втракать *I imp.* have breakfast

за́втрашн|ий, -яя, -ее, -ие tomorrow

загла́вие *n* title, heading

загора́ть *I imp.* sunbathe

за́городн|ый, -ая, -ое; -ые out-of-town, country; ~**ая прогу́лка** country walk, trip in (to) the country

задава́ть *I imp.* (задаю́, задаёшь) give; ~ **вопро́сы** ask questions

зада́ча *f* problem; task

заж́е́чь *I p* (зажгу́, зажжёшь... зажгу́т; *past* зажёг, зажгл|а́, -о́, -и́) light; switch on

зайти́ *I p* (зайду́, зайдёшь; *past* зашёл, зашл|а́, -о́, -и́) call on / at; drop in

зака́з *m* order

заказа́ть *I p* (закажу́, зака́жешь) order; book

заказн|о́й, -а́я, -о́е; -ы́е: ~**о́е письмо́** registered letter

зака́зывать *I imp.* order; book

зако́нчить *II p* finish; complete

зако́нчиться *II p* end

закрыва́ть *I imp.* close; cover

закры́т, -а, -о; -ы *(short form of part.* **закры́тый)** (is) closed

закры́т|ый, -ая, -ое; -ые closed

закури́ть *II p* (закурю́, заку́ришь) light a cigarette

закуси́ть *II p* (закушу́, заку́сишь) have a snack

заку́ска *f* (*gen. pl.* заку́сок) hors d'oeuvre, snack

заку́сочная *f* snack-bar

заку́сывать *I imp.* have a snack

зал *m* hall

замени́ть *II p* (заменю́, заме́нишь) replace, substitute

заме́тить *II p* (заме́чу, заме́тишь) notice; note

замеча́тельн|ый, -ая, -ое; -ые remarkable

замеча́ть *I imp.* notice; note

замолча́ть *II p* (замолчу́, замолчи́шь) become silent, stop speaking or singing

за́муж: выходи́ть ~ *за кого́* marry

за́мужем: быть ~ *за кем* be married

за́навес *m* curtain

занима́ть *I imp.* occupy; take; ~ **пе́рвое ме́сто** take the first place

занима́ться *I imp. чем* study; be occupied; be engaged; go in for

за́нят, -о, -ы, занята́ (*short form of part.* **за́нятый**) busy; occupied, engaged

заня́тие *n* business, occupation; **заня́тия** *pl.* lessons, studies

заня́ть *I p* (займу́, займёшь... займу́т; *past* за́нял, -о, -и, заняла́) occupy; take; ~ **пе́рвое ме́сто** take the first place

за́пад *m* west

за́падн|ый, -ая, -ое; -ые west, western

записа́ть *I p* (запишу́, запи́шешь) write down, note

заплати́ть *II p* (заплачу́, запла́тишь) pay

заполни́ть *II p* fill in; crowd

запо́мнить *II p* memorize, bear in mind

запреща́ть *I imp.* forbid, ban

зара́нее in advance

зарубе́жн|ый, -ая, -ое; -ые foreign

заря́дк|а *f* P.T. exercises, gymnastics; **де́лать** ~у do one's morning exercises

заседа́ть *I imp.* sit (*in session*)

заслу́женно deservedly; ~ **по́льзоваться успе́хом** enjoy well-earned success

засмея́ться *I p* begin to laugh

зате́м then

зато́ *conj.* in return

заходи́ть *II imp.* (захожу́, захо́дишь) call on / at; drop in

захоте́ть *p* (захочу́, захо́чешь, захо́чет, захоти́м, захоти́те, захотя́т) want

захоте́ться *impers. p* (захо́чется, захоте́лось) *кому́, чего́* want; **мне захоте́лось** I wanted

заче́м what for, why

защища́ть *I imp.* defend

зва́ние *n* title; rank

звать *I imp.* (зову́, зовёшь; *past* звал, -о, -и, звала́) call; ask, invite; **его (её) зову́т...** his (her) name is...

звезда́ *f* (*pl.* звёзды) star
звене́ть *II imp.* ring
звоно́к *m* (*gen.* звонка́) bell
звук *m* sound
звуча́ть *II imp.* sound; ring; be heard
зда́ние *n* building
здесь here
здоро́в, -а, -о; -ы (*short form of* **здоро́вый**) healthy, sound
здоро́ваться *I imp.* **с кем** greet
здоро́вье *n* health
здра́вствуй(те) how do you do; good morning / evening
зелён|ый, -ая, -ое; -ые green
земля́ *f* (*acc.* зе́млю; *pl.* зе́мли, земе́ль, зе́млям, *etc.*) earth; land; ground
зе́ркало *n* (*pl.* зеркала́, зерка́л) mirror
зима́ *f* (*acc.* зи́му, на́ зиму; *pl.* зи́мы) winter
зи́мн|ий, -яя, -ее, -ие winter, wintry
зимо́й in winter
знако́м, -а, -о; -ы (*short form of* **знако́мый**) known, familiar; **я с ним ~** I know him
знако́мить *II imp.* (знако́млю, знако́мишь) *кого́ с кем* acquaint, introduce
знако́миться *II imp.* (знако́млюсь, знако́мишься) *с кем, с чем* meet, make acquaintance
знако́м|ый, -ая, -ое; -ые familiar; whom / which one knows
знамени́т|ый, -ая, -ое; -ые famous
зна́ние *n* knowledge
знать *I imp.* know
зна́чит it means
значи́тельн|ый, -ая, -ое; -ые considerable, important
зна́чить *II imp.* mean, signify
золот|о́й, -а́я, -о́е, -ы́е gold, golden
зо́нтик *m* umbrella
зре́ние *n* sight
зри́тель *m* spectator; зри́тели *pl.* audience
зри́тельн|ый, -ая, -ое; -ые: **~ зал** hall, auditorium
зря to no purpose; in vain
зуб *m* (*pl.* зу́бы, зубо́в) tooth
зубн|о́й, -а́я, -о́е; -ы́е dental; **~ врач** dentist

И, и

и *conj.* and
игра́ *f* (*pl.* и́гры) play; game; match; performance; acting
игра́ть *I imp.* play; **~ в волейбо́л** play volley-ball; **~ на роя́ле** play the piano
игро́к *m* (*gen.* игрока́) player
игру́шка *f* (*gen. pl.* игру́шек) toy
идти́ *I imp.* (иду́, идёшь; *past* шёл, шла, шло, шли) go, walk; suit
из, изо *prep.* (+ *gen.*) from; out of; of
изве́стие *n* news
изве́стн|ый, -ая, -ое; -ые well-known, noted
извини́ть *II p* excuse
извини́ться *II p* apologize
и́здали from a distance
изда́ние *n* publication
изде́лие *n* article, ware
из-за *prep.* (+ *gen.*) from; from behind; because of
излю́бленн|ый, -ая, -ое; -ые favourite; pet
измени́ть *II p* (изменю́, изме́нишь) change
изме́рить *II p* measure; **~ температу́ру** take one's temperature
изобража́ть *I imp.* depict; picture; paint
изобрази́тельн|ый, -ая, -ое; -ые imitative; **Музе́й ~ых иску́сств** Museum of Fine Arts
из-под *prep.* (+ *gen.*) from under
изуча́ть *I imp.* study, learn
икра́ *f* caviar
и́ли *conj.* or; **и́ли... и́ли** either... or
и́мени named after; **Теа́тр ~ Маяко́вского** Mayakovsky Theatre
име́ть *I imp.* have
име́ться *I*: **име́ется** there is (are)
и́мя *n* (*gen.* и́мени; *pl.* имена́, имён, имена́м) name
ина́че otherwise, or (else)
инициа́лы *only pl.* initials
иногда́ sometimes
ин|о́й, -а́я, -о́е; -ы́е different; other; some
иностра́нец *m* (*gen.* иностра́нца) foreigner
иностра́нн|ый, -ая, -ое; -ые foreign
инструме́нт *m* instrument, tool;

музыка́льный ~ musical instrument

интере́с *m* interest

интере́сн|ый, -ая, -ое, -ые interesting

интересова́ть *I imp.* (интересу́ю, интересу́ешь) interest

интересова́ться *I imp.* (интересу́юсь, интересу́ешься) *кем, чем* be interested

иска́ть *I imp.* (ищу́, и́щешь) look for

исключи́тельно exceptionally

иску́сственн|ый, -ая, -ое; -ые artificial

иску́сство *n* art; skill; craftsmanship

испа́нск|ий, -ая, -ое; -ие Spanish

исполня́ть *I imp.* perform; execute; carry out; fulfil

испо́льзовать *I imp. & p* (испо́льзую, испо́льзуешь) use

исправля́ть *I imp.* correct

иссле́довать *I imp. & p* (иссле́дую, иссле́дуешь) study, investigate, explore

истори́ческ|ий, -ая, -ое; -ие history, historical

исто́рия *f* history

исчеза́ть *I imp.* disappear, vanish

ита́к *conj.* thus, so

и т. д. (= и так да́лее) etc., and so on

К, к

к, ко *prep.* (+ *dat.*) to, towards; for

кабине́т *m* study; consulting-room

каблу́к *m* (*gen.* каблука́) heel

Кавка́з *m* Caucasus

ка́жд|ый, -ая, -ое; -ые each, every; everyone

ка́жется *see* каза́ться

каза́ться *I imp.* (кажу́сь, ка́жешься) seem; appear; *impers. & parenth. word* (ка́жется; каза́лось) it seems that; I believe that

как *adv. & conj.* how, what, like, as, when, since ~ бу́дто as if, as though; ~ раз just; быть ~ раз *colloq.* fit; ~ сле́дует in a proper way

как|о́й, -а́я, -о́е; -и́е what, which

како́й-нибудь some, some kind of

како́й-то some, a

календа́рь *m* (*gen.* календаря́) calendar

ка́мера *f* chamber; ~ хране́ния cloak-room

кани́кулы *only pl.* holidays, vacation

капита́н *m* captain

ка́пля *f* (*gen. pl.* ка́пель) drop

капу́ста *f* cabbage

каранда́ш *m* (*gen.* карандаша́) pencil

карма́н *m* pocket

карти́на *f* picture; scene

карто́фель *m* potatoes

каса́ться *I imp.* touch; concern

ка́сса *f* booking-office; cashdesk

касси́р *m* cashier

кастрю́ля *f* pan; saucepan

ката́ться *I imp.* go for a drive; ~ на конька́х skate; ~ на лы́жах ski; ~ на ло́дке boat; go boating

като́к *m* (*gen.* катка́) skating-rink

ка́федра *f* chair

ка́чество *n* quality

ка́шель *m* (*gen.* ка́шля) cough

каю́та *f* cabin

квадра́тн|ый, -ая, -ое; -ые square

кварта́л *m* block (of buildings)

кварти́ра *f* flat; apartment

квита́нция *f* receipt; бага́жная ~ luggage ticket

киберне́тика: факульте́т прикладно́й матема́тики и киберне́тики faculty of applied mathematics and cybernetics

кило́ *n* (*not decl.*) *colloq.* kilogramme

кино́ *n* (*not decl.*) cinema

киноактёр *m* film actor

киножурна́л *m* newsreel

кинотеа́тр *m* cinema

кинофи́льм *m* film

класс *m* class; classroom

класси́ческ|ий, -ая, -ое; -ие classical

класть *I imp.* (кладу́, кладёшь; *past* клал, -а, -о; -и) lay, put

кли́мат *m* climate

ключ *m* (*gen.* ключа́) key

кни́га *f* book

кни́жн|ый, -ая, -ое; -ые book, bookish; ~ шкаф bookcase

ковёр *m* (*gen.* ковра́) carpet

когда́ *adv. & conj.* when

когда́-нибудь even; some time, some day

ко́жа *f* leather

ко́жан|ый, -ая, -ое; -ые leather

колбаса́ *f* sausage

коли́чество *n* quantity

кольцо́ *n* (*pl.* ко́льца, коле́ц) ring

кома́нда *f* team

командиро́вк|а *f* business trip; **éз-дить в ~у** make a business trip, go away on business

комбина́т *m*: **~ бытово́го обслу́-живания** personal service shop

ко́мната *f* room

ко́мплекс *m* complex; **~ упражне́-ний** set of exercises

конве́рт *m* envelope

конди́терск|ий, -ая, -ое; -ие con-fectionery

конду́ктор *m* conductor; guard

коне́ц *m* (*gen.* конца́) end

коне́чно [-шн-] of course, naturally

коне́чн|ый, -ая, -ое; -ые final, terminal

консервато́рия *f* conservatoire

консе́рвы *only pl.* canned food

конфе́та *f* sweet

конча́ть *I imp.* end, finish

ко́нчить *II p* end, finish

ко́нчиться *II p* end

коньки́ *pl.* (*sing.* конёк *m*) skates

конькобе́жн|ый, -ая, -ое; -ые skating

копе́йка *f* (*gen. pl.* копе́ек) kopeck

кора́бль *m* (*gen.* корабля́) ship

коренн|о́й, -а́я, -о́е; -ы́е: **~ зуб** molar

кори́чнев|ый, -ая, -ое; -ые brown

коро́бка *f* (*gen. pl.* коро́бок) box, case

коро́тк|ий, -ая, -ое; -ие short

ко́рпус *m* building

корреспонде́нция *f* mail

корт *m* court

косми́ческ|ий, -ая, -ое; -ие space

космона́вт *m* spaceman, cosmonaut

ко́смос *m* space, cosmos

косну́ться *I p* (косну́сь, коснёшь-ся) touch

костёр *m* (*gen.* костра́) bonfire, campfire

кость *f* (*pl.* ко́сти, косте́й, костя́м, *etc.*) bone

костю́м *m* suit; costume

котле́та *f* cutlet; chop

кото́р|ый, -ая, -ое; -ые which; who; that

ко́фе *m* (*not decl.*) coffee

ко́фточка *f* (*gen. pl.* ко́фточек) blouse, cardigan

край *m* (*pl.* края́) region; land; territory

краси́вее (*comp. of* краси́вый & краси́во) more beautiful(ly)

краси́в|ый, -ая, -ое; -ые beautiful

кра́сн|ый, -ая, -ое; -ые red

красота́ *f* beauty

Кремль *m* (*gen.* Кремля́) Kremlin

кре́пк|ий, -ая, -ое; -ие strong; firm

кре́пость *f* fortress

кре́сло *n* (*gen. pl.* кре́сел) armchair

крестья́нин *m* (*pl.* крестья́не, кре-стья́н) peasant

крив|о́й, -а́я, -о́е; -ы́е curved, crooked

крик *m* shout

критикова́ть *I imp.* (критику́ю, критику́ешь) criticize

крича́ть *II imp.* shout

крова́ть *f* bed

кроль *m* crawl

кро́ме *prep.* (+ *gen.*) besides; except; **~ того́** besides that

кру́гл|ый, -ая, -ое; -ые round; whole; **~ год** the whole year round

круго́м round, around

кружи́ться *II imp.* (кружу́сь, кру́-жишься) go round; whirl

кружо́к *m* (*gen.* кружка́) circle; **~ худо́жественной самоде́ятельно-сти** amateur art club

крупне́йш|ий, -ая, -ее; -ие largest

кру́пн|ый, -ая, -ое; -ые large, big, great, prominent

крут|о́й, -а́я, -о́е; -ы́е steep, sharp

Крым *m* (*prepos.* о Кры́ме, в Кры-му́) Crimea

кста́ти to the point

кто who

кто́-нибудь somebody, someone; anybody, anyone

кто́-то somebody

куда́ where (to)

куда́-нибудь somewhere, anywhere

куда́-то somewhere

ку́кла *f* (*gen. pl.* ку́кол) doll

культу́рн|ый, -ая, -ое; -ые cultural

купа́ние *n* bathing

купа́ться *I imp.* bathe

купе́ *n* (*not decl.*) compartment

купи́рованн|ый, -ая, -ое; -ые: **~**

ваго́н carriage with compartments
купи́ть *II p* (куплю́, ку́пишь) buy
ку́пол *m* (*pl.* купола́, куполо́в) cu-
pola, dome
кури́ть *II imp.* (курю́, ку́ришь)
smoke
ку́рица *f* (*pl.* ку́ры, кур, *etc.*) hen;
chicken
куро́рт *m* health-resort
курс *m* course
кусо́к *m* (*gen.* куска́) piece
ку́хня *f* (*gen. pl.* ку́хонь) 1. kitchen; 2. cooking
ку́хонн|ый, -ая, -ое; -ые kitchen

Л, л

лаборато́рия *f* laboratory
ла́герь *m* camp
латви́йск|ий, -ая, -ое; -ие Latvian
ле́в|ый, -ая, -ое; -ые left
лёгкие *pl.* (*sing.* лёгкое *n*) lungs
лёгк|ий, -ая, -ое; -ие light; easy
легко́ *adv.* easily; lightly; *predic.*
impers. it is easy
лёд *m* (*gen.* льда) ice
ледни́к *m* (*gen.* ледника́) glacier
лежа́ть *II imp.* (лежу́, лежи́шь)
lie
лека́рство *n* medicine
ле́ктор *m* lecturer
ле́кция *f* lecture
ле́нта *f* ribbon
лес *m* (*prepos.* о ле́се, в лесу́;
pl. леса́) forest, wood(s)
лесн|о́й, -а́я, -о́е; -ы́е wooden, for-
est
ле́стница *f* stairs, staircase
лет *gen. pl. of* год
лета́ть *I imp.* fly
лете́ть *II imp.* (лечу́, лети́шь) fly,
take off
ле́тн|ий, -яя, -ее; -ие summer
ле́то *n* summer
ле́том in summer
лётчик *m* flier, pilot; ~-космона́вт
spaceman, cosmonaut
лече́бн|ый, -ая, -ое; -ые medicinal
лечи́ть *II imp.* (лечу́, ле́чишь)
treat
лечь *I imp.* (ля́гу, ля́жешь... ля́-
гут; *past* лёг, легл|а́, -о́, -и) lie
down
ли *interrogative particle* whether

ли́бо *conj.* or, either; ли́бо... ли́бо...
either... or
лимо́н *m* lemon
ли́ния *f* line
лист[1] *m* (*gen.* листа́; *pl.* ли́стья)
leaf
лист[2] *m* (*gen.* листа́; *pl.* листы́)
sheet
листо́к: ~ для приезжа́ющих blank
form
лито́вск|ий, -ая, -ое; -ие Lithuanian
лить *I imp.* (лью, льёшь; *past*
лил, -о, -и, лила́) pour
лифт *m* lift
лицо́ *n* (*pl.* ли́ца) face
ли́чн|ый, -ая, -ое; -ые personal;
private
ли́шн|ий, -яя, -ее; -ие spare; un-
necessary
лишь only
лоб *m* (*gen.* лба) forehead
лови́ть *II imp.* (ловлю́, ло́вишь)
catch
ло́дка *f* (*gen. pl.* ло́док) boat
ло́жа *f* box
ложи́ться *II imp.* (ложу́сь, ложи́шь-
ся) lie down; ~ спать go to
bed
ло́жка *f* (*gen. pl.* ло́жек) spoon
Ло́ндон *m* London
ло́шадь *f* (*gen. pl.* лошаде́й) horse
луг *m* (*prepos.* о лу́ге, на лугу́)
meadow
луна́ *f* moon
лу́чше (*comp. of* хоро́ший & хоро-
шо́) better; ~ всех best of all; ~
всего́ it is best
лу́чш|ий, -ая, -ее; -ие best; better
лы́ж|и *pl.* (*sing.* лы́жа *f*) skis;
ходи́ть на ~ах ski; ката́ться
на ~ах ski
лы́жник *m* skier
люби́м|ый, -ая, -ое; -ые beloved,
favourite
люби́тель *m* amateur; lover
люби́ть *II imp.* (люблю́, лю́бишь)
love, be fond of
любова́ться *I imp.* (любу́юсь, лю-
бу́ешься) *чем* admire
любо́вь *f* (*gen.* любви́) love
люб|о́й, -а́я, -о́е; -ы́е any
лю́ди *pl.* (*gen.* люде́й, *dat.* лю́дям,
instr. людьми́, *prepos.* о лю́дях;
sing. челове́к *m*) people
лю́стра *f* chandelier

М, м

мавзолей *m* (*gen.* мавзолея) mausoleum

мал, -á, -ó, -ы (*short form of* **мáленький, мáлый**) too small

мáленьк|ий, -ая, -ое; -ие small; little; slight; young

мáло little; few; not enough

мáльчик *m* boy

мáма *f* mummy

мáрка *f* (*gen. pl.* мáрок) postage stamp

маршрýт *m* route

мáсло *n* butter; oil

мáстер *m* (*pl.* мастерá, мастерóв, *etc.*) master; ~ **спóрта** master of sport

математика: факультéт приклад-нóй матемáтики и кибернéтики faculty of applied mathematics and cybernetics

материáл *m* material

мать *f* (*gen. dat., prepos.* мáтери; *pl.* мáтери, матерéй, матерям, *etc.*) mother

машина *f* machine; engine; *colloq.* motor-car

машинист *m* engine-driver

мéбель *f* (*only sing.*) furniture

медицина *f* medicine

медицинск|ий, -ая, -ое; -ие medical

мéдленн|ый, -ая, -ое; -ые slow

медсестрá *f* (*pl.* медсёстры, медсестёр, медсёстрам *etc.*) nurse

мéжду *prep.* (+ *gen.* & *instr.*) between, among

международн|ый, -ая, -ое; -ые international

мéлк|ий, -ая, -ое; -ие small; ~**ая тарéлка** dinner plate

мелькáть *I imp.* flash; gleam; appear for a moment

мéньше (*comp. of* **мáленький** & **мáло**) smaller; less

мéньш|ий, -ая, -ее; -ие smaller, lesser

менять *I imp.* change

меняться *I imp.* change

мéрить *II imp.* measure; try on

мéстн|ый, -ая, -ое; -ые local

мéсто *n* (*pl.* местá) place; seat

мéсяц *m* month

метáлл *m* metal

метрó *n* (*not decl.*) underground

мех *m* (*pl.* мехá) fur

механико-математический: ~ факультéт mechanics and mathematics faculty

мечтá *f* (*gen. pl.* мечтáний) dream

мечтáть *I imp. о ком, о чём* dream

мешáть *I imp. комý, чемý* prevent; hinder; disturb

милиционéр *m* militiaman

мил|ый, -ая, -ое; -ые nice, sweet; dear

мимо *prep.* (+ *gen.*) past; by

минерáльн|ый, -ая, -ое; -ые: ~ая водá mineral water

минýта *f* minute

мир[1] *m* (*pl.* миры) world; universe

мир[2] *m* peace

мирн|ый, -ая, -ое; -ые peaceful

миров|óй, -áя, -óе; -ые world

млáдш|ий, -ая, -ее; -ие junior

мнéние *n* opinion

мнóго many, much

мнóгие *pl.* (*gen.* мнóгих) many (people)

мнóгое *n* (*gen.* мнóгого) a great deal; many things

многочисленн|ый, -ая, -ое; -ые numerous

многоэтáжн|ый, -ая, -ое; -ые multistoreyed

мóдн|ый, -ая, -ое; -ые fashionable

мóжет быть perhaps, may be

мóжно *комý impers. predic.* one can / may; **Мóжно мне войти?** May I come in?

мóкр|ый, -ая, -ое; -ые wet

молдáвск|ий, -ая, -ое; -ие Moldavian

молодéц! fine fellow! well-done!

молодёжь *f* youth, young people

молод|óй, -áя, -óе; -ые young

мóлодость *f* youth; **в ~и** in one's youth

молóже younger

молокó *n* milk

молóчн|ый, -ая, -ое; -ые milk

мóлча silently, without a word

молчали́в|ый, -ая, -ое; -ые silent

молчáть *II imp.* be silent

монéта *f* coin

мóре *m* (*pl.* моря) sea

морóженое *n* ice-cream

морóз *m* frost

морск|óй, -áя, -óе; -ие sea

москви́ч *m* (*gen.* москвича́) Muscovite

моско́вск|ий, -ая, -ое; -ие (of) Moscow

мост *m* (*gen.* моста́, мо́ста; *prepos.* о мо́сте, на мосту́; *pl.* мосты́) bridge

мочь *I* *imp.* (могу́, мо́жешь... мо́гут; *past* мог, могл|а́, -о́, -и́) can; may

муж *m* (*pl.* мужья́, муже́й, мужья́м, *etc.*) husband

мужск|о́й, -а́я, -о́е; -и́е male; men's; masculine

мужчи́на *m* man

музе́й *m* (*gen.* музе́я) museum

му́зыка *f* music

музыка́льн|ый, -ая, -ое; -ые musical

мусоропрово́д *m* refuse chute

мы́ло *n* soap

мыть *I* *imp.* (мо́ю, мо́ешь) wash

мы́ться *I* *imp.* (мо́юсь, мо́ешься) wash

мы́шца *f* muscle

мя́гк|ий, -ая, -ое; -ие soft

мя́со *n* meat

мясн|о́й, -а́я, -о́е; -ы́е meat

мяч *m* (*gen.* мяча́) ball

Н, н

на *prep.* (+ *acc.* & *prepos.*) on; at; upon; to; for

на́бережная *f* embankment

набира́ть *I* *imp.*: ~ **высоту́** gain height; ~ **но́мер телефо́на** dial

наблюда́ть *I* *imp.* observe; watch

набо́р *m* set; collection

набра́ть *I* *p* (наберу́, наберёшь; *past* набра́л, -и, набрала́) *see* **набира́ть**

набра́ться *I* *p* (наберу́сь, наберёшься): ~ **сил** recuperate

наве́рно(е) most likely

наве́рх (*куда́?*) above, upstairs

наверху́ (*где?*) above, upstairs

навеща́ть *I* *imp.* visit

над, надо *prep.* (+ *instr.*) at, over, above

надева́ть *I* *imp.* put on

наде́яться *I* *imp.* *на кого́, на что* hope; rely (on)

на дня́х the other day, in a day or two

на́до *predic.* *impers.* *кому́* it is necessary, one must; **мне** ~ **рабо́тать** I must work

надоеда́ть *I* *imp.* bore

надо́лго for a long time

на́дпись *f* inscription

наза́д (*куда́?*) back; ago; **неде́лю** ~ a week ago

назва́ние *n* name; title

называ́ть *I* *imp.* call; name

называ́ться *I* *imp.* be called; be named

наибо́лее most; ~ **удо́бный** the most convenient

наизу́сть by heart

найти́ *I* *p* (найду́, найдёшь; *past* нашёл, нашл|а́, -о́, -и́) find; come across; consider

найти́сь *I* *p* (найдётся; *past* нашёл|ся, нашл|а́сь, -о́сь, -и́сь) be found

накану́не the day before, on the eve

накле́ить *II* *p* stick

наконе́ц at last

накрыва́ть *I* *imp.* cover; lay (the table)

накры́ть *I* *p* (накро́ю, накро́ешь) cover, lay (the table)

нале́во to the left, on the left

нали́ть *I* *p* (налью́, нальёшь; *past* нали́л, -о, -и, налила́) pour out

намно́го by far

наоборо́т on the contrary

напеча́тать *I* *p* print; type

написа́ть *I* *p* (напишу́, напи́шешь) write

напо́мнить *II* *p* remind; recall

напра́виться *II* *p* (напра́влюсь, напра́вишься) make / head for, be bound for

направле́ние *n* direction

напра́во to the right, on the right

напра́сно in vain; to no purpose; (you) should not have done so

наприме́р for example

напро́тив *adv.* & *prep.* (+ *gen.*) opposite

нарисова́ть *I* *p* (нарису́ю, нарису́ешь) draw

наро́д *m* people

наро́дн|ый, -ая, -ое; -ые people's; popular; folk

наро́чно [-шн-] purposely

наруша́ть *I* *imp.* violate

наря́дн|ый, -ая, -ое; -ые smart, well-dressed

населе́ние *n* population

на́сморк *m* cold (in the head)

наста́ть *I p* (наста́нет) come

насто́йчив|ый, -ая, -ое; -ые persistent

насто́льн|ый, -ая, -ое; -ые table; ~ая ла́мпа desk-lamp

настоя́щ|ий, -ая, -ее; -ие present; real, genuine

настра́ивать *I p* tune

настрое́ние *n* mood

наступа́ть *I imp.* come, set in; ensue

наступи́ть *II p* (насту́пит) come; set in

нау́ка *f* science

научи́ть *II p* (научу́, нау́чишь) кого́, чему́ teach

научи́ться *II p* (научу́сь, нау́чишься) чему́ learn

нау́чн|ый, -ая, -ое; -ые scientific

находи́ть *II imp.* (нахожу́, нахо́дишь) find; come upon

находи́ться *II imp.* (нахожу́сь, нахо́дишься) be; be situated; be found; turn up

национа́льн|ый, -ая, -ое; -ые national

нача́ло *n* beginning, start

нача́льник *m* head, chief; superior

нача́ть *I p* (начну́, начнёшь; *past* на́чал, -о, -и, начала́) begin, start

нача́ться *I p* (начнётся; *past* начался́, начал|а́сь, -о́сь; -и́сь) begin, start

начина́ть *I imp.* begin, start

не *particle* not, no

не́бо *n* (*pl.* небеса́, небе́с, небеса́м, *etc.*) sky, heaven

небольш|о́й, -а́я, -о́е; -и́е small

нева́жн|ый, -ая, -ое; -ые unimportant; bad; indifferent

неве́ста *f* bride, fiancée

невозмо́жно impossible; э́то ~ it is impossible

не́где (*где?*) there is nowhere; мне ~ взять there is nowhere I could get it from

неда́вно recently

недалеко́ not far

неде́ля *f* (*gen. pl.* неде́ль) week

недоста́ток *m* (*gen.* недоста́тка) lack (of), shortage (of); defect

не́жн|ый, -ая, -ое; -ые tender, delicate

незаме́тно imperceptibly

нездоро́виться *impers.* (нездоро́вится, нездоро́вилось) кому́: мне нездоро́вится I am unwell

незнако́мец *m* (*gen.* незнако́мца) stranger

незнако́м|ый, -ая, -ое; -ые strange; unknown

не́когда *predic. impers.* there is no time; мне ~ I have no time

не́котор|ый, -ая, -ое; -ые some

не́куда (*куда́?*) *predic. impers.* nowhere; one cannot; мне ~ идти́ I have nowhere to go

нелёгк|ий, -ая, -ое; -ие not easy

нельзя́ *predic. impers.* (it is) impossible; one cannot; must not; Неуже́ли нельзя́? Can't one?

нема́ло not little; much, not few, many

немно́го a little, some

необходи́мо *predic. impers.* necessarily, (it is) necessary

необыкнове́нн|ый, -ая, -ое; -ые unusual, extraordinary

неожи́данно unexpectedly; suddenly

неожи́данность *f* surprise, suddenness

неохо́тно unwillingly, reluctantly

непло́хо not bad(ly)

неплох|о́й, -а́я, -о́е; -и́е not bad, good

непра́вильно wrong

неприя́тность *f* unpleasantness

неприя́тн|ый, -ая, -ое; -ые unpleasant

нерв *m* nerve

не́рвн|ый, -ая, -ое; -ые nervous

неру́дко often, not infrequently

не́сколько some, several

несмотря́ на *prep.* (+ *acc.*) in spite of

нести́ *I imp.* (несу́, несёшь; *past* нёс, несл|а́, -о́, -и́) carry, bring; bear

несча́стн|ый, -ая, -ое; -ые unhappy, unfortunate; ~ слу́чай accident

несча́стье *n* misfortune

нет no, not; there is (are) no; у меня́ ~ кни́ги I have no book

неуже́ли *particle* really, is it possible

не хвата́ть *see* хвата́ть

неча́янно accidentally

нéчего [-во] there is nothing
ни *particle* not a; **ни... ни...** neither... nor
нигдé nowhere
нижн|ий, -яя, -ее; -ие lower
низк|ий, -ая, -ое; -ие low
никáк in no way; by no means
никак|óй, -áя, -óе; -íе no (whatever), none
никогдá never
никтó nobody, no one
ничегó [-во] *gen. of* **ничтó**; *adv.* so-so, passable; *particle* it doesn't matter, never mind
нич|éй, -ья́, -ьё; -ьи́ nobody's, no one's
но *conj.* but
новогóдн|ий, -яя, -ее; -ие newyear's
новосéлье *n* house-warming; **справля́ть ~** give a house-warming party
нóвость *f* (*gen. pl.* новостéй) news
нóв|ый, -ая, -ое; -ые new; modern; fresh
ногá *f* (*acc.* нóгу; *pl.* нóги, ног, ногáм *etc.*) leg, foot
нож *m* (*gen.* ножá) knife
нóмер *m* (*pl.* номерá) number; size; apartment, room; **сегóдняшний ~ газéты** today's issue
нормáльно normally
нос *m* (*prepos.* на носу́; *pl.* носы́) nose
носи́ть *II imp.* (ношу́, нóсишь) carry; bear
носки́ *pl.* (*sing.* носóк *m*) socks
ночн|óй, -áя, -óе; -ы́е night
ночь *f* night; **спокóйной ~и!** good night!
нóчью at night, by night
нрáвиться *II imp.* (нрáвлюсь, нрáвишься) like, please
ну *interjection* well
нуждáться *I imp. в ком, в чём* need, require
нýжен, нужнá, нужны́ (*short form of* **нýжный**) *комý* need, want; **мне ~ карандáш** I want a pencil
нýжно *predic. impers.* (it is) necessary; need; one should
нýжн|ый, -ая, -ое; -ые necessary
ны́нешн|ий, -яя, -ее; -ие present, today

О, о

о, об, обо *prep.* (+ *prepos.*) of, about; on
óба *m, n* (*f* óбе) both
обдýмывать *I imp.* think over
обéд *m* dinner
обéдать *I imp.* have dinner, dine
обéденн|ый, -ая, -ое; -ые dinner; **~ переры́в** dinner break
обещáть *I imp.* promise
обзóр *m* review
оби́деться *II p* (оби́жусь, оби́дишься) *на когó, на что* take offence, feel hurt
оби́дно *predic. impers.* it is a pity; **мне ~** I feel hurt
оби́льн|ый, -ая, -ое; -ые plentiful, abundant
óблако *n* (*pl.* облакá; облакóв) cloud
óбласть *f* (*gen. pl.* областéй) region, sphere; field
óблик *m* look; aspect
обмéниваться *I imp. чем с кем* exchange; share
обнимáться *I imp.* embrace
обня́ть *I p* (обниму́, обни́мешь; *past* óбнял, -о, -и, обняла́) embrace
обозначéние *n* designation
обойти́ *I p* (обойду́, обойдёшь; *past* обошёл, обошл|á, -ó; -и́) go round
обрáдоваться *I p* (обрáдуюсь, обрáдуешься) be glad, happy, rejoice
образéц *m* (*gen.* образцá) model, example, pattern
образовáние *n* education
обрати́ться *II p* (обращу́сь, обрати́шься) address; turn to
обрáтно back; **идти́, éхать ~** go back, return; **тудá и ~** there and back
обрáтн|ый, -ая, -ое; -ые reverse; **~ путь** return journey; **~ áдрес** sender's adress
обращáться *I imp.* address; turn to
обслýживание *n* service
обслýживать *I imp.* attend (to), serve
обстанóвка *f* conditions, situation
обстоя́тельство *n* circumstance
обсуждáть *I imp.* discuss, talk over

о́бувь *f* footwear

обходи́ть *II imp.* (обхожу́, обхо́дишь) go round

общежи́тие *n* hostel

обще́ственн|ый, -ая, -ое; -ые social; public; ~ де́ятель public man / figure

о́бщество *n* society

о́бщ|ий, -ая, -ее; -ие general; common

объяви́ть *II p* (объявлю́, объя́вишь) declare, announce

объявле́ние *n* announcement

объясне́ние *n* explanation

объясня́ть *I imp.* explain

обыкнове́нн|ый, -ая, -ое; -ые usual, ordinary

обы́чай *m* (*gen.* обы́чая) custom

обы́чно usually, as a rule

обы́чн|ый, -ая, -ое; -ые usual; ordinary

обяза́тельно without fail

овладе́ть *I p чем* master

о́вощи *pl.* (*gen. pl.* овоще́й; *sing.* о́вощ *m*) vegetables

овощн|о́й, -а́я, -о́е; -ы́е vegetable

огляну́ться *I p* (огляну́сь, огля́нешься) turn (back), look at something, glance back / behind

ого́нь *m* (*gen.* огня́; *pl.* огни́, огне́й) *no pl.* fire; light

огро́мн|ый, -ая, -ое; -ые huge, great; vast

огуре́ц *m* (*gen.* огурца́) cucumber

одева́ть *I imp.* dress

оде́жда *f* clothes

оде́ть *I p* (оде́ну, оде́нешь) dress

оде́ться *I p* (оде́нусь, оде́нешься) dress (oneself)

одея́ло *n* blanket

одна́жды once, one day

одна́ко *conj.* however; though; but

одновреме́нно simultaneously

одобря́ть *I imp.* approve

оживлённо animatedly

ожида́ть *I imp.* wait (for), expect

о́зеро *n* (*pl.* озёра, озёр) lake

оказа́ться *I p* (окажу́сь, ока́жешься) find (oneself); turn out, prove (to be)

ока́нчивать *I imp.* finish, end, graduate

океа́н *m* ocean

окно́ *n* (*pl.* о́кна, о́кон) window

о́коло *prep.* (+ *gen.*) by, at; about

оконча́ние *n* ending

око́нчить *II p* finish, end, graduate

око́нчиться *II p* finish, end; be over

око́шко *n* (*pl.* око́шки, око́шек) *colloq.* window (*usu. not very large*)

окра́ина *f* outskirts

окре́пнуть *I p* (окре́пну, окре́пнешь; *past* окре́п, -ла, -ло; -ли) get stronger, healthier

окружа́ть *I imp.* surround

опа́здывать *I imp.* be / get late

опа́сность *f* danger

опа́сн|ый, -ая, -ое; -ые dangerous

опера́ци|я *f* operation; де́лать ~ю operate

о́перн|ый, -ая, -ое; -ые opera

описа́ние *n* description

описа́ть *I p* (опишу́, опи́шешь) describe

опозда́ть *I p* be late

определе́ние *n* definition; attribute

определя́ть *I imp.* define, determine; diagnose

опуска́ть *I imp.* lower, drop

опусти́ть *II p.* (опущу́, опу́стишь) lower; drop

о́пытн|ый, -ая, -ое; -ые experienced

опя́ть again

организова́ть *I imp. & p* (организу́ю, организу́ешь) organize; arrange

оригина́льн|ый, -ая, -ое; -ые original

осе́нн|ий, -яя, -ее; -ие autumn

о́сень *f* autumn

осетри́на *f* sturgeon

осма́тривать *I imp.* see (*museum, etc.*), examine, look over

осмотре́ть *II p* (осмотрю́, осмо́тришь) look over, examine

осмотре́ться *II p* (осмотрю́сь, осмо́тришься) look round

основа́тель *m* founder

основа́ть *I p* (*only past*) found

основн|о́й, -а́я, -о́е; -ы́е basic

осо́бенно especially; particularly

осо́бенн|ый, -ая, -ое; -ые special; particular

остава́ться *I imp.* (остаю́сь, остаёшься) remain; be left

оставля́ть *I imp.* leave

остальн|о́й, -а́я, -о́е; -ы́е the rest; the others

остана́вливать *I imp.* stop

остана́вливаться *I imp.* stop; put up; stay

останови́ть *II p* (остановлю́, остано́вишь) stop

остано́вка *f* (*gen. pl.* остано́вок) stop

оста́ться *I p* (оста́нусь, оста́нешься) remain (*only*): оста́нется; оста́лось): **мне оста́лось учи́ться год** I still have a year to study

осторо́жно carefully; ~ ! be careful!

остроу́мн|ый, -ая, -ое; -ые witty

о́стр|ый, -ая, -ое; -ые sharp; keen; strong; piquant

осуществи́ться *II p* come true, come to be

от, ото *prep.* (+ *gen.*) from; away from; of; for

отвезти́ *I p* (отвезу́, отвезёшь; *past* отвёз, отвезл|а́, -о́, -и́) take / drive away; take / drive back

отве́т *m* answer

отве́тить *II p* (отве́чу, отве́тишь) answer, reply

отве́тн|ый, -ая, -ое; -ые reciprocal; in answer, in return

отвеча́ть *I imp.* answer

отдава́ть *I imp.* (отдаю́, отдаёшь) give back

отда́ть *p* (отда́м, отда́шь, отда́ст, отдади́м, отдади́те, отдаду́т; *past* о́тдал, -о, -и, отдала́) give back

отде́л *m* department; office; section

отделе́ние *n* department; **почто́вое** ~ post office

отде́льно separately

о́тдых *m* rest

отдыха́ть *I imp.* rest; have a rest

оте́ц *m* (*gen.* отца́) father

отказа́ться *I p* (откажу́сь, отка́жешься) refuse; give up

откла́дывать *I imp.* postpone; set aside

открыва́ть *I imp.* open; discover

откры́тка *f* (*gen. pl.* откры́ток) postcard

откры́ть *I p* (откро́ю, откро́ешь) open; discover

отку́да where from; from which; whence

отлича́ться *I imp.* differ

отли́чно (it is) fine; excellent

отмени́ть *II p* (отменю́, отме́нишь) abolish; call off

отнима́ть *I imp.* у кого́ что take away

относи́ться *II imp.* (отношу́сь, отно́сишься) treat; regard; concern

отплы́ть *I p* (отплыву́, отплывёшь) sail

отпра́вить *II p* (отпра́влю, отпра́вишь) send

отпра́виться *II p* (отпра́влюсь, отпра́вишься) set out, go, start; ~ в путь set out

отправля́ть *I imp.* send

отправля́ться *I imp.* set out; start; ~ в путь set out

о́тпуск *m* (*pl.* отпуска́) leave; **идти́ в** ~ go on leave; **быть в** ~е be on leave

отстава́ть *I imp.* (отстаю́, отстаёшь) lag behind; **часы́ отстаю́т** the watch is slow

отста́ть *I p* (отста́ну, отста́нешь) lag behind

отсю́да from here

отту́да from there

отходи́ть *II imp.* (отхожу́, отхо́дишь) move away; step aside

о́тчество *n* patronymic

отчи́зна *f* fatherland, native country

отъе́зд *m* departure

отъезжа́ть *I imp.* move away

официа́нт *m* waiter

охо́тно willingly, readily

охраня́ть *I imp.* guard, protect

оцени́ть *II p* (оценю́, оце́нишь) appraise, evaluate

о́чень very; very much; ~ **хорошо́** very well; **я** ~ **люблю́ ...** I like... very much

о́чередь *I f no pl.* turn; (*gen. pl.* очереде́й) queue

очки́ *only pl.* (*gen. pl.* очко́в) spectacles

ошиби́ться *I p* (ошибу́сь, ошибёшься) make a mistake

оши́бка *f* (*gen. pl.* оши́бок) mistake

П, п

па́дать *I imp.* fall; drop

па́луба *f* desk

пальто́ *n* (*not decl.*) coat, overcoat

па́мятник *m* monument

па́мять *f* memory

201

пансиона́т *m*: ~ для автомоби-
ли́стов motel

папиро́са *f* cigarette

па́пка *f* (*gen. pl.* па́пок) file

па́ра *f* pair, couple

парикма́херская *f* barber's shop;
hair-dressing saloon

парте́р *m* stalls

па́ртия *f* party; group

пассажи́р *m* passenger

пассажи́рск|ий, -ая, -ое; -ие pas-
senger

пацие́нт *m* patient

па́чка *f* (*gen. pl.* па́чек) packet;
pack

певе́ц (*gen.* певца́) singer

певи́ца *f* singer

педагоги́ческ|ий, -ая, -ое; -ие ped-
agogical

пе́нсия *f* pension

первокла́сс|ый, -ая, -ое; -ые first-
class

пе́рв|ый, -ая, -ое; -ые first; ~ое
блю́до *or* пе́рвое first course;
(в) пе́рвое вре́мя at first

перево́д *m* postal order; translation

переводи́ть *II imp.* (перевожу́, пе-
рево́дишь) transfer; translate

перево́дчик *m* interpreter

перед(о) *prep.* (+ *instr.*) before;
in front of

передава́ть *I imp.* (передаю́, пере-
даёшь) pass; convey; broadcast

переда́ть *p* (переда́м, переда́шь,
переда́ст, передади́м, передади́-
те, передаду́т; *past* пе́редал,
-о, -и, передала́) pass; convey;
broadcast

переда́ча *f* broadcast

пере́дн|ий, -яя, -ее; -ие front, fore

переезжа́ть *I imp.* move to a new
place

перее́хать *I p* (перее́ду, перее́дешь)
move to a new place

перейти́ *I p* (перейду́, перейдёшь;
past перешёл, перешл|а́, -о́; -и́)
cross

перенести́ *I p* (перенесу́, перене-
сёшь; *past* перенёс, перенесл|а́,
-о́, -и́) carry over; transfer, bear;
~ боле́знь have an illness

переодева́ться *I imp.* change one's
clothes

перепи́ск|а *f* correspondence; вести́
~у correspond

перепи́сываться *I imp.* correspond,
write to each other

переры́в *m* interval; обе́денный ~
dinner break

переса́дк|а *f* change (*train, etc.*);
де́лать ~у change (*trains, etc.*)

пересе́сть *I p* (переся́ду, переся́-
дешь; *past* пересе́л, -а, -о; -и)
change (*one's seat*)

пересказа́ть *I p* (перескажу́, пере-
ска́жешь) retell

перестава́ть *I imp.* (перестаю́, пере-
стаёшь) stop

переста́ть *I p* (переста́ну, переста́-
нешь) stop

переу́лок *m* (*gen.* переу́лка) bystreet,
lane

пе́рец *m* (*gen.* пе́рца) pepper

перро́н *m* platform

перча́тка *f* (*gen. pl.* перча́ток) glove

пе́сня *f* (*gen. pl.* пе́сен) song

песо́к *m* (*gen.* песка́, песку́) sand

петь *I imp.* (пою́, поёшь) sing

печа́льн|ый, -ая, -ое; -ые sad

печа́тать *I imp.* print; type

печа́ть *f* (*only sing.*) press

пече́нье *n* pastry, biscuits

пешехо́д *m* pedestrian

пешко́м on foot

пиани́но *n* (*not decl.*) piano

пи́во *n* beer

пиро́г *m* (*gen.* пирога́) pie

писа́тель *m* writer, author

писа́ть *I imp.* (пишу́, пи́шешь)
write

пи́сьменн|ый, -ая, -ое; -ые writ-
ing; ~ стол desk

письмо́ *n* (*pl.* пи́сьма, пи́сем) letter

пита́ться *I imp. чем* feed (on); have
food

пить *I imp.* (пью, пьёшь... пьют;
past пил, -о, -и, пила́) drink

пи́ща *f* food

пла́вание *n* swimming

пла́вательн|ый, -ая, -ое; -ые: ~
бассе́йн swimming-pool

пла́вать *I imp.* swim

пла́кать *I imp.* (пла́чу, пла́чешь)
cry, weep

плане́та *f* planet

пласти́нка *f* (*gen. pl.* пласти́нок)
record

пластма́сса *f* plastic

плати́ть *II imp.* (плачу́, пла́тишь)
pay

платóк *m* (*gen.* платкá) handkerchief

платфóрма *f* platform

плáтье *n* clothes; (*pl.* плáтья, плáтьев) dress

плащ *m* (*gen.* плащá) raincoat

племя́нник *m* nephew

плечó *n* (*pl.* плéчи, плеч, плечáм, *etc.*) shoulder

плóтн|ый, -ая, -ое; -ые compact, thick

плóхо *adv.* badly; *predic. impers.* (it is) bad

плох|óй, -áя, -óе; -и́е bad

площáдка *f* (*gen. pl.* площáдок) pitch; ground; site

плóщадь *f* (*gen. pl.* площадéй) square; territory

плыть *I imp.* (плыву́, плывёшь; *past* плыл, -о, -и, плылá) swim

по *prep.* (+ *dat.*) along, on; by; according to; through; in; at; (+ *acc.*) to, till

побéда *f* victory

победи́тель *m* winner

побережье *n* coast

поблагодари́ть *II p* thank

поблизости near at hand, in the vicinity

побри́ться *I p* (побрéюсь, побрéешься) have a shave

побродить *II p* (поброжу́, побрóдишь) roam

побывáть *I p где, у когó* be, visit

повезти́ *I p* (повезу́, повезёшь; *past* повёз, повезл|á, -ó; -и́) *see* везти́; *impers.* (повезёт; повезлó) be lucky; **ему́ (ей) повезлó** he (she) was lucky

повéрить *II p* believe

повéсить *II p* (повéшу, повéсишь) hang

пóвесть *f* (*gen. pl.* повестéй) story

повора́чивать *I imp.* turn

поворóт *m* turn

повтори́ть *II p* repeat

повторя́ть *I imp.* repeat

погаси́ть *II p* (погашу́, погáсишь) switch off; put out

погáснуть *I p* (погáснет; *past* погáс, погáсл|а, -о; -и) go out; become dim

поглáдить *II p* (поглáжу, поглáдишь) iron, press

погляде́ть *II p* (погляжу́, поглядишь) have a look

поговори́ть *II p* have a talk

погóда *f* weather

погуля́ть *I p* go for a walk

под, подо *prep.* (+ *instr.*) under, by; near; (+ *acc.*) to, towards

подавáть *I imp.* (подаю́, подаёшь) give; serve; hand

подáльше a little farther on

подари́ть *II p* (подарю́, подáришь) give as a present

подáрок *m* (*gen.* подáрка) gift, present

подáть *p* (подáм, подáшь, подáст, подади́м, подади́те, подаду́т; *past* пóдал, -о, -и, подалá) give; serve; hand

подвóдн|ый, -ая, -ое; -ые underwater

подготови́тельн|ый, -ая, -ое; -ые; ~ **факультéт** preparatory faculty

подготóвиться *II p* (подготóвлюсь, подготóвишься) prepare

поддéрживать *I imp.* support, second; keep up

подзéмн|ый, -ая, -ое; -ые underground

Подмоскóвье *n* the environs of Moscow

поднимáть *I imp.* lift, raise; pick up

поднимáться *I imp.* go up; rise

подня́ться *I p* (подниму́сь, подни́мешься; *past* подня́лся, подня́л|áсь, -óсь; -и́сь) go up; rise

подождáть *I p* (подожду́, подождёшь; *past* подождáл, -о, -и, подождалá) wait (for)

подойти́ *I p* (подойду́, подойдёшь; *past* подошёл, подошл|á, -ó, -и́) come up; (*3rd pers. only*) fit, suit

подписáть *I p* (подпишу́, подпи́шешь) sign

пóдпись *f* signature

подрóбно in detail

подру́га *f* friend

подружи́ться *II p* (подружу́сь, подру́жишься) make friends

поду́мать *I p* think

подходи́ть *II imp.* (подхожу́, подхóдишь) come (up), approach; (*3rd pers. only*) fit, suit

подходя́щ|ий, -ая, -ее; -ие suitable

подчеркну́ть *I p* (подчеркну́, подчеркнёшь) underline; emphasize

подъе́зд *m* entrance, porch

подъезжа́ть *I imp. к чему́* drive up (to)

по́езд *m (pl.* поезда́) train

пое́здка *f (gen. pl.* пое́здок) journey, trip

пое́хать *I p* (пое́ду, пое́дешь) *куда́* go (in a vehicle)

пожале́ть *I p* be sorry

пожа́луй perhaps; very likely

пожа́луйста please

пожела́ние *n* wish

пожени́ться *II p* (поже́нимся) get married

пожива́ть *I imp.* get on; **Как пожива́ете?** How are you getting on?

пожил|о́й, -а́я, -о́е; -ы́е elderly

поза́втракать *I p* have breakfast

позавчера́ the day before yesterday

позва́ть *I p* (позову́, позовёшь; *past* позва́л, -о, -и, позвала́) call

позво́лить *II p* allow

позвони́ть *II p* ring; ring up

по́здн|ий, -яя, -ее; -ие late

по́здно *predic. impers.* (it is) late

поздоро́ваться *I p* greet

поздрави́тельн|ый, -ая, -ое; -ые complimentary, congratulatory

поздра́вить *II p* (поздра́влю, поздра́вишь) *с чем* congratulate

поздравле́ние *n* congratulation

поздравля́ть *I imp. с чем* congratulate; **~ с Но́вым го́дом** wish somebody a happy New Year

по́зже (*comp. of* по́здно) later, later on

познако́мить *II p* (познако́млю, познако́мишь) introduce

познако́миться *II p* (познако́млюсь, познако́мишься) get acquainted, meet

пойма́ть *I p* catch

пойти́ *I p* (пойду́, пойдёшь; *past* пошёл, пошл|а́, -о́; -и́) go; come

пока́ *conj.* while; until, till; **пока́ не...** until, till

показа́ть *I p* (покажу́, пока́жешь) show

пока́зывать *I imp.* show

поката́ться *I p see* ката́ться

покупа́тель *m* customer, buyer

покупа́ть *I imp.* buy

поку́пка *f (gen. pl.* поку́пок) purchase

покури́ть *II p* (покурю́, поку́ришь) have a smoke

пол *m (pl.* полы́) floor

по́ле *n (pl.* поля́, поле́й) field

полежа́ть *II p* (полежу́, полежи́шь) lie

поле́зн|ый, -ая, -ое; -ые useful

полете́ть *II p* (полечу́, полети́шь) fly

полёт *m* flight

по́лка *f (gen. pl.* по́лок) shelf

по́лн|ый, -ая, -ое; -ые full, complete

полови́на *f* half

положи́ть *II p* (положу́, поло́жишь) lay, put

по́лон, полна́, полно́; полны́ *short form of* по́лный (*see*)

полоса́ *f (acc.* по́лосу; *pl.* по́лосы, поло́с, полоса́м, *etc.*) stripe, strip; zone

полоска́ть *I imp.* (полощу́, поло́щешь) gargle

полтор|а́ *for m and n;* ~ы́ *for f* one and a half

получа́ть *I imp.* receive, get, obtain

получи́ть *II p* (получу́, полу́чишь) receive, get, obtain

по́льза *f* use

по́льзоваться *I imp.* (по́льзуюсь, по́льзуешься) use; enjoy; **~ успе́хом** be a success

по́льск|ий, -ая, -ое; -ие Polish

полюби́ть *II p* (полюблю́, полю́бишь) come to love

полюбова́ться *I p* (полюбу́юсь, полюбу́ешься) admire

поля́к *m* Pole

поме́рить *II p* try on

помести́ть *II p* (помещу́, помести́шь) place; accomodate

помеша́ть *I p* prevent, hinder; disturb

помеща́ть *I imp.* place; accommodate

помеще́ние *n* room, premises

поме́щик *m* landowner

помидо́р *m* tomato

по́мнить *II imp.* remember, bear in mind

помога́ть *I imp.* help

помо́чь *I p* (помогу́, помо́жешь; *past* помо́г, помог|ла́, -ло́, -ли́) help

по́мощь *f* help

понизиться II p fall, go down

понимать I imp. understand

понимающе with understanding

понравиться II p (понравлюсь, понравишься) like, please

понятно clearly, plainly

понять I p (пойму, поймёшь; past понял, -о, -и, поняла) understand

пообедать I p have dinner

пообещать I p promise

попадать I imp. get to; manage to get to

попасть I p (попаду, попадёшь; past попал, -а, -о; -и get to; manage to get to

попозже a little later

пополам in two; half-and-half

по-польски Polish, (in) Polish; à la Polonaise

поправиться II p (поправлюсь, поправишься) recover

по-прежнему as before

попробовать I p (попробую, попробуешь) try; test; taste

попросить II p (попрошу, попросишь) ask (for), request

популярн|ый, -ая, -ое; -ые popular

пора predic. impers. (it is) time; до сих пор up to now

поработать I p do some work

по-разному differently; in different ways

порошок m (gen. порошка) powder

порт m (prepos. о порте, в порту) port, harbour

портфель m briefcase

по-русски (in) Russian; in the Russian style

поручение n errand; mission

порция f portion; helping

порядок m (gen. порядка) order

посадить II p (посажу, посадишь) 1. plant; 2. land

посадка f landing, embarkation

послать I p (пошлю, пошлёшь) send

после prep. (+ gen.) after

последн|ий, -яя, -ее; -ие last, latter, latest

послезавтра the day after tomorrow

послушать I p listen

послушаться I p кого, чего listen to; obey; ~ совета take somebody's advice

посмеяться I p (посмеюсь, посмеёшься) laugh

посмотреть II p (посмотрю, посмотришь) look

пособие n text-book

посоветоваться I p (посоветуюсь, посоветуешься) с кем consult

поспорить II p argue

посреди prep. (+ gen.) in the middle (of)

поссориться II p quarrel

поставить II p (поставлю, поставишь) put; place

постановка f (gen. pl. постановок) staging; production

постараться I p try

по-старому as before; as of old

постель f bed

постепенно gradually, little by little

постоянн|ый, -ая, -ое; -ые permanent

постоять II p (постою, постоишь) stand a while

построить II p build

поступить II p (поступлю, поступишь) куда, во что enter; join

постучать II p knock

посуда f plates and dishes; kitchen utensils

посылать I imp. send

посылка f (gen. pl. посылок) parcel

потанцевать I p (потанцую, потанцуешь) dance

потерять I p lose

потолок m (gen. потолка) ceiling

потом then

потому что conj. because

потребовать I p (потребую, потребуешь) demand; require

потрогать I p touch

по-турецки Turkish; (in) Turkish

поужинать I p have supper

по-французски French; (in) French

поход m hike; trip; ходить в туристический ~ go on a hiking trip

походить II p (похожу, походишь) have a walk, go, walk

поцеловать I p (поцелую, поцелуешь) kiss

почвенный: ~ факультет soil faculty

почему why

почему-нибудь for some reason or other

починить II *p* (починю, починишь) repair

почистить II *p* (почищу, почистишь) clean

почта *f* post

почтальон *m* postman

почти almost

почтить II *p* (почту, почтишь... почтят) honour

почтов|ый, -ая, -ое; -ые post; postal

почувствовать I *p* (почувствую, почувствуешь) feel

пошутить II *p* (пошучу, пошутишь) joke

поэтому *conj.* that is why

появиться II *p* (появлюсь, появишься) appear, make one's appearance

пояс *m* (*pl.* пояса) belt

прав, -а; -ы (*short form of* **правый**) right; **она была права** she was right

правда *f* truth

правило *n* rule

правильн|ый, -ая, -ое; -ые correct

прав|ый, -ая, -ое; -ые right

праздник *m* holiday, festival

праздничн|ый, -ая, -ое; -ые holiday, festival

предлагать I *imp.* offer; suggest

предложение *n* offer, suggestion; sentence, clause

предложить II *p* (предложу, предложишь) offer, suggest

предмет *m* thing, object

предполагать I *imp.* suppose

предпочитать I *imp.* prefer

представитель *m* representative

представить II *p* (представлю, представишь) imagine, introduce; represent

предупреждать I *imp.* let know beforehand; warn

предъявлять I *imp.* show, produce

прежде всего above all

прежн|ий, -яя, -ее; -ие previous, former

прекрасно (it is) fine

прекрасн|ый, -ая, -ое; -ые beautiful; fine

прекращать I *imp.* stop, put an end

прекращаться I *imp.* end, cease

преодолевать I *imp.* overcome

преподаватель *m* teacher

преподавать I *imp.* (преподаю, преподаёшь) teach

преподнести I *p* (преподнесу, преподнесёшь; *past* преподнёс, преподнесл|а; -и) present

при *prep.* (+ *prepos.*) attached to; in the time of; by; about; of

приближаться I *imp.* approach; ~ **к концу** come to an end

приблизительно approximately, roughly

прибор *m* instrument; **столовый** ~ cover

прибывать I *imp.* arrive

прибыть I *p* (прибуду, прибудешь; *past* прибыл, -о, -и, прибыла) arrive

привал *m* halt; **делать** ~ halt

привезти I *p* (привезу, привезёшь; *past* привёз, привезл|а, -о; -и) carry

привет *m* greeting; regards; **передать** ~ convey greetings

приветлив|ый, -ая, -ое; -ые friendly

приветствовать I *imp.* (приветствую, приветствуешь) welcome, greet

привлекать I *imp.* attract, draw

привлечь I *p* (привлеку, привлечёшь; *past* привлёк, привлекл|а, -о; -и) attract, draw

приводить II *imp.* (привожу, приводишь) lead; bring

привозить II *imp.* (привожу, привозишь) bring

привыкать I *imp.* get used to, get accustomed

привычка *f* (*gen. pl.* привычек) habit

пригласить II *p* (приглашу, пригласишь) invite

приглашать I *imp.* invite

пригородн|ый, -ая, -ое; -ые suburban

приготовить II *p* (приготовлю, приготовишь) prepare

придумать I *p* think of; devise

приезд *m* arrival

приезжать I *imp.* arrive, come

приём *m* reception

приехать I *p* (приеду, приедешь) arrive, come

приз *m* (*pl.* призы) prize

приземляться II *p* land

призна́ться *I p* admit

прийти́ *I p* (приду́, придёшь... приду́т; *past* пришёл, пришл|а́, -о́, -и́) come

прийти́сь *impers.* (придётся, пришло́сь): **мне придётся** I'll have to; **мне пришло́сь** I had to

прика́зывать *I imp.* order, command

приключе́ние *n* adventure

приме́р *m* example

приме́рить *II p* try on, fit

приме́рно approximately

принадлежа́ть *II imp.* belong

принести́ *I p* (принесу́, принесёшь; *past* принёс, принесл|а́, -о́; -и́) bring, fetch

принима́ть *I imp.* take; receive, accept

приноси́ть *II imp.* (приношу́, прино́сишь) bring

приня́ть *I p* (приму́, при́мешь; *past* при́нял, -о, -и, приняла́) take; receive, accept

приня́ться *I p* (примусь, при́мешься; *past* принялся́, принял|а́сь, -о́сь; -и́сь) *за что* set to; begin

приро́да *f* nature

присла́ть *I p* (пришлю́, пришлёшь) send

при́стань *f* landing-stage; pier

прису́тствовать *I imp.* (прису́тствую, прису́тствуешь) be present, assist

приходи́ть *II imp.* (прихожу́, прихо́дишь) come, arrive

приходи́ться *II imp. impers.* (прихо́дится; приходи́лось) have to

прихо́жая *f* entrance hall

причёсываться *I imp.* do one's hair, comb one's hair

причи́на *f* cause, reason

прия́тно *adv.* pleasantly; *predic. impers.* it is pleasant

прия́тн|ый, -ая, -ое; -ые pleasant, good, nice

про́бовать *I imp.* (про́бую, про́буешь) try; taste, test

пробы́ть *I p* (пробу́ду, пробу́дешь; *past* про́был, -о, -и, пробыла́) stay, remain

прове́рить *II p* check

провести́ *I p* (проведу́, проведёшь; *past* провёл, провел|а́, -о́; -и́): ~ вре́мя spend time

проводи́ть *II imp.* (провожу́, про-

во́дишь) spend; conduct; show

проводи́ться *II imp.* (прово́дится) be done

проводни́к *m* (*gen.* проводника́) guide, conductor

провожа́ть *I imp.* accompany; see off

проголода́ться *I p* feel / get hungry

прогу́лка *f* (*gen. pl.* прогу́лок) walk; drive; ride

продава́ть *I imp.* (продаю́, продаёшь) sell

продаве́ц *m* (*gen.* продавца́) shop-assistant

прода́ж|а *f* sale; **в** ~е on sale

прода́ть *p* (прода́м, прода́шь, прода́ст, продади́м, продади́те, продаду́т, *past* про́дал, -о, -и, продала́) sell

продово́льственн|ый, -ая, -ое; -ые food, provision; ~ **магази́н** food-store

продолжа́ть *I imp.* continue, go on

продолжа́ться *I imp.* continue; go on

проду́кты *pl.* (*sing.* проду́кт *m*) food, provisions; products

проезжа́ть *I imp.* go, cover; pass by

прое́хать *I p* (прое́ду, прое́дешь) go, over; pass by

прожи́ть *I p* (проживу́, проживёшь; *past* про́жил, -о, -и, прожила́) live

прозра́чн|ый, -ая, -ое; -ые transparent

прои́грывать *I imp.* lose

произведе́ние *n* work; composition

произноше́ние *n* pronunciation

происходи́ть *II imp.* (происхо́дит) take place

пройти́ *I p* (пройду́, пройдёшь; *past* прошёл, прошл|а́, -о́; -и́) pass

пролета́ть *I imp.* fly (over)

промы́шленность *f* industry

пропада́ть *I imp.* get lost; disappear

пропуска́ть *I imp.* let pass; omit; miss

проси́ть *II imp.* (прошу́, про́сишь) *чего́* ask (for)

прослу́шать *I p* hear; listen to; attend

просма́тривать *I imp.* look over through

просмотре́ть *II p* (просмотрю́, просмо́тришь) look through

проснýться *I p* (проснýсь, про-
снёшься) awake

проспéкт *m* avenue

простúть *II p* (прощý, простúшь)
forgive

простúться *II p* (прощýсь, прос-
тúшься) *с кем, с чем* say good-
bye

прóсто simply

прост|óй, -áя, -óе; -ые simple;
common, plain

простудúться *II p* (простужýсь,
простýдишься) catch cold

простýживаться *I imp.* catch cold

прóсьба *f* request

прóтив *prep.* (+ *gen.*) against; opposite

протúвник *m* opponent, adversary

протянýть *I p* (протянý, протя́-
нешь) stretch; extend; reach out

профéссор *m* (*pl.* профессорá) prof-
essor

прохлáдн|ый, -ая, -ое; -ые cool

проходúть *II imp.* (прохожý, про-
хóдишь) pass; take place

прохóжий *m* passer-by

процéнт *m* per cent

процéсс *m* process

прочитáть *I p* read

прóчн|ый, -ая, -ое; -ые durable;
solid; firm

прошéдш|ий, -ая, -ее; -ие past

прошлогóдн|ий, -яя, -ее; -ие last
year's

прóшлое *n* the past

прóшл|ый, -ая, -ое; -ые past; last

прощáть *I imp.* forgive

прощáться *I imp. с кем, с чем* say
good-bye

прыгать *I imp.* jump

прыжóк *m* (*gen.* прыжкá) jump

прямо directly, straight

прям|óй, -áя, -óе; -ые straight;
through

прятать *I imp.* (прячу, прячешь)
hide

психологúческ|ий, -ая, -ое; -ие psy-
cholog ic(al)

птúца *f* bird; *only sing.* fowl

пýблика *f* public; audience

пускáть *I imp.* let (go); set in
motion

пустéть *I imp.* become empty

пуст|óй, -áя, -óе; -ые empty; desert-
ed

пусть *particle* let

путёвка *f* accommodation card (*for
a sanatorium or tourist centre*)

путешéственник *m* traveller

путешéствие *n* trip; journey

путешéствовать *I imp.* (путешéст-
вую, путешéствуешь) travel

путь *m* (*instr.* путём, *gen., dat.,
prepos.* путú; *pl.* путú, путéй, пу-
тя́м, *etc.*) way, means

пыль *f* (*prepos.* о пы́ли, в пыли́)
dust

пытáться *imp.* try

пя́тница *f* Friday

Р, р

рабóта *f* work, labour

рабóтать *I imp.* work

рабóтник *m* worker

рабóтница *f* worker

рабóч|ий, -ая, -ее; -ие working;
labour

рабóчий *m* worker

рáвен, равн|á, -ó; -ы (*short form
of* рáвный) equal; всё ~ó all the
same

рáвн|ый, -ая, -ое; -ые equal

рад, -а, -о; -ы *short adj.* glad

радиоприёмник *m* radio-set

рáдоваться *I imp.* (рáдуюсь, рá-
дуешься) *чемý* be glad, rejoice

рáдостн|ый, -ая, -ое; -ые joyful;
glad

рáдость *f* joy; gladness

раз *m* time; ещё ~ once more;
как ~ just; мнóго ~ many
times; два, три, четы́ре рáза twice,
three, four times; не ~ repeatedly;
ни рáзу not once

разбúть *I p* (разобью́, разобьёшь)
break

разбудúть *II p* (разбужý, разбý-
дишь) wake up

рáзве *particle* really?

развивáться *I imp.* develop

разговáривать *I imp.* talk, speak

разговóр *m* talk; conversation

разговóрчив|ый, -ая, -ое; -ые talka-
tive

раздавáться *I imp.* (раздаётся)
sound, resound; be heard

раздевáться *I imp.* undress

разделúть *II p* (разделю́, раздé-
лишь) divide

разде́ться *I p* (разде́нусь, разде́нешься) undress
разжига́ть *I imp.* light
разли́чие *n* difference, distinction
разли́чн|ый, -ая, -ое; -ые different; various
разме́р *m* size
размести́ть *II p* (размещу́, размести́шь) put up; accommodate
размеща́ть *I imp.* put up; accommodate
ра́зница *f* difference
разнообра́зн|ый, -ая, -ое; -ые various; diverse
разноцве́тн|ый, -ая, -ое; -ые multi-coloured
ра́зн|ый, -ая, -ое; -ые different; various
разойти́сь *I p* (разойдёмся) depart, go away in different directions
разреша́ть *I imp.* allow
разреши́ть *II p* allow
разуме́ется of course
разъе́хаться *I p* (разъе́демся) depart, go away in different directions
райо́н *m* district
ра́нн|ий, -яя, -ее; -ие early
ра́но early
ра́ньше (*comp. of* ра́но) earlier; before, formerly, previously
раски́нуться *I p* spread out / over
раскрыва́ть *I imp.* open; discover; disclose
раскры́ть *I p* (раскро́ю, раскро́ешь) open; discover; disclose
расписа́ние *n* time-table, schedule
расплати́ться *II p* (расплачу́сь, распла́тишься) pay off
располо́жен, -а, -о; -ы (*short form of* расположенный) situated
рассерди́ться *II p* (рассержу́сь, рассе́рдишься) get angry
расска́з *m* tale; short story
рассказа́ть *I p* (расскажу́; расска́жешь) tell, narrate
расска́зывать *I imp.* tell, narrate
рассма́тривать *I imp.* look, discern; consider
расста́ться *I p* (расста́нусь, расста́нешься) *с кем, с чем* part from / with
расстоя́ние *n* distance
расстра́иваться *I imp.* feel / be upset; be disappointed

расте́ние *n* plant
расти́ *I imp.* (расту́, растёшь; *past* рос, -ла́, -ло́, -ли́) grow, grow up
расходи́ться *II imp.* (расхо́димся) depart
расши́рить *II p* widen
рвать *I imp.* (рву, рвёшь; *past* рвал, -о, -и, рвала́) pick; tear
ребёнок *m* (*gen.* ребёнка; *pl.* де́ти, дете́й) child; baby
револю́ция *f* revolution
регуля́рно regularly
ре́дк|ий, -ая, -ое; -ие rare; uncommon
ре́дко rarely, seldom
ре́же *comp. of* ре́дко
ре́зать *I imp.* (ре́жу, ре́жешь) cut; slice
ре́зко sharply
река́ *f* (*acc.* ре́ку; *pl.* ре́ки) river
реце́пт *m* prescription
речн|о́й, -а́я, -о́е; -ы́е river
реша́ть *I imp.* decide; solve
реше́ние *n* decision; solution
реши́ть *II p* decide, solve
рис *m* rice
рискова́ть *I imp.* (риску́ю, риску́ешь) risk
рисова́ть *I imp.* (рису́ю, рису́ешь) draw
ри́сов|ый, -ая, -ое; -ые rice
рису́нок *m* (*gen.* рису́нка) drawing; picture; design
ро́вно exactly; ~ в час at one o'clock sharp
ро́вн|ый, -ая, -ое; -ые flat, even
род *m* gender
ро́дина *f* motherland
роди́тели *pl.* (*gen.* роди́телей) parents
роди́ться *II p* be born
родн|о́й, -а́я, -о́е; -ы́е kindred; own; native; ~ язы́к native language
ро́дственник *m* relative
рожде́ни|е *n* birth; день ~я birthday
ро́зов|ый, -ая, -ое; -ые pink; rosy
роль *f* (*gen. pl.* роле́й) role, part
росси́йск|ий, -ая, -ое; -ие Russian
рост *m* height
рот *m* (*gen.* рта, *prepos.* во рту́) mouth
роя́ль *m* grand piano
руба́шка *f* (*gen. pl.* руба́шек) shirt

рубе́ж *m* (*gen.* рубежа́) border; **за** ~о́м abroad

руга́ть *I imp.* scold; rail

рука́ *f* (*acc.* ру́ку; *pl.* ру́ки, рук, рука́м, *etc.*) hand; arm

руководи́тель *m* leader

руководи́ть *II imp.* (руковожу́, руководи́шь) lead

ру́копись *f* manuscript

румы́нск|ий, -ая, -ое; -ие Rumanian

ру́сск|ий, -ая, -ое; -ие Russian

ру́сский *m* Russian

ру́чка *f* (*gen. pl.* ру́чек) pen (holder); fountain-pen

ры́ба *f* fish

ры́бн|ый, -ая, -ое; -ые fish

ры́нок *m* (*gen.* ры́нка) market

ряд *m* (*gen.* ря́да, 2, 3, 4 ряда́; *prepos.* о ря́де, в ряду́; *pl.* ря́ды) row; line

ря́дом quite near, side-by-side, next to

С, с

с, со *prep.* (+ *instr.*) with, and; (+ *gen.*) from, at, on; since

сад *m* (*prepos.* о са́де, в саду́; *pl.* сады́) garden; orchard; **де́тский** ~ kindergarten

сади́ться *II imp.* (сажу́сь, сади́шься) sit down; sit up, take a seat; land; set

сала́т *m* salad; lettuce

салфе́тка *f* (*gen. pl.* салфе́ток) napkin

сам, сама́, само́; са́ми himself, herself, itself, themselves

самоде́ятельность *f* amateur art activities

самолёт *m* aircraft, aeroplane

самостоя́тельн|ый, -ая, -ое; -ые independent

са́м|ый, -ая, -ое; -ые the very; the same; most; ~ **большо́й** the greatest; the biggest; **тот** ~ this (that) very

санато́рий *m* sanatorium

са́хар *m* sugar

сбо́рн|ый, -ая, -ое; -ые: **сбо́рная кома́нда** selected team

све́ж|ий, -ая, -ее; -ие fresh; latest

сверну́ть *I p* turn

све́рху from above; from the top

свет *m* (*prepos.* о све́те, на свету́) light

светло́ *predic.* impers. (it is) light

све́тл|ый, -ая, -ое; -ые light bright, fair

свида́ние *n* meeting, appointment, rendez-vous

свиде́тель *m* witness

свист *m* whistling

свисто́к *m* (*gen.* свистка́) whistle

сви́тер *m* sweater

свобо́ден, свобо́дн|а, -о; -ы (*short form of* **свобо́дный**) free; vacant

свобо́дно freely; fluently

свобо́дн|ый, -ая, -ое; -ые free, vacant

сво́йство *n* property

свы́ше *prep.* (+ *gen.*) over, beyond

свя́зывать *I imp.* tie together; connect

связь *f* communication; connection

сдава́ть *I imp.* (сдаю́, сдаёшь): ~ **экза́мены** take examination

сдать *p* (сдам, сдашь, сдаст, сдади́м, сдади́те, сдаду́т; *past* сдал, -о, -и, сдала́): ~ **экза́мены** pass examination

сде́лать *I p* do; make

себя́ (*dat.* себе́, *instr.* собо́й) (one)-self

се́вер *m* north

се́верн|ый, -ая, -ое; -ые northern

сего́дня today

сего́дняшн|ий, -яя, -ее; -ие today's

сейча́с now

секу́нда *f* second

село́ *n* (*pl.* сёла) village

се́льск|ий, -ая, -ое; -ие rural; ~ **ое хозя́йство** agriculture

семина́р *m* seminar

семья́ *f* (*pl.* се́мьи) family

серди́т|ый, -ая, -ое; -ые angry

серди́ться *II imp.* (сержу́сь, се́рдишься) be angry

се́рдце *n* (*pl.* сердца́, серде́ц, сердца́м, *etc.*) heart

середи́на *f* middle

се́р|ый, -ая, -ое; -ые grey

серьёзн|ый, -ая, -ое; -ые serious

се́ссия *f* session; **экзаменацио́нная** ~ examination session

сестра́ *f* (*pl.* сёстры, сестёр, сёстрам, *etc.*) sister; **медици́нская** ~ nurse

сесть *I p* (ся́ду, ся́дешь; *past* сел, сёл|а, -о; -и) *see* **сади́ться**

сза́ди (*где*?) from behind; from the end

сигна́л *m* signal

сиде́ть *II imp.* (сижу́, сиди́шь) sit

си́льн|ый, -ая, -ое; -ые strong; powerful, intense; hard; heavy

симфони́ческ|ий, -ая, -ое; -ие symphonic

си́н|ий, -яя, -ее; -ие dark-blue

систе́ма *f* system; **не́рвная** ~ nervous system

сказа́ть *I p* (скажу́, ска́жешь) say, tell

ска́терть *f* (*gen. pl.* скатерте́й) table-cloth

сквозь *prep.* (+ *acc.*) through

ско́лько how many, how much

скоре́е (*comp. of* **ско́ро**) sooner; rather

ско́ро soon

скоростн|о́й, -а́я, -о́е; -ы́е express, high speed

ско́рость *f* (*gen. pl.* скоросте́й) speed

ско́р|ый, -ая, -ое; -ые fast, speedy; ~ по́езд express

скри́пка *f* (*gen. pl.* скри́пок) violin

скро́мн|ый, -ая, -ое; -ые modest

скрыва́ть *I imp.* hide, conceal

скуча́ть *I imp.* be bored; miss

ску́чно *adv.* boringly, tediously; *predic. impers.* мне ~ I am bored

сла́бость *f* weakness

сла́б|ый, -ая, -ое; -ые weak, faint; poor

сла́ва *f* glory; fame

сла́вн|ый, -ая, -ое; -ые glorious, famous

славя́нск|ий, -ая, -ое; -ие Slav

сла́дк|ий, -ая, -ое; -ие sweet

сле́ва (*где*?) on the left

следи́ть *II imp.* (слежу́, следи́шь) watch, observe

сле́довательно *conj.* therefore; hence

сле́довать *I imp.* (сле́дую, сле́дуешь) *за кем* follow, come next; *impers.* (сле́дует, сле́довало) one ought (to)

сле́дующ|ий, -ая, -ее; -ие following; next

слеза́ *f* (*pl.* слёзы, слёз, слеза́м, *etc.*) tear

сли́шком too; more than enough

слова́рь *m* (*gen.* словаря́) dictionary; vocabulary

сло́во *n* (*pl.* слова́) word

сложи́ть *II p* (сложу́, сло́жишь; *imp.* скла́дывать) pack; fold

сло́жн|ый, -ая, -ое; -ые complicated; complex

слома́ть *I p* break

слу́ча|й *m* (*gen.* слу́чая): в ~ е чего́-либо in case of something; несча́стный ~ accident

случа́йно by chance, by accident; accidentally

случа́ться *I imp.* happen; come to pass

случи́ться *II p* happen, come to pass

слу́шатель *m* bearer, listener

слу́шать *I imp.* listen

слы́шать *II imp.* hear

слы́шно *predic. impers.* (it is) audible, one can hear

сме́л|ый, -ая, -ое; -ые bold, courageous

смеша́ть *I p* mix; mix up; confuse

сме́шивать *I imp.* mix; mix up; confuse

смешно́ *adv.* in a funny manner; *predic. impers.* it is ridiculous

смешн|о́й, -а́я, -о́е; -ы́е ridiculous, funny

смея́ться *I imp.* laugh

смотре́ть *II imp.* (смотрю́, смо́тришь) look (at)

смочь *I p* (смогу́, смо́жешь; *past* смог, смогл|а́, -о́, -и́) be able

снача́ла firstly; at first; from / at the beginning

снег *m* (*prepos.* на снегу́; *pl* снега́) snow

сне́жн|ый, -ая, -ое; -ые snowy

снима́ть *I imp.* take off; remove

сно́ва again

снять *I p* (сниму́, сни́мешь; *past* снял, -и, сняла́) take off; remove

соба́ка *f* dog

собира́ть *I imp.* gather; collect; assemble

собира́ть *I imp.* assemble, gather (together); intend; be going to

собо́р *m* cathedral

собра́ние *n* meeting, assembly

собы́тие *n* event

соверша́ть *I imp.* make; accomplish; perform

сове́т *m* advice

сове́товать *I imp.* (сове́тую, сове́туешь) advise

сове́товаться *I imp.* (сове́туюсь, сове́туешься) *с кем* consult

сове́тск|ий, -ая, -ое; -ие Soviet

совеща́ние *n* conference

совреме́нн|ый, -ая, -ое; -ые modern; up-to-date; contemporary

совсе́м quite, entirely; ~ **не** not at all

согла́сен, согла́сн|а, -о, -ы (*short form of* **согла́сный**) *as pred.* agree

согласи́ться *II p* (соглашу́сь, согласи́шься) agree

соглаша́ться *I imp.* agree

сожале́ни|е *n* regret; к ~ю unfortunately

создава́ть *I imp.* (создаю́, создаёшь) create

созда́ть *p* (созда́м, созда́шь, созда́ст, создади́м, создади́те, создаду́т; *past* со́здал, -о, -и, создала́) create, make

сойти́ *I p* (сойду́, сойдёшь; *past* сошёл, сошл|а́, -о́; -и́) come down, descend; go downstairs; get off

со́лнечн|ый, -ая, -ое; -ые sunny; solar

со́лнце *n* sun

соль *f* salt

сомнева́ться *I imp.* doubt

сообща́ть *I imp. о чём кому́* inform; tell

сообще́ни|е *n* report, information; **сре́дства ~я** means of communication

сообщи́ть *II p о чём кому́* inform; tell

сооруже́ние *n* building; construction

соревнова́ние *n* competition

сосе́д *m* (*pl.* сосе́ди, сосе́дей, сосе́дям, *etc.*) neighbour

сосе́дн|ий, -яя, -ее; -ие neighbouring; next

сосно́в|ый, -ая, -ое; -ые pine; pinewood

соста́в *m* composition

состоя́ть *II imp. из чего́* consist (of)

состоя́ться *II p* take place

со́тня *f* (*gen. pl.* со́тен) hundred

со́ус *m* sauce

спа́льня *f* (*gen. pl.* спа́лен) bedroom

спаси́бо thank you

спать *II imp.* (сплю, спишь; *past* спал, -о, -и, спала́) sleep

спеши́ть *II imp.* hurry

спина́ *f* (*acc.* спи́ну; *pl.* спи́ны) back

спи́сок *m* (*gen.* спи́ска) list

спи́чка *f* (*gen. pl.* спи́чек) match

сплошн|о́й, -а́я, -о́е; -ы́е continuous; solid

споко́йно *adv.* quietly; *predic. impers.* (it is) quiet

споко́йн|ый, -ая, -ое; -ые calm, quiet; composed

спо́рить *II imp.* argue

спорти́вн|ый, -ая, -ое; -ые sporting, sports

спортсме́н *m* sportsman

спосо́бн|ый, -ая, -ое; -ые able; clever

спра́ва (*где?*) on the right

спра́вочн|ый, -ая, -ое, -ые: **спра́вочное бюро́** inquiry bureau

спра́шивать *I imp.* ask

спроси́ть *II p* (спрошу́, спро́сишь) ask

спуска́ться *I imp.* come down, go down

спусти́ться *II p* (спущу́сь, спу́стишься) come down; go down

сравня́ть: ~ **счёт** even the score

сра́зу at once

среди́ *prep.* (+ *gen.*) among

сре́дн|ий, -яя, -ее; -ие middle, average; ~ **род** neuter gender

сре́дство *n* means; remedy; ~ **сообще́ния** means of communication

сро́чн|ый, -ая, -ое; -ые urgent; express

ссо́ра *f* quarrel

ссо́риться *II imp.* quarrel

ста́вить *II imp.* (ста́влю, ста́вишь) put, place

стадио́н *m* stadium

стака́н *m* glass

станови́ться *II imp.* (становлю́сь, стано́вишься) become; grow

ста́нция *f* station

стара́ться *I imp.* try

стари́к *m* (*gen.* старика́) old man

стари́нн|ый, -ая, -ое; -ые old; ancient

ста́рше older

ста́рш|ий, -ая, -ее; -ие older, elder, eldest; senior

ста́р|ый, -ая, -ое; -ые old

стать I *p* (ста́ну, ста́нешь) become, grow; begin; stop; go and stand

статья́ *f* (*gen. pl.* стате́й) article

стекло́ *n* (*pl.* стёкла, стёкол, стёклам, *etc.*) glass

стемне́ть I *p impers.* (стемне́ет; стемне́ло) get dark

стена́ *f* (*acc.* сте́ну; *pl.* сте́ны) wall

стенн|о́й, -а́я, -о́е; -ы́е wall; ~ шкаф wall cupboard

стетоско́п stetoscope

стипе́ндия *f* grant, scholarship

стира́льн|ый, -ая, -ое; -ые: ~ая маши́на washing-machine

стихи́ *pl.* (*gen. pl.* стихо́в; *sing.* стих) lines, poetry

сто́ить II *imp.* cost; (+ *inf.*) be worth

стол *m* (*gen.* стола́) table

столи́ца *f* capital

столи́чн|ый, -ая, -ое; -ые capital

столо́вая *f* dining room; canteen

сто́лько so much / many, as much / many, *etc.*

сторона́ *f* (*acc.* сто́рону; *pl.* сто́роны, сторо́н, сторона́м, *etc.*) side

стоя́нка *f* (*gen. pl.* стоя́нок): ~ такси́ taxi-stand

стоя́ть II *imp.* (стою́, стои́шь) stand stop; be; **стои́т хоро́шая пого́да** the weather is fine

страда́ть I *imp.* suffer

страна́ *f* (*pl.* стра́ны) country, land

страни́ца *f* page

стра́стн|ый, -ая, -ое; -ые passionate, ardent

стра́шн|ый, -ая, -ое; -ые terrible, frightful, dreadful

стреми́ться II *imp.* (стремлю́сь, стреми́шься) *к чему́* speed; strive

строи́тельство *n* building, construction

стро́ить II *imp.* build, construct

стро́йн|ый, -ая, -ое; -ые slender

студе́нт *m* student

студе́нческ|ий, -ая, -ое; -ие student's, students'

стул *m* (*pl.* сту́лья) chair

сты́дно *predic. impers.* it is a shame; **мне** ~ I am ashamed

суббо́та *f* Saturday

суда́к *m* (*gen.* судака́) pike-perch

судья́ *m* (*pl.* су́дьи, су́дей, су́дьям, *etc.*) judge, referee, umpire

су́мка *f* (*gen. pl.* су́мок) handbag; shopping bag

су́мочка *f* (*gen. pl.* су́мочек) handbag

суп *m* (*pl.* супы́) soup

суро́в|ый, -ая, -ое; -ые severe; stern

су́тки *only pl.* (*gen.* су́ток) twenty-four hours

сух|о́й, -а́я, -о́е; -и́е dry

суши́ть II *imp.* (сушу́, су́шишь) dry

сходи́ть II *imp.* (схожу́, схо́дишь) go down, go downstairs; get off, descend

счастли́в|ый, -ая, -ое; -ые happy; ~ого пути́! happy journey!

сча́стье *n* happiness; luck

счёт *m* score; bill; account

счита́ть I *imp.* count; calculate; consider

съезд *m* congress

съесть *p* (съем, съешь, съест, съеди́м, съеди́те, съедя́т; *past* съел, -а, -о, -и) eat up

сыгра́ть I *p* play

сын *m* (*pl.* сыновья́, сынове́й, сыновья́м, *etc.*) son

сыр *m* (*pl.* сыры́) cheese

сыр|о́й, -а́я, -о́е; -ы́е wet, damp

сюда́ (*куда́?*) here

Т, т

табле́тка *f* (*gen. pl.* табле́ток) tablet

табли́чка *f* (*gen. pl.* табли́чек) price, tag

та́йна *f* secret; mystery

так so; thus

та́кже too, also

та́к как *conj.* as

так|о́й, -а́я, -о́е; -и́е such

тала́нтлив|ый, -ая, -ое; -ые talented

там (*где?*) there

та́нец *m* (*gen.* та́нца) dance

танцева́ть I *imp.* (танцу́ю, танцу́ешь) dance

таре́лка *f* (*gen. pl.* таре́лок) plate

театра́льн|ый, -ая, -ое; -ые theatre
телеви́дение *n* television
телеви́зор *m* T.V. set
телефо́н-автома́т *m* public telephone
телефо́нн|ый, -ая, -ое; -ые telephone; ~ая тру́бка receiver
темне́ть *I imp. impers.* (темне́ет; темне́ло) get dark
темно́ *predic. impers.* it is dark
тёмн|ый, -ая, -ое; -ые dark
темп *m* rate; speed
тепе́рь now; at present
теплохо́д *m* motor ship
тёпл|ый, -ая, -ое; -ые warm
теря́ть *I imp.* lose
те́сно *adv.* narrowly; tight; closely; *predic. impers.*: здесь ~ it is crowded, tight
тетра́дь *f* copy-book
тётя *f* aunt
ти́х|ий, -ая, -ое; -ие quiet, low, silent; ~им го́лосом in a low voice
ти́хо quietly; говори́ть ~ speak in a low voice
ти́ше *comp. of* ти́хий & ти́хо
тишина́ *f* quiet, silence
ткань *f* cloth; fabric
то *conj.* then; то... то... now... now; не то́... не то́... either... or
това́р *m* ware; article
това́рищ *m* comrade, friend; colleague
тогда́ then
то́же too, also
толка́ть *I imp.* push
толпа́ *f* (*pl.* то́лпы) crowd
то́лст|ый, -ая, -ое; -ые thick, fat, stout
то́лько only; ~ что just now
том *m* (*pl.* тома́) volume
то́нк|ий, -ая, -ое; -ие thin; delicate
тонне́ль *m* tunnel
торт *m* cake, tart
тот, та, то; те that; those
то́чка *f* (*gen. pl.* то́чек) point
то́чно exactly, precisely
то́чн|ый, -ая, -ое; -ые exact, precise
трава́ *f* (*pl.* тра́вы) grass
трамва́й *m* (*gen.* трамва́я) tram
тре́бовать *I imp.* (тре́бую, тре́буешь) demand; require

тре́боваться *I imp.* (тре́буется; тре́бовалось) require; на э́то тре́буется мно́го вре́мени it requires much time
тре́нер *m* trainer; coach
тренирова́ться *I imp.* (трениру́юсь, трениру́ешься) train
трениро́вка *f* training; coahing
тро́е three (together)
тролле́йбус *m* trolley-bus
труба́ *f* (*pl.* тру́бы) trumpet
тру́бка *f* (*gen. pl.* тру́бок) pipe; receiver
труд *m* (*gen.* труда́) work, labour; с ~о́м with difficulty
труди́ться *II imp.* (тружу́сь, тру́дишься) work, labour
тру́дно *predic. impers.* (it is) difficult
тру́дн|ый, -ая, -ое; -ые difficult
туале́т *m* lavatory
туда́ (куда́?) there; ~ и обра́тно there and back
туристи́ческ|ий, -ая, -ое; -ие tourist
турни́р *m* tournament
ту́фли *pl.* (*gen. pl.* ту́фель; *sing.* ту́фля *f*) shoes
ту́ча *f* (black) cloud
тяжело́ *adv.* heavily; seriously, dangerously; *predic. impers.* ~ кому́ де́лать что it is hard for somebody to do something
тяну́ть *I imp.* (тяну́, тя́нешь) pull; *impers.* (тя́нет; тяну́ло) long for; его́ тя́нет сюда́ he longs to get here
тяну́ться *I imp.* (тяну́сь, тя́нешься) stretch; extend; reach out

У, у

у *prep.* (+ *gen.*) by, near; ~ меня́, ~ тебя́, ~ него́ etc. есть... I have, you have, he has...
убеди́ть *II p* (—, убеди́шь) convince; persuade
убеди́ться *II p* (—, убеди́шься) make sure; be convinced
убива́ть *I imp.* kill
убира́ть *I imp.* take away; clear, tidy
уби́т|ый, -ая, -ое; -ые *part.* killed
убра́ть *I p* (уберу́, уберёшь; *past*

убра́л, -и, убрала́) take away; clear, tidy

уважа́ем|ый, -ая, -ое; -ые *part. & adj.* respected; dear

уважа́ть *I imp.* respect

уве́рен, -а, -о; -ы (*short form of* уве́ренный) sure; confident; certain

уве́ренно with assurance

уверти́ора ouverture

уви́деть *II p* (уви́жу, уви́дишь) see

увлека́ться *I imp. чем* go in for; be keen on

у́гол *m* (*gen.* угла́, *prepos.* в, на углу́; *pl.* углы́) corner

угости́ть *II p* (угощу́, угости́шь) treat

удава́ться *I imp. impers.* (удаётся; удава́лось) succeed; **Всё ему удава́лось** He succeeded in everything

удали́ть *II p* extract

уда́р *m* stroke, blow

уда́ться *p* impers. (уда́стся; уда́лось) succeed; **ему́ удало́сь** he succeeded

уда́чно successfully

уда́чн|ый, -ая, -ое; -ые successful

удо́бн|ый, -ая, -ое; -ые convenient, comfortable

удо́бства *only pl.* conveniences

удово́льствие *n* pleasure; **с ~м** with pleasure

уезжа́ть *I imp.* leave; depart

уе́хать *I p* (уе́ду, уе́дешь) leave, depart

уже́ already

у́жин *m* supper

у́жинать *I imp.* have supper

у́зк|ий, -ая, -ое; -ие narrow

узна́ть *I p* find out, learn

уйти́ *I p* (уйду́, уйдёшь; *past* ушёл, ушл|а́, -и́) go away

ука́зывать *I imp.* show; point out

уко́л *m* injection

украи́нск|ий, -ая, -ое; -ие Ukrainian

укрепля́ть *I imp.* strengthen

у́ксус *m* vinegar

у́лица *f* street

улыба́ться *I imp.* smile

улы́бка *f* (*gen. pl.* улы́бок) smile

уме́ть *I imp.* be able; know how to...

у́мн|ый, -ая, -ое; -ые clever, wise

умыва́ться *I imp.* wash one's face

универма́г *m* department / general store

университе́тск|ий, -ая, -ое; -ие university

упакова́ть *I p* (упаку́ю, упаку́ешь) pack

употребле́ние *n* use; usage

употребля́ть *I imp.* use

упражне́ние *n* exercise

уро́к *m* lesson

уса́дьба *f* (*gen. pl.* уса́деб) extate

усло́вие *n* condition

услы́шать *II p* hear

успева́ть *I imp.* have time (for); arrive in time; be successful

успе́ть *I p* have time (for); arrive in time

успе́х *m* success

успе́шно successfully

устава́ть *I imp.* (устаю́, устаёшь) be tired, get tired

уста́лость *f* tiredness; weariness

уста́ть *I p* (уста́ну, уста́нешь) get tired

у́стн|ый, -ая, -ое; -ые oral; verbal

устро́иться *II p* settle; find oneself accommodation

у́тка *f* (*gen. pl.* у́ток) duck

у́тренн|ий, -ая, -ее; -ие morning

у́тро *n* morning

у́тром in the morning

у́хо *n* (*pl.* у́ши, уше́й, уша́м, *etc.*) ear

уходи́ть *II imp.* (ухожу́, ухо́дишь) leave, go away

уча́ствовать *I imp.* (уча́ствую, уча́ствуешь) *в чём* take part in

уча́стие *n* participation

уче́бник *m* text-book, manual

учени́к *m* (*gen.* ученика́) pupil

учени́ца *f* pupil

учён|ый, -ая, -ое; -ые scientific

учёный *m* scientist

учи́тель *m* (*pl.* учителя́) teacher

учи́тельница *f* teacher

учи́ться *II imp.* (учу́сь, у́чишься) study, learn

учрежде́ние *n* institution

ую́тн|ый, -ая, -ое; -ые cosy, comfortable

Ф, ф

фа́брика *f* factory

факульте́т *m* faculty, department

фами́лия *f* (sur) name
фигу́ра *f* figure
фигу́рн|ый: ~ое ката́ние figure skating
фи́зика *f* physics
физи́ческ|ий, -ая, -ое; -ие physical, physics
филологи́ческ|ий, -ая, -ое; -ие philological; ~ факульте́т philology faculty
филосо́фск|ий, -ая, -ое; -ие philosophy
фи́нск|ий, -ая, -ое; -ие Finnish
фойе́ *n* (*not decl.*) foyer
фонд *m* fund; stock
фонта́н *m* fountain
фо́рма *f* form
фотографи́ровать *I imp.* (фотографи́рую, фотографи́руешь) take photographs
францу́женка *f* Frenchwoman
францу́з *m* Frenchman
францу́зск|ий, -ая, -ое; -ие French; ~ язы́к French
фрукто́в|ый, -ая, -ое; -ые fruit
фру́кты *pl.* (*sing.* фрукт *m*) fruit
футбо́л *m* football
футбо́льн|ый, -ая, -ое; -ые football

X, х

хала́т *m* dressing-gown; doctor's white coat
хара́ктер *m* temper, character; nature
хвали́ть *II imp.* (хвалю́, хва́лишь) *за что* praise
хвата́ть *I imp. что* seize, grasp; *impers.* (хвата́ет; хвата́ло) *чего́* suffice; be sufficient; **не** ~ not be enough
хи́мик *m* chemist
хими́ческ|ий, -ая, -ое; -ие chemical
хи́мия *f* chemistry
хлеб *m* bread
хле́бн|ый, -ая, -ое; -ые bread; baker's
ходи́ть *II imp.* (хожу́, хо́дишь) go, walk
ходьба́ *f* walking
хозя́ин *m* (*pl.* хозя́ева, хозя́ев) host; master
хозя́йка *f* (*gen. pl.* хозя́ек) hostess; mistress

хозя́йство *n* economy; house-keeping
хокке́й *m* (*gen.* хокке́я) hockey
холл *m* hall
хо́лодность *f* coldness
холо́дн|ый, -ая, -ое; -ые cold
холост|о́й; -ы́е unmarried
хор *m* choir
хоро́ш|ий, -ая, -ее; -ие good
хорошо́ good, well, nice
хоте́ть *imp.* (хочу́, хо́чешь, хо́чет, хоти́м, хоти́те, хотя́т) want, wish
хоте́ться *imp. impers.* (хо́чется; хоте́лось): мне хо́чется, мне хоте́лось бы I should like to
хотя́ *conj.* though, although; ~ бы even if
храм *m* church
храни́ть *II imp.* keep
хро́ника *f* chronicle; news-reel
худо́жественн|ый, -ая, -ое; -ые artistic
худо́жник *m* artist; painter
ху́же (*comp. of* плохо́й & пло́хо) worse; **больно́му ста́ло** ~ the patient is worse

Ц, ц

царь *m* (*gen.* царя́) tsar
цена́ *f* (*acc.* це́ну; *pl.* це́ны) price
це́нн|ый, -ая, -ое, -ые valuable
цвет *m* (*pl.* цвета́) colour
цветн|о́й, -а́я, -о́е; -ы́е colour; ~ фильм colour film
цвето́к *m* (*gen.* цветка́; *pl.* цветы́) flower
целова́ть *I imp.* (целу́ю, целу́ешь) kiss
целова́ться *I imp.* (целу́юсь, целу́ешься) kiss
це́л|ый, -ая, -ое; -ые whole
цель *f* aim, purpose; **с** ~ю for the purpose
центр *m* centre
центра́льн|ый, -ая, -ое; -ые central
це́рковь *f* (*gen.* це́ркви) church
цирк *m* circus
цита́та *f* quotation
ци́фра *f* figure, cipher

Ч, ч

чай *m* (*gen.* ча́я, ча́ю) tea
ча́йн|ый, -ая, -ое; -ые tea

час *m* (*gen.* ча́са, 2, 3, 4 часа́; *pl.* часы́) hour

ча́сто *adv.* often

ча́ст|ый, -ая, -ое; -ые frequent

часть *f* (*gen. pl.* частей) part

часы́ *only pl.* (*gen.* часо́в) watch; clock

ча́шка *f* (*gen. pl.* ча́шек) cup

ча́ще (*comp. of* ча́сто) more often

чей, чья, чьё; чьи whose

челове́к *m* (*pl.* лю́ди) man, person

чемода́н *m* suitcase

чемпио́н *m* champion

чемпиона́т *m* championship

че́рез *prep.* (+ *acc.*) through, in, via

чёрн|ый, -ая, -ое; -ые black; ~ хлеб brown bread

че́стн|ый, -ая, -ое; -ые honest

честь *f* honour

четве́рг *m* Thursday

че́тверо four (together)

че́тверть *f* (*gen. pl.* четвертей) quarter

чётко clearly, distinctly

че́шск|ий, -ая, -ое; -ие Czech

число́ *n* (*pl.* чи́сла, чи́сел, чи́слам, *etc.*) number; date

чи́ст|ый, -ая, -ое; -ые clean; pure

чита́льн|ый, -ая, -ое; -ые: ~ зал reading-hall

чита́тель *m* reader

чита́ть *I imp.* read

член *m* member

чте́ние *n* reading

что *pron.* what; *conj.* that

что́бы *conj.* in order to..., in order that

что́-нибудь anything

чу́вствовать *I imp.* (чу́вствую, чу́вствуешь) feel; ~ себя́ feel

чуде́сн|ый, -ая, -ое; -ые wonderful

Ш, ш

ша́пка *f* (*gen. pl.* ша́пок) cap

шарф *m* scarf

шахмати́ст *m* chess-player

ша́хматы *only pl.* chess; игра́ть в ~ play chess

шёлков|ый, -ая, -ое; -ые silk

шерсть *f* wool

шерстян|о́й, -а́я, -о́е; -ы́е woollen; ~а́я ткань woollen stuff

ше́я *f* neck

широ́к|ий, -ая, -ое; -ие wide, broad

шкаф *m* wardrobe; кни́жный ~ bookcase

шко́ла *f* school

шко́льник *m* schoolboy

шля́па *f* hat

шокола́д *m* chocolate

шоссе́ *n* (*not decl.*) highway

шофёр *m* driver

шу́мно noisily

шути́ть *II imp.* (шучу́, шу́тишь) joke

шу́тка *f* (*gen. pl.* шу́ток) joke

Щ, щ

щека́ *f* (*acc.* щёку; *pl.* щёки, щёк, щека́м, *etc.*) cheek

щётка *f* (*gen. pl.* щёток) brush

щи *only pl.* (*gen.* щей, *dat.* щам, *etc.*) cabbage soup

Э, э

экза́мен *m* examination

экономи́ческ|ий, -ая, -ое; -ие economic

экску́рсия *f* excursion; tour

экскурсово́д *m* (excursion) guide

экспеди́ция *f* expedition

электри́чество *n* electricity

электри́чка *f* (*gen. pl.* электри́чек) electric train

электробри́тва *f* electric shaver

электроприбо́р *m* electric appliance

энерги́чн|ый, -ая, -ое; -ые energetic

эне́ргия *f* energy

эстра́дн|ый, -ая, -ое; -ые variety; ~ арти́ст variety actor

эта́ж *m* (*gen.* этажа́) storey, floor

Ю, ю

ю́бка *f* (*gen. pl.* ю́бок) skirt

ювели́рн|ый, -ая, -ое; -ые jewelry; ~ магази́н jeweller's

юг *m* south

ю́жн|ый, -ая, -ое; -ые southern

ю́мор *m* humour

ю́ность *f* youth

ю́ноша *m* youth, young man
юриди́ческ|ий, -ая, -ое; -ие juridical;
~ **факульте́т** faculty of law

Я, я

я́блоко *n* (*pl.* я́блоки) apple
явле́ние *n* phenomenon; occurrence
явля́ться *I imp.* appear; occur; be

я́года *f* berry
язы́к *m* (*gen.* языка́) tongue; language
яйцо́ *n* (*pl.* я́йца, яи́ц, я́йцам, *etc.*) egg
янта́рь *m* (*gen.* янтаря́) amber
я́рк|ий, -ая, -ое; -ие bright
я́сн|ый, -ая, -ое; -ые clear
я́щик *m* box, case; **почто́вый** ~ letter-box

KEY TO EXERCISES

1.

III. 1. вам, мне. 2. ему, ему. 3. ей, ей. 4. вашей сестре, моей сестре. 5. вашему брату, моему брату. 6. вашей дочери, моей дочери.

IV. 1. лет. 2. года. 3. лет. 4. года. 5. год. 6. года. 7. лет. 8. года.

V. 1. на заводе. 3. на завод. 3. в Москве. 4. в Москву. 5. в институте. 6. в детской поликлинике. 7. в бассейн. 8. в театр, в кино, на концерты. 9. в Одессе. 10. в Одессу. 11. в Лондоне. 12. в школе. 13. в школу.

VI. 1. меня. 2. вас. 3. брата. 4. нашего. 5. вашего. 6. вас. 7. Москвы. 8. Ленинграда.

VII. 1. на котором. 2. в котором. 3. в котором. 4. в котором. 5. в которой. 6. в которой. 7. в котором.

VIII. 1. и. 2. и поэтому. 3. потому что. 4. где. 5. который.

IX. 1. по субботам. 2. по средам. 3. по вечерам. 4. по воскресеньям. 5. по утрам. 6. по четвергам.

X. поступлю, поступишь; хожу, ходишь; люблю, любишь; живу, живёшь; пою, поёшь.

XII. 1. Меня зовут Ирина. А как вас зовут? 2. Джим окончил институт и теперь работает на заводе. А где работаете вы? 3. Моя сестра старше меня на три года. Моя мать моложе отца на пять лет. 4.—Сколько лет этому человеку?—Я думаю, ему сорок лет. 5. Они часто ходят в гости к друзьям. Вчера они были в гостях у родителей. 6. По субботам мы ходим в театр, в кино или на концерты. 7. Приходите к нам в гости. 8. Передайте привет вашим родителям.

2.

II. 1. есть,—. 2. есть,—. 3. есть,—. 4. есть,—. 5. есть,—. 6. есть,—.

III. 1. есть, есть,—. 2. есть, есть,—. 3. есть,—. 4. есть,—. 5.—. 6.—.

IV. 1. у меня, у него, у неё, у нас, у моего друга, у моей сестры, у нашего преподавателя. 2. у этого студента, у моего соседа, у этой девушки. 3. у моего младшего брата, у одной нашей студентки, у нашего профессора.

VI. 1. старшего брата. 2. меня. 3. моего друга. 4. вас. 5. отца.

XI. 1. Мои родители живут в небольшом городке недалеко от Лондона. Мой отец работал директором школы. Сейчас он не работает. Он получает пенсию. 2. У меня есть сестра. Её зовут Анна. Анна моложе меня на четыре года. Она работает в библиотеке.

219

Анна изуча́ет ру́сский язы́к. Она́ хо́чет преподава́ть ру́сский язы́к в шко́ле. 3. А э́то мой друг Джим. Неда́вно он жени́лся. У Джи́ма о́чень краси́вая жена́. Её зову́т Мэ́ри. У неё тёмные во́лосы и се́рые глаза́. 4. — У вас есть де́ти? — Да, есть. — У вас ма́ленькие де́ти? — Нет, не о́чень. Сы́ну де́сять лет, а до́чери — семь. — На кого́ похо́ж ваш сын? — Говоря́т, он похо́ж на жену́. — А на кого́ похо́жа ва́ша дочь? — А дочь — на меня́.

3.

II. 1. в теа́тре, в па́рке, в клу́бе, в музе́е, в университе́те, в шко́ле, в библиоте́ке, в рестора́не; на конце́рте, на ле́кции, на уро́ке. 2. в теа́тр, в парк, в клуб, в музе́й, в университе́т, в шко́лу, в библиоте́ку, в рестора́н; на конце́рт, на ле́кцию, на уро́к. 3. в дере́вне, в друго́м го́роде, в Ли́дсе, в Эдинбу́рге, в Ли́верпуле, в Ки́еве, в Ленингра́де, в Сове́тском Сою́зе, в А́нглии, в По́льше, во Фра́нции; на ро́дине, на ю́ге. 4. в дере́вню, в друго́й го́род, в Лидс, в Эдинбу́рг, в Ли́верпуль, в Ки́ев, в Ленингра́д, в Сове́тский Сою́з, в А́нглию, в По́льшу, во Фра́нцию; на ро́дину, на юг. 5. на заво́де, на фа́брике, на вокза́ле, на ста́нции; в ба́нке, в институ́те, в университе́те, в библиоте́ке, в лаборато́рии, в шко́ле. 6. на заво́д, на фа́брику, на вокза́л, на ста́нцию; в банк, в институ́т, в университе́т, в библиоте́ку, в лаборато́рию, в шко́лу.

III. 1. в большо́м ста́ром до́ме, на тре́тьем этаже́, в са́мом це́нтре го́рода, на у́лице Дру́жбы. 2. в друго́м райо́не, на пло́щади Пу́шкина, в ма́леньком до́ме, на второ́м этаже́. 3. на большо́м автомоби́льном заво́де, в лаборато́рии. 4. в университе́те, на истори́ческом факульте́те, на второ́м ку́рсе. 5. в большо́м ста́ром па́рке, в одно́й ма́ленькой дере́вне, на берегу́ реки́. 6. в о́перном теа́тре, на симфони́ческом конце́рте.

IV. a) 1. стои́т. 2. стои́т. 3. стои́т. 4. стои́т. 5. стоя́т. 6. стои́т. b) 1. лежа́т. 2. лежи́т. 3. лежа́т. 4. лежи́т. 5. лежа́т. c) 1. виси́т. 2. вися́т, вися́т. 3. вися́т. 4. виси́т. 5. виси́т.

V. стои́т, лежа́т, стои́т, стои́т, виси́т, стоя́т, лежа́т, стои́т.

VI. жи́ли, живу́т, получи́ли, перее́хали, состои́т, выхо́дят, купи́ли, пригласи́ли.

VII. 1. в большо́м шестнадцатиэта́жном. 2. в большо́м ста́ром кни́жном. 3. в на́шей ма́ленькой, тёплой и ую́тной. 4. в своём ста́ром люби́мом удо́бном. 5. в на́шей са́мой большо́й.

VIII. 1. кладу́, кладёшь; положу́, поло́жишь; 2. ста́влю, ста́вишь; поста́влю, поста́вишь; 3. ве́шаю, ве́шаешь; пове́шу, пове́сишь.

X. a) 1. стои́т, поста́вил. 2. стои́т, поста́вили. 3. стоя́л, поста́вили. 4. поста́вьте. 5. поста́вить. b) 1. положи́л, лежи́т. 2. положи́ла, лежи́т. 3. кладу́, лежа́т, положи́л. 4. положи́ть. 5. положи́те. c) 1. виси́т, виси́т. 2. пове́сили. 3. вися́т, ве́шает. 4. виси́т. 5. пове́сить. 6. пове́сьте.

XII. 1. сту́льев, кре́сла. 2. ко́мнаты. 3. газе́т и журна́лов. 4. кни́ги. 5. столо́в, сту́ла. 6. о́кна. 7. этаже́й. 8. дом. 9. карти́н. 10. книг. 11. дете́й. 12. госте́й. 13. веще́й. 14. челове́ка.

XV. 1. Мы живём в Оксфо́рде, в небольшо́м до́ме. В на́шем до́ме пять ко́мнат, ку́хня, ва́нная и туале́т. Ку́хня, столо́вая и гости́ная нахо́дятся на пе́рвом этаже́, а спа́льни — на второ́м. 2. Мой брат живёт в но́вом десятиэта́жном до́ме. В но́вых дома́х есть электри́чество, газ, горя́чая вода́, телефо́н. Каки́е удо́бства есть в ва́шем до́ме? 3. — Что стои́т у вас в ко́мнате? — У меня́ в ко́мнате стои́т стол, кни́жный шкаф, дива́н, два сту́ла и кре́сло. На стена́х вися́т фотогра́фии. На полу́ лежи́т большо́й се́рый ковёр. 4. Я ста́влю кни́ги в шкаф. Газе́ты и журна́лы я кладу́ на стол. 5. Куда́ мо́жно положи́ть портфе́ль? Куда́ мо́жно пове́сить пальто́?

4.

II. 4.10; 12.25; 12.05; 2.15; 2.45; 1.40; 9.30; 12.50; 3.25; 4.55; 11.15; 12.30.

III. пять мину́т второ́го; два́дцать мину́т шесто́го; де́сять мину́т деся́того; два́дцать пять мину́т двена́дцатого; семна́дцать мину́т четвёртого; де́сять мину́т пе́рвого; полови́на пе́рвого; че́тверть (пятна́дцать мину́т) тре́тьего; без че́тверти (без пятна́дцати мину́т) три; полови́на пя́того; без двадцати́ пять; без че́тверти (без пятна́дцати мину́т) пять; без двадцати́ де́сять; без двадцати́ пяти́ де́сять; без десяти́ де́сять; без пяти́ де́вять; де́сять мину́т оди́ннадцатого; че́тверть (пятна́дцать мину́т) оди́ннадцатого; полови́на оди́ннадцатого; без че́тверти (без пятна́дцати мину́т) оди́ннадцать; без пяти́ оди́ннадцать.

IV. без че́тверти семь; че́тверть восьмо́го; в полови́не девя́того; в полови́не пе́рвого; в полови́не шесто́го; че́тверть двена́дцатого.

VI. 1. с восьми́ часо́в утра́ до шести́ часо́в ве́чера. 2. с ча́су до двух. 3. с девяти́ часо́в утра́ до трёх часо́в дня. 4. с семи́ до девяти́. 5. с двух (часо́в дня) до восьми́ (часо́в ве́чера). 6. с пяти́ до шести́. 7. с двена́дцати часо́в дня до семи́ часо́в ве́чера. 8. с двух до четырёх. 9. с четырёх до шести́. 10. с шести́ часо́в утра́ до ча́су но́чи.

VII. 1. че́рез три часа́. 2. по́сле рабо́ты. 3. че́рез ме́сяц. 4. по́сле экза́менов. 5. по́сле ле́кции. 6. че́рез час. 7. че́рез три дня. 8. по́сле пра́здников. 9. по́сле обе́да. 10. че́рез год.

VIII. в семь часо́в, без че́тверти во́семь, де́сять мину́т девя́того, два́дцать мину́т девя́того, в полови́не девя́того, че́тверть двена́дцатого, без двадцати́ два, в два часа́, в полови́не пя́того, два часа́, в семь часо́в, в полови́не оди́ннадцатого.

XI. А. 1. начина́ем, конча́ем; начина́ются, конча́ются. 2. откры́лась, откры́л. 3. продолжа́ется, продолжа́ют. 4. останови́л, останови́лась. 5. открыва́ется, закрыва́ется, закрыва́ем.

В. 1. мо́ет, мо́ется. 2. бре́юсь, бре́ет. 3. оде́лась, оде́ла.

XIII. 1. чита́л, прочита́ли, прочита́л. 2. гото́вит, пригото́вил, пригото́вил. 3. расска́зывал. 4. просмотре́л. 5. вста́ли, встаю́, встава́л. 6. ложи́тесь, ложу́сь, лёг. 7. у́жинали, поу́жинали.

XV. А. 1. идёте, иду́. 2. идёте, иду́. 3. хожу́. 4. хожу́. 5. иду́т, иду́т. 6. ходи́ть.

В. 1. е́зжу. 2. е́здите. 3. е́хать. 4. е́дете, е́ду. 5. е́здит. 6. е́дем, е́дем.

XVI. 1. Обы́чно я встаю́ в семь часо́в утра́. Я де́лаю заря́дку и принима́ю душ. 2. Мы начина́ем рабо́тать (на́шу рабо́ту) в во́семь часо́в. Я выхожу́ из до́ма в полови́не восьмо́го. 3. Я рабо́таю во́семь часо́в в день, а Мари́на (рабо́тает) — шесть часо́в. 4. Мы обе́даем с ча́су до двух. 5. Петро́в выхо́дит из до́ма в полови́не девя́того и прихо́дит на заво́д за де́сять мину́т до нача́ла рабо́ты. 6. Вы е́здите на рабо́ту и́ли хо́дите пешко́м? 7. По суббо́там к нам в го́сти прихо́дят на́ши друзья́. 8. По вечера́м мы смо́трим телеви́зор. 9. Я приду́ к вам к семи́ часа́м. 10. — Чем занима́ется ваш брат? — Мой брат у́чится в университе́те. Он у́чится на истори́ческом факульте́те.

5.

II. 1. шла. 2. шёл. 3. е́здил. 4. шли. 5. ходи́л(а). 6. е́здили. 7. шла. 8. ходи́ли.

III. 1. пойдём, пое́дем. 2. пое́ду. 3. пойдёт. 4. пойти́. 5. пойти́. 6. пое́хать.

IV. А. 1. иду́. 2. идёте, идём. 3. хо́дите. 4. идём. 5. хо́дите, хо́дим. 6. идёт, идёт, иду́т. 7. хо́дит.

В. 1. е́здит, е́здит. 2. е́дут. 3. е́здит. 4. е́дут, е́дут. 5. е́здите, е́здим.

V. 1. бы́ли на конце́рте. 2. не была́ на рабо́те. 3. был в столо́вой. 4. не́ был в Ленингра́де. 5. бы́ли в Большо́м теа́тре. 6. был в Ита́лии. 7. была́ в университе́те.

VI. 1. Куда́ вы е́здили ле́том? 2. Куда́ вы ходи́ли вчера́? 3. Вы ходи́ли у́тром в библиоте́ку? 4. Вы ходи́ли вчера́ на ве́чер? 5. Вы е́здили в Москву́? 6. Когда́ вы е́здили в Сове́тский Сою́з? 7. Вы е́здили ле́том на юг?

VII. 1. на, в. 2. в, на. 3. в, на. 4. на, на, в. 5. на, в.

IX. 1. останови́те. 2. сади́тесь. 3. спроси́те. 4. покажи́те. 5. скажи́те.

X. куда́, где, как, где, како́й, где, кака́я.

XI. 1. так как. 2. потому́ что. 3. е́сли (когда́). 4. е́сли (когда́). 5. е́сли (когда́).

XII. 1. вы́шел из за́ла. 2. вы́шли из до́ма. 3. вы́шел из магази́на. 4. вошли́ в теа́тр. 5. вошла́ в метро́. 6. ушёл с рабо́ты. 7. уе́хал из Москвы́. 8. прие́хала из дере́вни. 9. пришёл с рабо́ты.

XIII. 1.— Вы е́здите на рабо́ту и́ли хо́дите пешко́м? — Обы́чно я е́зжу на рабо́ту на авто́бусе. Домо́й я хожу́ пешко́м, потому́ что в э́то вре́мя в авто́бусе мно́го наро́ду. 2.— Скажи́те, пожа́луйста, отсю́да далеко́ до гости́ницы «Москва́»? — Нет, недалеко́, три остано́вки.— Как дое́хать до гости́ницы? — Вам на́до сесть на тре́тий авто́бус.— А где он остана́вливается? — Ви́дите, там напро́тив стоя́т лю́ди? Это и есть остано́вка тре́тьего.— Спаси́бо. 3.— Скажи́те, пожа́луйста, когда́ мне выходи́ть? Мне ну́жен Большо́й теа́тр.— Большо́й театр — четвёртая остано́вка. Я вам скажу́, когда́ выходи́ть. 4.— Кака́я сле́дующая остано́вка? — Музе́й Че́хова. 5.— Вы не зна́ете, где остана́вливается второ́й тролле́йбус? — Прости́те, я не москви́ч. Спроси́те лу́чше у милиционе́ра. 6.— Где мне вы́йти, что́бы попа́сть на Кра́сную пло́щадь? — Вам ну́жно вы́йти на остано́вке «Пло́щадь Револю́ции». 7.— Мне ну́жно сесть на шесто́й авто́бус.— Шесто́й здесь не хо́дит. Остано́вка шесто́го у метро́. 8. Ско́лько сто́ит биле́т? 9. Да́йте, пожа́луйста, два биле́та. 10.— Такси́ свобо́дно? — Свобо́дно. Сади́тесь. Вам куда́? — Мне в центр. 11. Где ближа́йшая остано́вка авто́буса и́ли тролле́йбуса?

6.

II. 1. с мои́м ста́рым знако́мым. 2. с на́шими друзья́ми и знако́мыми. 3. с жено́й и детьми́. 4. с рабо́чими и инжене́ром на́шей лаборато́рии. 5. со ста́рым о́пытным преподава́телем. 6. со свои́ми роди́телями, со свое́й жено́й, со свои́ми друзья́ми. 7. с сове́тскими тури́стами.

III. 1. ру́сским языко́м и ру́сской литерату́рой. 2. литерату́рой, му́зыкой и теа́тром. 3. ру́сско-англи́йским словарём, уче́бником и други́ми кни́гами. 4. спо́ртом и та́нцами.

IV. 1. встреча́емся, встреча́ю. 2. ви́димся, ви́дел. 3. собра́л, собра-
ли́сь. 4. останови́лся, останови́л. 5. купа́емся, купа́ет.

V. 1. взя́ли. 2. се́ли. 3. вы́шли. 4. останови́лись. 5. искупа́лись.
6. пригото́вили. 7. отпра́вилась. 8. прости́лись. 9. договори́лись.

VI. 1. на, в. 2. на, в. 3. на, на. 4. в. 5. на. 6. на, на. 7. на,
на, в.

VIII. А. 1. приезжа́ли, прие́хали. 2. пришёл, приходи́л. 3. при-
ходи́л, пришёл. 4. прихо́дит, придёт. 5. приду́, прихожу́. 6. прихо́-
дим, прийти́.

В. 1. ушли́, уходи́ли. 2. уходи́ла, ушла́. 3. уходи́ли, ушёл. 4. ухо́-
дит, ушли́.

IX. че́тверо мужчи́н, две же́нщины, тро́е друзе́й, тро́е това́рищей,
че́тверо солда́т, дво́е ма́льчиков, три сестры́, тро́е бра́тьев, пя́теро
ученико́в, пять учени́ц, че́тверо дете́й, ше́стеро рабо́чих.

X. 1. оди́ннадцать. 2. два́дцать оди́н. 3. четы́ре. 4. тро́е. 5. во́-
семь.

XI. 1. в шесть часо́в, часо́в в шесть. 2. в во́семь часо́в, часо́в
в во́семь. 3. в пять часо́в, часо́в в пять. 4. в два часа́, часа́ в два.
5. пятна́дцать лет, лет пятна́дцать. 6. два́дцать два го́да, го́да два́д-
цать два. 7. восемна́дцать дней, дней восемна́дцать. 8. четы́ре ра́за,
ра́за четы́ре. 9. пять мину́т, мину́т пять. 10. со́рок копе́ек, копе́ек
со́рок.

XII. е́здили, вы́ехали, пое́хали, е́хали, вы́ехали, прое́хали, вы́шли,
побежа́ли, пое́хали, прие́хали.

XIII. 1. по университе́ту. 2. по институ́ту. 3. по рабо́те. 4. по
шко́ле.

XV. 1.—Что вы де́лаете по воскресе́ньям?—Мы с друзья́ми
ча́сто прово́дим воскресе́нье за́ городом, в лесу́ и́ли на берегу́
реки́. Обы́чно мы е́здим за́ город на по́езде и́ли на маши́не.
2.—Ми́ша, хо́чешь пое́хать в воскресе́нье за́ город?—На маши́-
не?—Нет, мы хоти́м пое́хать на велосипе́дах.—Кто ещё пое́дет с на́-
ми? Ско́лько челове́к пое́дет?—Нас бу́дет пя́теро.—Где мы встре́-
тимся?—Обы́чно мы собира́емся о́коло ста́нции метро́ «Ки́евская».
3. От Москвы́ до ста́нции «Лесна́я» по́езд идёт мину́т три́дцать—три́д-
цать пять. От ста́нции до ле́са киломе́тра три—четы́ре. 4. От ста́н-
ции до ле́са мы шли пешко́м. Вы лю́бите ходи́ть пешко́м? 5. Обы́чно
мы возвраща́емся в Москву́ часо́в в шесть.

7.

II. 1. сы́ра, са́хару, ма́сла, мя́са, ры́бы, конфе́т, я́блок, виногра́-
да. 2. молока́, ма́сла, пи́ва. 3. со́ли, ча́я, ко́фе, са́хара, сигаре́т.

III. 1. в магази́не «Молоко́» и́ли в моло́чном отде́ле «Гастро-
но́ма». 2. в овощно́м магази́не и на ры́нке. 3. в мясно́м отде́ле
магази́на. 4. в ры́бном отде́ле и́ли в ры́бном магази́не. 5. в кон-
ди́терских магази́нах. 6. в бу́лочной.

IV. 1. моло́чный магази́н (магази́н «Молоко́»). 2. бу́лочная.
3. овощно́й магази́н. 4. мясно́й магази́н (магази́н «Мя́со»). 5. ры́бный
магази́н.

V. зашёл (зашла́), обошёл (обошла́), вы́брал (вы́брала), пошёл
(пошла́), продаю́т, вы́брал(а) (купи́л, купи́ла), пошёл (пошла́), про-
даю́т, купи́л (купи́ла), заплати́л (заплати́ла).

VI. 1. покупа́ем, покупа́л, купи́л. 2. заплати́л, плати́ть, запла-
ти́ли, плати́л. 3. прино́сят, принесу́т.

VII. А. 1. хожу́, иду́, пойду́. 2. идёте, иду́, хожу́.

В. 1. прино́сит, принесли́. 2. принёс, прино́сит.

VIII. 1. па́чку, коро́бку, ба́нку. 2. ба́нку, па́чку, коро́бок. 3. па́чку, ба́нку. 4. буты́лки.

IX. 1. со́рок пять копе́ек. 2. три́дцать три копе́йки. 3. одну́ копе́йку. 4. оди́н рубль два́дцать две копе́йки. 5. девяно́сто четы́ре копе́йки. 6. пять рубле́й пятьдеся́т шесть копе́ек. 7. три рубля́ со́рок копе́ек. 8. два рубля́ пятна́дцать копе́ек.

X. 1. где. 2. куда́ (кому́). 3. что. 4. ско́лько. 5. где.

XII. А. Недалеко́ от на́шего до́ма есть большо́й продово́льственный магази́н. Там мо́жно купи́ть всё: мя́со, ры́бу, ма́сло, молоко́, чай, ко́фе, са́хар и други́е проду́кты. Магази́н рабо́тает с восьми́ часо́в утра́ до девяти́ часо́в ве́чера. Ря́дом с ним нахо́дится магази́н «Фру́кты—о́вощи», где мы покупа́ем карто́фель, капу́сту, лук, морко́вь, я́блоки, апельси́ны, сли́вы.

В. 1.—Вы не хоти́те зайти́ в магази́н? Мо́жет быть, вам на́до что́-нибудь купи́ть?—Да, мне на́до купи́ть сигаре́ты и спи́чки. 2.—Да́йте, пожа́луйста, сигаре́ты «Но́вость» и спи́чки.—Пожа́луйста. Девятна́дцать копе́ек. 3.—Ско́лько сто́ят э́ти конфе́ты?—Э́ти конфе́ты сто́ят три рубля́ шестьдеся́т копе́ек килогра́мм. 4.—Скажи́те, пожа́луйста, ско́лько сто́ит цейло́нский чай?—Пятьдеся́т две копе́йки па́чка. 5.—Скажи́те, пожа́луйста, хлеб све́жий?—Да, то́лько что привезли́.—Да́йте три бу́лочки и полбато́на чёрного.—Пожа́луйста. Два́дцать во́семь копе́ек. 6. Да́йте, пожа́луйста, три́ста грамм ма́сла и буты́лку молока́. 7.—Кака́я колбаса́ есть сего́дня?—У нас есть не́сколько сорто́в колбасы́. 8.—Ско́лько сто́ит мя́со?—Два рубля́ килогра́мм.—Покажи́те, пожа́луйста, э́тот кусо́к.

8.

II. 1. книг, тетра́дей, ру́чек, карандаше́й. 2. пальто́, пла́тьев, костю́мов, плаще́й, блу́зок. 3. су́мку и чемода́н. 4. руба́шку и га́лстук.

III. 1. сто́ит... рубле́й, рубля́, рубль. 2. сто́ят ... рубля́, рубле́й, рубль. 3. сто́ит ... рубль, рубля́, рубле́й. 4. сто́ят... рубле́й, рубля́, рубле́й. 5. сто́ит ... копе́ек, копе́ек, копе́ек. 6. сто́ят... копе́йки, копе́йки, копе́ек. 7. сто́ит ... копе́ек, копе́йку, копе́йки.

IV. 1. сре́днего ро́ста. 2. шко́льного во́зраста. 3. я́рких цвето́в. 4. больши́х зна́ний. 5. си́него и́ли голубо́го цве́та.

V. 1. мои́х роди́телей. 2. моего́ ста́ршего бра́та. 3. мое́й мла́дшей сестры́. 4. на́ших сосе́дей. 5. на́шего преподава́теля. 6. одного́ изве́стного англи́йского писа́теля.

VI. 1. на́шему но́вому студе́нту. 2. одно́й мое́й знако́мой де́вушке. 3. моему́ мла́дшему сы́ну. 4. своему́ дру́гу. 5. свои́м гостя́м. 6. свои́м това́рищам по рабо́те.

VIII. 1. Да, мне нра́вятся таки́е фи́льмы. Нет, мне не нра́вятся таки́е фи́льмы. 2. Да, мне нра́вится ру́сская му́зыка. 3. Да, мне нра́вятся рома́ны э́того писа́теля. 4. Да, мне нра́вится така́я пого́да. 5. Да, мне нра́вится гуля́ть по у́лицам го́рода. 6. Да, мне нра́вится отдыха́ть в гора́х.

IX. А. 1. понра́вилась. 2. понра́вилась. 3. понра́вился. 4. понра́вилась. 5. не понра́вился.

В. 1. люблю́. 2. лю́бят. 3. люблю́. 4. лю́бят. 5. лю́бим. 6. лю́бите.

XI. 1. Я по́мню. 2. Брат... хо́чет. 3. Я не ве́рю... 4. Я не хоте́л... 5. Я пло́хо рабо́тал. 6. Вы не хоти́те... 7. Он жил...

XII. 1. чита́л, прочита́ли, прочита́л. 2. купи́л, покупа́л, купи́л.

3. писа́л, написа́л. 4. понра́вился, нра́вятся. 5. да́рим, подари́ла. 6. ду́мал, поду́мал. 7. реши́л, реша́ли.

XVI. све́тлый костю́м, чёрные ту́фли, тяжёлый чемода́н, некраси́вая вещь, дешёвое пла́тье, гру́бая рабо́та, молодо́й челове́к, ле́тнее пальто́, жёсткая (гру́бая) ткань.

XVII. 1. Когда́ открыва́ются магази́ны? Я хочу́ зайти́ в универма́г. Мне на́до купи́ть не́сколько веще́й. 2. Скажи́те, на како́м этаже́ продаю́т костю́мы для ма́льчиков? 3. Скажи́те, пожа́луйста, где я могу́ купи́ть зи́мнюю ша́пку? 4.— Ско́лько сто́ит э́тот га́лстук?— Два рубля́ два́дцать копе́ек. 5. Мне нра́вится э́то пла́тье. Ско́лько оно́ сто́ит? 6.— Вам нра́вится э́та су́мка?— О́чень нра́вится. 7. Мне нра́вится э́то пальто́, но оно́ мне велико́. 8. Покажи́те, пожа́луйста, да́мские перча́тки. Како́й э́то разме́р? 9.— Мо́жно приме́рить бе́лые ту́фли?— Како́й разме́р?— Три́дцать пя́тый.— Пожа́луйста. 10. Э́ти боти́нки мне малы́. Да́йте, пожа́луйста, другу́ю па́ру. 11. Да́йте, пожа́луйста, три ме́тра ше́рсти.

9.

II. 1. с молоко́м. 2. с ма́слом и сы́ром. 3. с мя́сом. 4. с ри́сом и́ли карто́шкой. 5. с молоко́м. 6. с капу́стой.

III. 1. сто́ит. 2. лежа́т. 3. положи́л. 4. поста́вьте. 5. положи́те.

IV. 1. на столе́, на стол. 2. на стул, на сту́ле. 3. на буфе́те, на буфе́т. 4. на окно́, на окне́. 5. в шкафу́, в шкаф.

V. 1. Принеси́те... 2. Переда́йте... 3. Да́йте...

VI. 1. одну́ котле́ту, холо́дную ры́бу, о́стрый сыр, ча́шку ко́фе. 2. мя́со с гарни́ром, котле́ту с капу́стой. 3. буты́лку воды́, таре́лку су́па, у́тку с ри́сом, ча́шку ко́фе. 4. воды́, молока́, лимона́да, со́ка.

VII. 1. в э́тот рестора́н, в э́том рестора́не. 2. в но́вой столо́вой, в но́вую столо́вую. 3. в э́том ма́леньком кафе́, в э́то ма́ленькое кафе́.

VIII. ем, ешь, ест, еди́м, еди́те, едя́т; пью, пьёшь; беру́, берёшь; возьму́, возьмёшь; закажу́, зака́жешь.

IX. 1. Мне нра́вится чай с молоко́м. 2. Мне нра́вится грузи́нский чай. 3. Мне нра́вятся я́блоки, апельси́ны, бана́ны, etc. 4. Мне нра́вятся ры́бные блю́да. 5. Мне нра́вится о́стрый сыр. 6. Мне нра́вится ру́сская ку́хня.

X. 1. за за́втраком. 2. за у́жином. 3. за обе́дом.

XII. 1.— Вы не хоти́те пойти́ пообе́дать?— С удово́льствием. Я как ра́з собира́лся пойти́.— Куда́ мы пойдём?— Мо́жно пойти́ в кафе́ «Ко́смос». Там непло́хо гото́вят. И в э́то вре́мя там ма́ло наро́ду. 2.— Я не зна́ю, что мне взять на второ́е.— Я бы посове́товал вам заказа́ть котле́ту по-ки́евски. Э́то о́чень вку́сно. 3. Принеси́те, пожа́луйста, сала́т и холо́дное мя́со. 4. Да́йте, пожа́луйста, счёт. 5. Переда́йте, пожа́луйста, ма́сло. Спаси́бо. 6.— Э́то ме́сто свобо́дно?— Да, сади́тесь, пожа́луйста. 7. Обы́чно я за́втракаю и у́жинаю до́ма, а обе́даю на рабо́те. У нас в институ́те хоро́шая столо́вая. Здесь вку́сно гото́вят и всегда́ большо́й вы́бор мясны́х и ры́бных блюд.

10.

II. 1. мо́жно. 2. Мне на́до. 3. мо́жно. 4. Мне на́до. 5. Им на́до. 6. мо́жно. 7. мо́жно.

III. 1. посла́л (отпра́вил), полу́чат. 2. посла́ть. 3. посла́ли. 4. бросить (опусти́ть). 5. получи́ли. 6. принёс. 7. бро́сьте (опусти́те). 8. писа́ть, получа́ть. 9. прино́сит.

IV. 1. из Ленингра́да, от моего́ дру́га. 2. из Москвы́, от свои́х сове́тских друзе́й. 3. из Ки́ева, от одного́ знако́мого студе́нта. 4. из родно́й дере́вни, от мои́х роди́телей. 5. из родны́х мест, от друзе́й, ро́дственников и знако́мых.

V. 1. от бра́та из Ки́ева. 2. сро́чную телегра́мму сестре́ в Оде́ссу. 3. ма́рку на конве́рт... письмо́ в конве́рт. 4. на по́чте. 5. из до́ма от роди́телей. 6. телегра́мму из Ленингра́да от моего́ мла́дшего бра́та.

VI. 1. со свои́м мла́дшим бра́том, с друзья́ми по институ́ту, со свои́ми роди́телями. 2. с Ни́ной и Ми́шей, со свои́ми това́рищами. 3. с одно́й знако́мой же́нщиной. 4. с одни́м интере́сным молоды́м челове́ком. 5. с инжене́рами и рабо́чими, с други́ми рабо́тниками.

VII. 1. встре́титься, встре́тил. 2. посове́товаться, посове́товал. 3. ви́дел, ви́делись, ви́дитесь. 4. обня́ли́сь, обняла́.

X. 1. со свои́м сосе́дом, моего́ сосе́да. 2. с её мла́дшей до́черью, её мла́дшая дочь, свое́й мла́дшей до́чери. 3. свои́м преподава́телем, их преподава́телю. 4. оди́н мой знако́мый, у одного́ моего́ знако́мого. 5. от свое́й ста́ршей сестры́, её ста́ршая сестра́.

XII. 1. пи́шут, написа́л. 2. получа́ю, получи́л. 3. начина́ла, начала́. 4. отпра́вил, отправля́л. 5. писа́ли, посыла́ли, написа́л, посла́л. 6. запи́сывал, записа́л. 7. забы́л, забыва́ет.

XIV. 1.—Скажи́те, пожа́луйста, где нахо́дится ближа́йшая по́чта?—По́чта нахо́дится недалеко́ отсю́да, на у́лице Ки́рова.—Вы не зна́ете, как (когда́) рабо́тает по́чта?—Я ду́маю, с восьми́ часо́в утра́ до восьми́ ве́чера. 2.—Где мо́жно купи́ть конве́рты и ма́рки? —В сосе́днем окне́.—Да́йте, пожа́луйста, конве́рт с ма́ркой, две откры́тки и два бла́нка для телегра́ммы. 3.—Ско́лько сто́ит конве́рт?—Шесть копе́ек.—Ско́лько вре́мени идёт письмо́ из Москвы́ в Ки́ев?—Оди́н день.—Мне на́до посла́ть не́сколько поздрави́тельных телегра́мм. Где принима́ются телегра́ммы?—В сосе́днем за́ле.—Ско́лько вре́мени идёт телегра́мма из Москвы́ в Ленингра́д?—Два часа́. 5. Ка́ждое у́тро почтальо́н прино́сит нам газе́ты и пи́сьма. Сего́дня у́тром он принёс мне не́сколько пи́сем. Одно́ письмо́ бы́ло из Ки́ева от моего́ ста́рого дру́га. Мне на́до отве́тить на э́то письмо́. Я не люблю́ писа́ть пи́сьма. Обы́чно я посыла́ю откры́тки.

11.

II. 1. мне ну́жно. 2. нам на́до. 3. вам ну́жно. 4. мне на́до. 5. мне на́до.

III. 1. мой, моего́, своего́. 2. своём, свои́м, его́. 3. свой, его́, его́. 4. своего́, его́, свое́й. 5. мой, свои, его́, своё.

IV. приезжа́л, остана́вливался, обраща́лся, дава́л, зака́зывал, поднима́лся; прие́хал, останови́лся, обрати́лся, дал, заказа́л, подня́лся, показа́ла.

V. 1. рису́ет. 2. игра́ет, не танцу́ет. 3. организу́ет. 4. ночу́ют. 5. критику́ют. 6. бесе́дуют. 7. волну́юсь. 8. интересу́ется.

VI. 1. проговори́ли. 2. говори́ли, покури́ли. 3. проспа́л. 4. поспа́л. 5. прогуля́ла. 6. погуля́й. 7. пролежа́л. 8. просиде́ли. 9. посиде́ли.

VII. прие́хала, вы́ехали, прие́хали, е́здила, вы́ехала (уе́хала), прие́хала, ходи́ли, пошли́ (пойду́т), приду́т.

VIII. 1. Наш дом постро́ен пять лет наза́д. 2. В журна́ле напеча́таны мои́ стихи́. 3. Магази́н уже́ закры́т. 4. Телегра́мма уже́ по́слана? 5. Э́то письмо́ полу́чено на про́шлой неде́ле. 6. Го́сти приглашены́ к семи́ часа́м. 7. На ве́чере нам был пока́зан сове́тский фильм. 8. Э́та кни́га ку́плена в кио́ске. 9. Но́мер в гости́нице ещё не зака́зан.

X. 1. и, но. 2. и, но, а. 3. но, а. 4. и, но, а. 5. а, и, но.

XI. 1. Е́сли у вас бу́дет вре́мя, ... 2. ..., е́сли ра́но ко́нчу рабо́ту. 3. Е́сли вы хоти́те посмотре́ть э́тот фильм, ... 4. ... е́сли у меня́ бу́дут де́ньги. 5. Е́сли в воскресе́нье бу́дет тепло́, ... 6. Е́сли уви́дите где́-нибудь э́тот уче́бник, ... 7. Е́сли ва́ши часы́ спеша́т, ...

XIV. 1. На́шу гру́ппу размести́ли в гости́нице «Украи́на». В хо́лле нас встре́тил администра́тор. Мы отда́ли ему́ свои́ паспорта́ и запо́лнили бла́нки для приезжа́ющих. Он сказа́л нам номера́ на́ших ко́мнат. 2. Мой но́мер на девя́том этаже́. Я подня́лся на ли́фте на девя́тый эта́ж. Дежу́рная дала́ мне ключ от моего́ но́мера и сказа́ла: «Когда́ бу́дете уходи́ть, оставля́йте ключ у меня́». Она́ проводи́ла меня́ и показа́ла мне мою́ ко́мнату. 3. О́кна мое́й ко́мнаты выхо́дят на Москву́-ре́ку. Из окна́ я ви́жу у́лицы, дома́ и мост че́рез Москву́-ре́ку. Моя́ ко́мната больша́я и тёплая. 4. Нам сказа́ли, что за́втракать, обе́дать и у́жинать мы бу́дем в рестора́не, кото́рый нахо́дится на пе́рвом этаже́ гости́ницы. 5.—Скажи́те, пожа́луйста, у вас есть свобо́дные номера́?—Есть. Вам ну́жен но́мер на двои́х?—Да. Я с жено́й.—Заполни́те, пожа́луйста, бланк. Ваш но́мер на тре́тьем этаже́. Мо́жете подня́ться на ли́фте. Дежу́рная даст вам ключ от ва́шего но́мера.—Спаси́бо.

12.

II. 1,7. с мои́м ста́рым дру́гом Никола́ем и его́ жено́й; с мои́ми роди́телями и мое́й мла́дшей сестро́й; с Петро́выми. 2.8. своего́ ста́рого дру́га Никола́я и его́ жену́; свои́х роди́телей и свою́ мла́дшую сестру́; Петро́вых. 3. у своего́ ста́рого дру́га Никола́я и его́ жены́; у свои́х роди́телей и свое́й мла́дшей сестры́; у Петро́вых. 4. о моём ста́ром дру́ге Никола́е и его́ жене́; о мои́х роди́телях и мое́й мла́дшей сестре́; о Петро́вых. 5,6. моему́ ста́рому дру́гу Никола́ю и его́ жене́; мои́м роди́телям и мое́й мла́дшей сестре́; Петро́вым. 9. Мой ста́рый друг Никола́й и его́ жена́; мои́ роди́тели и моя́ мла́дшая сестра́; Петро́вы.

III. 1. Позови́те. 2. Позвони́те. 3. Переда́йте. 4. Подожди́те. 5. Приходи́те.

IV. шёл, вошёл, подошла́, ушла́, зашла́, пошли́, придёт, придёт.

V. 1. вам. 2. мне. 3. им. 4. Ма́ше. 5. мне.

VI. 1. позвони́те. 2. набра́ли. 3. позвони́те. 4. положи́л. 5. набра́ть. 6. клади́те.

VII. 1. дава́йте, пусть. 2. дава́йте, пусть. 3. дава́йте, пусть.

VIII. 1. поéдем. 2. напи́шем. 3. напи́шет. 4. возьмём. 5. возьмёт. 6. попро́сим. 7. попро́сит.

IX. 1. Ни́на сказа́ла мне, что́бы я купи́л(а) биле́ты в кино́. 2. ..., что́бы она́ пришла́ сего́дня в шесть часо́в ве́чера. 3. ..., что́бы мы присла́ли ей свои́ фотогра́фии. 4. ..., что́бы она́ позвони́ла ему́ ве́чером. 5. ..., что́бы он подожда́л меня́ здесь. 6. ..., что́бы я присла́л ему́ журна́л «Ра́дио». 7. ..., что́бы мы повтори́ли восьмо́й уро́к. 8. ..., что́бы я обяза́тельно прочита́л э́ту кни́гу.

X. 1. что́бы, что. 2. что́бы, что. 3. что, что́бы. 4. что, что́бы. 5. что́бы. 6. что, что́бы.

XII. 1. ли. 2. ли, éсли. 3. éсли, ли. 4. éсли, ли, éсли.

XV. 1. Когда́ я пришёл домо́й, жена́ сказа́ла, что мне звони́л мой ста́рый друг Серге́й. Он сказа́л, что позвони́т ещё раз. 2.—Вчера́ я хоте́л позвони́ть вам, но я не знал ва́шего телефо́на.—Запиши́те его́: 253-80-85. Это дома́шний телефо́н. 3.—Вы не мо́жете позвони́ть мне за́втра у́тром, часо́в в де́вять?—Могу́. По како́му телефо́ну?— 299-22-11. 4.—Когда́ я могу́ позвони́ть вам?—В любо́е вре́мя по́сле пяти́ ве́чера. 5.—Вчера́ я звони́л вам, но никто́ не подходи́л к телефо́ну (не отвеча́л). 6.—Если кто́-нибудь позвони́т мне, скажи́те, что я бу́ду до́ма по́сле семи́ ве́чера. 7.—Это Ва́ля?—Нет, Ва́ли нет до́ма.—Вы не мо́жете сказа́ть, когда́ она́ бу́дет?—Подожди́те мину́тку, сейча́с узна́ю... Вы слу́шаете? Ва́ля бу́дет до́ма по́сле 12. 8.—Позови́те, пожа́луйста, О́льгу Ива́новну.—Это я.—Здра́вствуйте, говори́т ваш студе́нт Петро́в. Извини́те, что я беспоко́ю вас. Я ко́нчил свою́ рабо́ту и хоте́л бы показа́ть её вам.—За́втра я бу́ду в университе́те у́тром. Приходи́те и приноси́те свою́ рабо́ту.—Спаси́бо. До свида́нья.

13.

II. 1. жа́ловалась. 2. принима́ть. 3. боле́ю. 4. боли́т. 5. жа́луетесь. 6. вы́писал. 7. ле́чит. 8. жа́луется. 9. принима́ть. 10. боля́т. 11. бо́лен.

III. 1. У него́ грипп. 2. Давно́ у неё грипп? 3. У моего́ бра́та бы́ло воспале́ние лёгких. 4. ..., так как у них была́ ангина.

IV. 1. вам на́до. 2. вам на́до. 3. ей на́до (ну́жно). 4. ему́ нельзя́. 5. мне мо́жно. 6. ему́ нельзя́. 7. ему́ нельзя́. 8. ему́ на́до (ну́жно). 9. ей нельзя́.

V. 1. боле́ет (боле́л). 2. боле́ет (боле́л). 3. боли́т (боле́ла). 4. боля́т (боле́ли). 5. боле́л. 6. боли́т. 7. боле́ете (боле́ли). 8. боли́т.

VI. 1. Если у вас боли́т голова́, ... 2. Если (когда́) вы больны́, ... 3. Я пошёл к врачу́, так как (потому́ что) ... 4. Вам нельзя́ выходи́ть на у́лицу, так как ... 5. Никола́й не пришёл на рабо́ту, так как ... 6. Мое́й сестре́ нельзя́ е́хать на юг, потому́ что... 7. Если вы почу́вствуете себя́ ху́же ... 8. Когда́ (так как) он почу́вствовал себя́ ху́же, ...

VII. 1. в поликли́нику к зубно́му врачу́. 2. в больни́цу к свое́й больно́й подру́ге. 3. в дере́вню к свои́м роди́телям. 4. в кабине́т к медици́нской сестре́. 5. в медици́нский институ́т к изве́стному профе́ссору.

VIII. 1. ..., что у неё боли́т голова́. 2. ..., когда́ придёт врач. 3. ..., что врач придёт за́втра. 4. ..., что она́ должна́ лечь в больни́цу. 5. ..., как я себя́ чу́вствую. 6. ..., что че́рез неде́лю я смогу́ вы́йти на рабо́ту. 7. ..., что он до́лжен принима́ть э́то лека́рство два ра́за в день.

XI. 1.—Как вы себя́ чу́вствуете?—Спаси́бо, хорошо́.—Говоря́т, вы бы́ли больны́?—Да, я боле́л.—Вы лежа́ли в больни́це?—Нет, я лежа́л до́ма. 2.—У вас больно́й вид. Вы должны́ идти́ к врачу́. —Вчера́ я был у врача́.—Что он сказа́л?—Он сказа́л, что мне на́до лежа́ть в посте́ли и принима́ть лека́рство.—Почему́ же вы не лежи́те в посте́ли?—Я иду́ из апте́ки. (Я был в апте́ке.) 3. У моего́ отца́ ча́сто боли́т голова́. Врач вы́писал ему́ лека́рство от головно́й бо́ли. Оте́ц говори́т, что лека́рство помога́ет ему́. 4.—Я давно́ не ви́дел Никола́я. Что с ним?—Он не рабо́тает сейча́с. Говоря́т, он простуди́лся и лежи́т до́ма. 5.—Ва́ша сестра́ была́ больна́?

— Да, ей сде́лали опера́цию, и она́ ме́сяц лежа́ла в больни́це.— Как она́ чу́вствует себя́ сейча́с? — Спаси́бо, лу́чше. Она́ уже́ до́ма. Врач сказа́л, что че́рез неде́лю она́ смо́жет вы́йти на рабо́ту. 6.— Что у вас боли́т? — У меня́ си́льный на́сморк и боли́т голова́.— Кака́я у вас температу́ра? — У́тром была́ 37,7. 7. Врач изме́рил температу́ру и осмотре́л больно́го. 8. Врач вы́писал мне лека́рство. Он сказа́л, что на́до принима́ть его́ по одно́й табле́тке пе́ред обе́дом. 9. У Влади́мира боли́т зуб, но он бои́тся идти́ к врачу́. 10.— Мари́я Ива́новна жа́луется на плохо́й аппети́т.— Да? Я не заме́тил э́того.

14.

II. 1. хоро́шей спортсме́нкой. 2. чемпио́нкой го́рода по гимна́стике. 3. спо́ртом. 4. лы́жами и пла́ванием. 5. футбо́лом и велосипе́дом. 6. велосипе́дом и ша́хматами.

III. 1. по бо́ксу. 2. по те́ннису. 3. по волейбо́лу. 4. по гимна́стике. 5. по насто́льному те́ннису. 6. по ша́хматам. 7. по гимна́стике, пла́ванию и фигу́рному ката́нию.

IV. игра́ли, игра́ли, проигра́ли, вы́играл, игра́ет, вы́играли, проигра́ли, сыгра́ли.

V. 1. а) пла́вать, пла́ваете, пла́ваю; б) плыву́т, плывёт, плывёт; в) плыть, пла́вать. 2. а) хо́дите, ходи́л, ходи́ть; б) хо́дите, хожу́, идёте (пойдёте), иду́ (пойду́), идёмте (пойдёмте); в) идёте, идём, идёте, хожу́. 3. а) бежи́те, бегу́; б) бежи́т, бежи́т, бежи́т, бежи́т, бе́гает.

VI. 1. на пиани́но, в волейбо́л, в футбо́л, в хокке́й, на роя́ле, в пинг-по́нг, на скри́пке, в ша́хматы, на гита́ре, в те́ннис, на трубе́. 2. на лы́жах, на конька́х, на ло́дке, на велосипе́де.

VII. 1. кото́рая. 2. в кото́рой. 3. в кото́рой. 4. кото́рую. 5. с кото́рой. 6. о кото́рой.

VIII. 1. ..., каки́м спо́ртом я занима́лся ра́ньше. ..., когда́ я на́чал игра́ть в футбо́л, ..., в како́й кома́нде я игра́л ра́ньше. 2. ..., что я занима́лся бо́ксом. ..., что я на́чал игра́ть в футбо́л семь лет наза́д. ..., что я игра́л в футбо́л и в хокке́й в кома́нде «Зени́т». 3. ..., лю́бит ли он спорт. ..., занима́ется ли он спо́ртом. ..., ката́ется ли он на лы́жах. 4. ..., что́бы он занима́лся спо́ртом. ..., что́бы он бро́сил кури́ть. ..., что́бы он де́лал у́треннюю гимна́стику.

XI. 1. Мой брат занима́ется спо́ртом с де́тства. Он ката́ется на лы́жах и на конька́х. Бо́льше всего́ он лю́бит пла́вание. Кру́глый год он хо́дит в бассе́йн. Я то́же люблю́ пла́вать. Иногда́ я хожу́ в бассе́йн вме́сте с ним. 2. Ни́на хорошо́ игра́ет в те́ннис. В про́шлом году́ она́ заняла́ пе́рвое ме́сто в соревнова́ниях и ста́ла чемпио́нкой страны́ по те́ннису. 3.— Вы занима́етесь спо́ртом? — Нет, сейча́с я не занима́юсь спо́ртом. Ра́ньше, когда́ я был молоды́м, я игра́л в футбо́л и волейбо́л. 4.— Вы занима́етесь гимна́стикой? — Да. Я о́чень люблю́ гимна́стику. По-мо́ему, э́то са́мый краси́вый вид спо́рта. 5.— Ва́ши де́ти де́лают у́треннюю заря́дку? — Да, де́лают. Ка́ждое у́тро.— А вы? — Нет, я давно́ бро́сил. 6.— Вы ча́сто хо́дите на като́к? — Нет, не ча́сто, раз в неде́лю, иногда́ два ра́за в неде́лю. 7. Вчера́ я был на стадио́не. Игра́ли «Дина́мо» и «Арсена́л». Матч был о́чень интере́сный. Он зако́нчился со счётом 1:0. Вы́играла англи́йская кома́нда. 8. Я ви́жу, вы боле́ете за кома́нду «Дина́мо». Я то́же боле́ю за э́ту кома́нду. 9.— Вы лю́бите игра́ть в футбо́л? —

Нет, не люблю́. Но по телеви́зору смотрю́ футбо́льные ма́тчи с удово́льствием.

15.

II. 1. поёт. 2. критику́ют. 3. идёт. 4. аплоди́руют. 5. продаю́т. 6. беру́.

III. 1. в теа́тр на бале́т «Зо́лушка». 2. в консервато́рии на конце́рте. 3. в парте́ре, в пя́том ряду́. 4. в Большо́й теа́тр на о́перу «Бори́с Годуно́в». 5. на воскресе́нье на ве́чер.

IV. 1. исполня́ется, исполня́ет, исполня́ет. 2. ко́нчил, ко́нчился. 3. встре́тились, встре́тил. 4. верну́ли, верну́лись.

V. 1. У меня́ нет но́вого уче́бника. 2. ..., ста́ршего бра́та. 3. сего́дняшней газе́ты. 4. а́нгло-ру́сского словаря́. 5. книг э́того писа́теля. 6. дете́й. 7. о́перного теа́тра. 8. хоро́ших певцо́в. 9. свобо́дных номеро́в.

VI. A. 1. слу́шали. 2. слы́шали. 3. слу́шаю. 4. слу́шать. 5. слы́шит. 6. слы́шал.

B. 1. ви́дели, ви́дел. 2. посмотре́л. 3. ви́дит. 4. уви́дел, смотре́л, ви́дел. 5. смотре́ть. 6. ви́дели (смотре́ли).

VII. 1. ..., хотя́ я люблю́ э́того а́втора. 2. ..., хотя́ он неда́вно пришёл на сце́ну. 3. Хотя́ конце́рт ко́нчился по́здно, ... 4. ..., хотя́ (я) ви́дел её ра́ньше. 5. ..., хотя́ (я) чита́л его́ неда́вно. 6. ..., хотя́ он изуча́ет ру́сский язы́к уже́ не́сколько лет. 7. Хотя́ мой това́рищ изуча́ет ру́сский язы́к всего́ не́сколько ме́сяцев, ...

IX. 1. Когда́ я был в Москве́, я посмотре́л бале́т «Лебеди́ное о́зеро» в Большо́м теа́тре. 2. Бо́льше всего́ я люблю́ бале́т. Я ви́дел все бале́ты Большо́го теа́тра. 3. Мы хоте́ли посмотре́ть э́ту пье́су, но не смогли́ доста́ть биле́ты. 4.— Что идёт сего́дня в Худо́жественном теа́тре?—«Три сестры́» Че́хова.— Я ви́дел э́ту пье́су в про́шлом году́. 5.— Когда́ бу́дет премье́ра пье́сы Толсто́го «Живо́й труп»? — 20 ма́рта.— Говоря́т, тру́дно доста́ть биле́ты на э́тот спекта́кль. — Да, э́то пра́вда. 6.— А́ня, ты свобо́дна в суббо́ту? Я хочу́ пригласи́ть тебя́ в Большо́й теа́тр на бале́т «Спя́щая краса́вица». 7.— У вас есть биле́ты на «Ча́йку»?— Есть на седьмо́е января́ на вече́рний спекта́кль.— Да́йте, пожа́луйста, два биле́та. 8.— У вас нет ли́шних биле́тов?— Есть оди́н.— Мне ну́жно два. 9.— Где ва́ши места́? — В парте́ре, в шесто́м ряду́.— А где сидя́т Ли́да и Ви́ктор?— В ло́же № 3. 10.— Когда́ начина́ются спекта́кли в моско́вских теа́трах?— У́тренние в 12 часо́в, вече́рние в 7.

16.

II. 1. к на́шим роди́телям в Приба́лтику. 2. в пионе́рском ла́гере на берегу́ Чёрного мо́ря. 3. со свои́ми колле́гами, со свои́ми друзья́ми. 4. всем свои́м друзья́м и знако́мым. 5. в ма́леньком куро́ртном городке́ Но́вом Афо́не. 6. на Во́лгу и́ли на Украи́ну.

III. 1. на ме́сяц, ме́сяц. 2. на всё ле́то, всё ле́то. 3. два ме́сяца, на два ме́сяца. 4. на три дня, три дня. 5. на неде́лю, неде́лю. 6. три го́да, на три го́да.

IV. 1. купа́ться. 2. провели́. 3. собира́емся. 4. ката́ться. 5. загоре́л. 6. проводи́те.

V. 1. Па́вел спроси́л меня́, где мы бу́дем отдыха́ть ле́том. 2. ..., что мы собира́емся пое́хать в Крым. 3. ..., что они́ то́же пое́дут на юг. 4. Я спроси́л, в како́м ме́сте они́ бу́дут отдыха́ть.

230

5. Он отве́тил, что они́ хотя́т пое́хать в Со́чи. 6. Я сказа́л, что мы бу́дем жить недалеко́ от них.

VI. 1. реша́ли, реши́ли. 2. отдыха́ли, отдохну́ли. 3. получи́л, получа́ли. 4. искупа́лись, купа́лись. 5. собра́л, сложи́л, собира́л, скла́дывал. 6. провожа́ли, проводи́ли. 7. поднима́лись, подня́лись.

VII. 1. прие́хали с Украи́ны. 2. пришёл домо́й. 3. подъе́хала к на́шему до́му. 4. вы́шел из до́ма. 5. прие́хали из санато́рия. 6. отошёл от окна́. 7. уе́хали от нас. 8. вошёл в ваго́н.

VIII. 1. Я посмотре́л на часы́ и ... 2. Когда́ (по́сле того́ как) тури́сты подняли́сь на́ гору, они́ ... 3. Когда́ я уезжа́л в о́тпуск, ... 4. Когда́ я отдыха́л на ю́ге, ... 5. Так как она́ не зна́ла ру́сского языка́, ... 6. Когда́ я слу́шаю переда́чи на ру́сском языке́, ... 7. По́сле того́ как он изучи́л ру́сский язы́к, ... 8. По́сле того́ как мы попроща́лись с друзья́ми, ... 9. Когда́ я выхожу́ из университе́та, ... 10. Я позвони́л на вокза́л и узна́л, когда́ ...

IX. 1. купа́ясь, искупа́вшись. 2. обе́дая, пообе́дав. 3. отдохну́в, отдыха́я. 4. возврати́вшись, возвраща́ясь. 5. си́дя, посиде́в. 6. прочита́в, чита́я.

XI. 1.—Где вы отдыха́ли ле́том?—Мы е́здили в Крым.—Хорошо́ отдохну́ли?—Очень. 2. В про́шлом году́ мы провели́ о́тпуск на ю́ге, в Я́лте. 3.—Этим ле́том мы хоти́м пое́хать в Приба́лтику. Мы никогда́ не́ были там. Говоря́т, там прекра́сные пля́жи и не так жа́рко, как на ю́ге.—Если пого́да бу́дет хоро́шая, там мо́жно хорошо́ отдохну́ть. 4. Мы обы́чно прово́дим ле́то в гора́х. Мы лю́бим ходи́ть пешко́м. 5.—Вы пое́дете в санато́рий?—Да, неда́вно мне де́лали опера́цию, и тепе́рь врачи́ посыла́ют меня́ в санато́рий. 6. Куда́ пое́дут ле́том ва́ши де́ти?—Ста́рший сын—он студе́нт—пое́дет в альпла́герь. Он альпини́ст и ка́ждый год е́здит на Кавка́з. Мла́дший сын пое́дет в пионе́рский ла́герь.—А он не бу́дет скуча́ть в ла́гере? — Нет, он о́чень живо́й ма́льчик, и у него́ всегда́ мно́го друзе́й. 7.—Мы ещё не реши́ли, где бу́дем отдыха́ть в э́том году́.—А когда́ у вас бу́дет о́тпуск?—В а́вгусте.—В а́вгусте хорошо́ пое́хать на юг, наприме́р в Молда́вию. 8. В э́том году́ мы никуда́ не пое́дем и бу́дем жить на да́че, недалеко́ от Москвы́. 9. В а́вгусте мы пое́дем на две неде́ли в Болга́рию, а остально́е вре́мя то́же бу́дем в Москве́.

17.

II. е́ду, е́дешь, е́дет, е́дем, е́дете, е́дут; е́зжу, е́здишь, е́здит, е́здим, е́здите, е́здят; иду́, идёшь, идёт, идём, идёте, иду́т; лечу́, лети́шь, лети́т, лети́м, лети́те, летя́т.

III. 1. е́здил, е́хал. 2. лета́ли, лете́ли. 3. ходи́л, шёл. 4. е́здил, е́хал.

IV. 1. Вчера́ мы ходи́ли в теа́тр. 2. ... е́здили на Кавка́з. 3. ... лета́л в Ленингра́д. 4. ... е́здил в Ве́нгрию. 5. ... хо́дим на стадио́н. 6.—Куда́ вы ходи́ли?—Мы ходи́ли в библиоте́ку. 7. ... не е́здил в Сиби́рь.

V. е́здит, е́здили, е́хали, лете́ли, е́хали, выходи́ли, вы́шли, пошли́ (побежа́ли), пое́хали, е́здили.

VI. вы́шли, поéхали, подошли́, отошёл, отходи́л, вы́шли, вошли́, идёт, вы́шли, пройти́, идти́, пошли́, шли, прошли́, вошли́.

VII. 1. Мы никуда́ не пойдём сего́дня ве́чером. 2. не пойду́ ни к кому́. 3. никогда́ не ви́дел. 4. никогда́ не́ был. 5. никому́ не пишу́ пи́сем. 6. никому́ не расска́зывал. 7. никого́ не ждёт. 8. ни у кого́ нет тако́го уче́бника. 9. ни у кого́ из нас нет маши́ны. 10. ни с кем не говорю́.

VIII. 1. нигде́. 2. никуда́. 3. ни с кем. 4. ничего́ (никогда́). 5. ниче́м. 6. никого́ и ничего́. 7. никто́. 8. никогда́. 9. никому́ (никогда́).

X. 1. Я спроси́л дежу́рного, когда́ прихо́дит по́езд из Ки́ева. Он отве́тил, что по́езд из Ки́ева прихо́дит в де́вять часо́в утра́. 2. Ни́на спроси́ла милиционе́ра, как пройти́ на Ленингра́дский вокза́л. Милиционе́р отве́тил, что пешко́м идти́ далеко́ и на́до сесть на седьмо́й трамва́й. 3. Я спроси́л сосе́да по купе́, когда́ отхо́дит наш по́езд. 4. Сосе́д по купе́ спроси́л меня́, не хочу́ ли я пойти́ в ваго́н-рестора́н поу́жинать. 5. В письме́ мой друг спра́шивал меня́, когда́ я прие́ду к ним. Я отве́тил ему́, что прие́ду к ним в конце́ ме́сяца. 6. На платфо́рме проводни́ца попроси́ла нас показа́ть на́ши биле́ты (что́бы мы показа́ли на́ши биле́ты). 7. На вокза́ле незнако́мый челове́к попроси́л нас помо́чь ему́ найти́ спра́вочное бюро́.

XII. 1. За́втра я е́ду в Ленингра́д. По́езд отхо́дит в 9.15. 2.—Ско́лько часо́в идёт по́езд от Москвы́ до Ленингра́да?—Шесть. 3. Да́йте, пожа́луйста, два биле́та до Ми́нска на 27 число́. 4.—Когда́ вы е́дете в Ки́ев?—Послеза́втра.—Вы пое́дете по́ездом и́ли полети́те самолётом?—Полечу́ самолётом.—Ско́лько часо́в лети́т самолёт до Ки́ева?—То́чно не зна́ю, ду́маю, час—полтора́. 5. За́втра мои́ роди́тели уезжа́ют в Крым. Мы пое́дем на вокза́л провожа́ть их. 6. Когда́ по́езд подошёл к ста́нции, на платфо́рме я уви́дел своего́ бра́та. Он пришёл встреча́ть меня́. 7.—Това́рищ проводни́к, где на́ши места́?—Ва́ши места́ в пя́том купе́. 8.—Ско́лько мину́т стои́т по́езд на э́той ста́нции?—Пять мину́т. 9. Теплохо́д бу́дет стоя́ть в Со́чи три часа́. Вы мо́жете сойти́ на бе́рег и пойти́ посмотре́ть го́род. 10.—Как вы себя́ чу́вствуете в самолёте?—Норма́льно. 11. Самолёт приземли́лся. Откры́лась дверь, по ле́стнице ста́ли спуска́ться пассажи́ры. Вот и мой това́рищ.

18.

II. 1. одного́ из свои́х знако́мых. 2. одного́ из на́ших студе́нтов. 3. об одно́м из свои́х това́рищей. 4. оди́н из англи́йских студе́нтов, обуча́ющихся.... 5. одна́ из са́мых больши́х и бога́тых университе́тских библиоте́к. 6. оди́н из преподава́телей. 7. одну́ из но́вых книг.

III. 1. постро́ено. 2. бу́дет откры́та но́вая библиоте́ка. 3. экза́мены успе́шно сда́ны все́ми студе́нтами. 4. всё пригото́влено. 5. бы́ло объя́влено. 6. по́слано.

IV. 1. на́шем. 2. свой, своего́. 3. свою́, его́. 4. свои́м, его́, своего́, на́ши. 5. своего́, свою́. 6. свою́, его́.

V. прие́хала, пое́хали, е́хали, подъе́хал, вы́шли, вошли́, подошла́.

VI. 1. до поступле́ния. 2. до встре́чи с ва́ми. 3. по́сле оконча́ния шко́лы. 4. по́сле оконча́ния. 5. до знако́мства. 6. до нача́ла экза́менов. 7. по́сле у́жина.

VII. 1. что. 2. что. 3. что́бы. 4. что. 5. что. 6. что. 7. что́бы. 8. что. 9. что́бы.

VIII. 1. Преподава́тель сказа́л нам, что за́втра мы начнём изуча́ть но́вую те́му. Оди́н студе́нт спроси́л, каку́ю те́му мы начнём изуча́ть. 2. Студе́нтка попроси́ла преподава́теля объясни́ть э́то пра́вило ещё раз. 3. Преподава́тель спроси́л, когда́ у нас бы́ло после́днее заня́тие по ру́сскому языку́. Мы отве́тили, что в про́шлую пя́тницу. 4. Профе́ссор сказа́л нам, что́бы мы обяза́тельно прочита́ли э́ту книгу. 5. Мой сосе́д спроси́л меня́, по́нял ли я после́днюю ле́кцию. 6. Оди́н студе́нт спроси́л меня́, всё ли я по́нял в после́дней ле́кции. 7. В общежи́тии я спроси́л, нет ли мне письма́. Дежу́рный отве́тил, что мне есть письмо́. 8. В письме́ мой друг пи́шет, что ему́ о́чень хо́чется прие́хать в Москву́.

IX. а) два́дцать седьмо́е апре́ля ты́сяча семьсо́т пятьдеся́т пя́того го́да; четы́рнадцатое ию́ля ты́сяча семьсо́т во́семьдесят девя́того го́да; седьмо́е ноября́ ты́сяча девятьсо́т семна́дцатого го́да; пе́рвое января́ ты́сяча девятьсо́т тридца́того го́да; восемна́дцатое ма́рта ты́сяча девятьсо́т со́рок второ́го го́да; двена́дцатое апре́ля ты́сяча девятьсо́т шестьдеся́т пе́рвого го́да.

б) деся́тое февраля́ ты́сяча восемьсо́т тридца́того го́да; пятна́дцатое апре́ля ты́сяча девятьсо́т два́дцать четвёртого го́да; три́дцать пе́рвое ию́ля ты́сяча девятьсо́т пятьдеся́т пе́рвого го́да; второ́е сентября́ ты́сяча восемьсо́т девяно́сто тре́тьего го́да; два́дцать тре́тье декабря́ ты́сяча семьсо́т пятьдеся́т пя́того го́да; шесто́е ию́ня ты́сяча девятьсо́т во́семьдесят шесто́го го́да.

XI. 1. В на́шем университе́те шесть факульте́тов. Я учу́сь на истори́ческом факульте́те. Я изуча́ю исто́рию Росси́и. По́сле оконча́ния университе́та я бу́ду преподава́ть исто́рию. 2. Мой брат у́чится в университе́те на второ́м ку́рсе. Он изуча́ет ру́сский язы́к и ру́сскую литерату́ру. Он хо́чет быть преподава́телем. 3.— Вы у́читесь и́ли рабо́таете?— Учу́сь.— Где?— В университе́те. 4. В Моско́вском университе́те у́чатся студе́нты из 80 стран. 5. В университе́те у́чатся пять лет. 6.— Каки́е предме́ты изуча́ют студе́нты на пе́рвом ку́рсе филологи́ческого факульте́та?— Исто́рию, древнеру́сскую литерату́ру, исто́рию ру́сского языка́. 7. Э́тот студе́нт мно́го занима́ется. 8.— Где вы лю́бите занима́ться: до́ма и́ли в библиоте́ке?— Я люблю́ занима́ться в библиоте́ке. 9. На́ши студе́нты лю́бят спорт. Одни́ игра́ют в футбо́л и́ли волейбо́л, други́е занима́ются гимна́стикой, тре́тьи пла́вают. 10. В клу́бе университе́та рабо́тают кружки́ самоде́ятельности. Я занима́юсь в драмати́ческом кружке́. 11.— Я давно́ вас не ви́дел.— Мы сдаём экза́мены.— Как ва́ши дела́?— Спаси́бо, хорошо́.— Ско́лько экза́менов вы сда́ли?— Три.— Ско́лько ещё оста́лось?— Оди́н.— Что вы бу́дете де́лать по́сле экза́менов?— Пое́ду домо́й к роди́телям.

INDEX

of the Exercises on Grammar and Vocabulary

Use of Cases

Use of Verbs

---

* Arabic numerals denote lessons.
** Roman numerals denote exercises.

Use of Conjunctions:
  что, чтобы 12 X; 18 VII; если 11 XI, XII; 12 XII; и, а, но 11 IX, X;
  который 1 VII; 14 VII; хотя 15 VII
Different Conjunctions 1 VIII; 5 X; 7 X; 13 VI; 16 VIII
Impersonal Constructions 8 X, XI; 11 II; 12 V; 13 IV
Negative Constructions 2 VII; 3 XI; 15 V; 17 VII, VIII
Active and Passive Constructions 11 VIII; 18 III
Direct and Indirect Speech 12 IX; 13 VIII; 14 VIII; 16 V; 17 X; 18 VIII
Constructions with Gerund 16 IX

Certain Expressions

Ско́лько вам лет? 1 III
Ско́лько сто́ит... ? 7 IX; 8 III
Кото́рый час? 4 II, III
Когда́? 4 IV, V, VIII
Ско́лько вре́мени? 4 V
Пусть }
Дава́йте } 12 VII, VIII
мал, вели́к, etc. 8 XIII
по... дням 1 IX
за обе́дом, etc. 9 X
това́рищ по... 6 XIII
У меня́, etc. **грипп,** etc. 13 III
чемпио́н по + Dat. 14 III
оди́н из + Gen. 18 II
Antonyms and Antonymous Constructions 5 XII; 8 XVI

Серафима Алексеевна Хавронина

ГОВОРИТЕ ПО-РУССКИ

для говорящих на английском языке

Зав. редакцией *Н. П. Спирина*
Редактор *С. А. Никольская*
Редактор перевода *Е. В. Ларченко*
Художественный редактор *Н. И. Терехов*
Технический редактор *Г. Н. Аносова*
Корректор *М. М. Сидоркина*

ИБ № 5245

В издательстве «Русский язык»
в 1986 году
вышли в свет:

Пехливанова К. И., Лебедева М. Н. **Грамматика русского языка в иллюстрациях.**— 25 л.

Первое издание пособия вышло на русском языке. В дальнейшем издательство предполагает выпустить пособие с переводом на иностранные языки.

В современной методике обучения иностранным языкам всё больше используется принцип наглядности, который значительно облегчает понимание и усвоение учебного материала. Поэтому издание, которое наглядно представляет разделы русской грамматики, окажет большую помощь иностранцам в постижении русского языка. Русские говорят: «Лучше один раз увидеть, чем сто раз услышать». Поэтому главная цель «Грамматики русского языка в иллюстрациях» — убедительно показать основные особенности русской грамматики.

Основу пособия составляют иллюстрации, схемы, таблицы, в которых главным образом и сосредоточены грамматические сведения. Правила формулируются в доступной, легко запоминающейся форме. «Грамматика русского языка в иллюстрациях» — необходимое пособие для иностранцев-нефилологов, специалистов различных профилей, преподавателей и студентов нефилологических вузов, учащихся средних специальных учебных заведений, стажеров, аспирантов, слушателей курсов, кружков, изучающих русский язык на начальном и продвинутом этапах обучения под руководством преподавателя.

Загальский Л. М. **Завтра начинается сегодня:** Книга для чтения с комментарием на английском языке.— 15 л.

В увлекательной форме книга рассказывает о достижениях советской науки, о перспективах её развития. Исследования в области здравоохранения, робототехники, охраны окружающей среды — вот некоторые из тем, которые затрагивает автор. В книгу включены очерки и интервью, информационные заметки и репортажи, отрывки из художественных произведений.

Книга предназначена для тех, кто изучает русский язык и владеет русской лексикой в объёме 3000 слов.

Лауринчукас А. К. **Вечные берёзы:** Книга·для чтения с комментарием на английском языке.— 15 л.

Эта книга известного литовского публициста посвящена России. Вместе с автором читатель побывает на Севере и в Поволжье, в старинных русских городах и в Сибири, совершит путешествие по Северному морскому пути, по Великому Сибирскому тракту, Транссибирской и Байкало-Амурской магистралям, узнает много интересного об истории, обычаях, нравах, психологии русского народа.

Текст сопровождается страноведческим комментарием и словарём. Книга предназначается для владеющих 3000 общеупотребительных русских слов.

Куземченко Л. Ф., Гагулан М. Ф. **Весёлые истории:** Книга для чтения с комментарием на английском языке.— 10 л.

Книга состоит из коротких юмористических диалогов, смешных историй из жизни знаменитых людей, занимательных рассказов советских писателей. Тексты адаптированы. К ним даётся постраничный комментарий, задания и контекстуальный словарь.

Предназначена для начинающих изучать русский язык и знающих 1500 русских слов.